하루 한 장으로
규칙적인 수학 습관을 기르자!

한장 수학

중학 **수학** 3(상)

KB190247

| 기획 및 개발 |

이소민 박진주 최다인

| 집필 및 검토 |

정란(옥정중) 김민정(관악고)

| 검토 |

강해기 오혜경

교재 정답지, 정오표 서비스 및 내용 문의   EBS 중학사이트 ➡ 교재 검색 ➡ 교재 선택

+ 수학 전문가 100여 명의 노하우로 만든
  수학 특화 시리즈

+ 연산 ε ▸ 개념 α ▸ 유형 β ▸ 고난도 Σ 의
  단계별 영역 구성

+ 난이도별, 유형별 선택으로
  사용자 맞춤형 학습

기본부터 심화까지 **단계별 수학**

연산 ε(6책) | **개념 α**(6책) | **유형 β**(6책) | **고난도 Σ**(6책)

EBS No.1 과목 특화 브랜드

하루 한 장으로
규칙적인 수학 습관을 기르자!

한장 수학

중학 **수학 3(상)**

이 책의 **구성과 특징**

Structure

▶ **한 장 공부 표**

학습할 개념의 흐름을 파악한 후 한 장 공부 표를 활용하
여 학습량을 계획하고 공부한 날짜를 기록해 보아요.

개념 학습하기

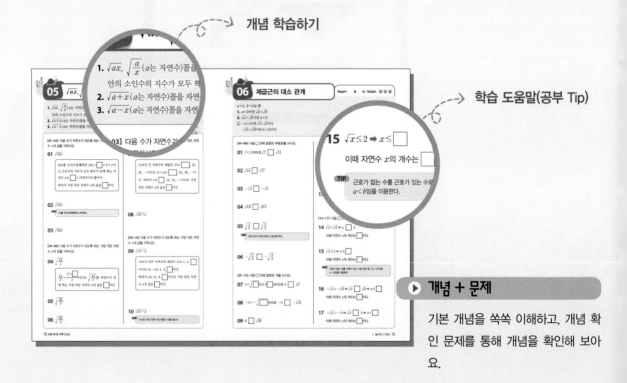

▶ **학습 도움말(공부 Tip)**

▶ **개념 + 문제**

기본 개념을 쏙쏙 이해하고, 개념 확
인 문제를 통해 개념을 확인해 보아
요.

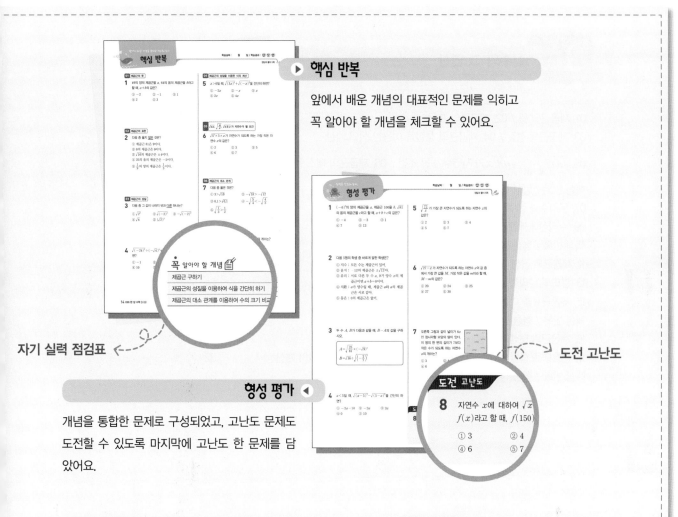

▶ 핵심 반복

앞에서 배운 개념의 대표적인 문제를 익히고
꼭 알아야 할 개념을 체크할 수 있어요.

자기 실력 점검표 ←┄┄

도전 고난도 ┄┄→

형성 평가 ◀

개념을 통합한 문제로 구성되었고, 고난도 문제도
도전할 수 있도록 마지막에 고난도 한 문제를 담
았어요.

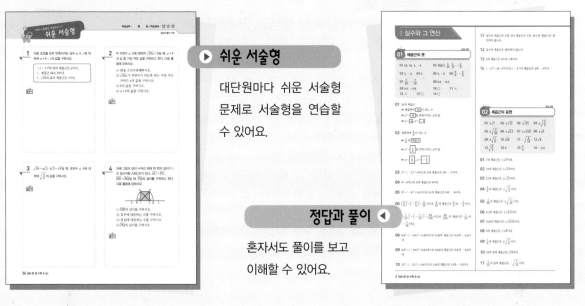

▶ 쉬운 서술형

대단원마다 쉬운 서술형
문제로 서술형을 연습할
수 있어요.

정답과 풀이 ◀

혼자서도 풀이를 보고
이해할 수 있어요.

이 책의 **차례**

Contents

I 실수와 그 연산

	페이지
01. 제곱근의 뜻 / 02. 제곱근의 표현	8
03. 제곱근의 성질 / 04. 제곱근의 성질을 이용한 식의 계산	10
05. $\sqrt{ax}$, $\sqrt{\dfrac{a}{x}}$, $\sqrt{a \pm x}$가 자연수가 될 조건 / 06. 제곱근의 대소 관계	12
핵심 반복 / 형성 평가	14
07. 무리수와 실수 / 08. 수직선에서 무리수 읽기 (1)	16
09. 수직선에서 무리수 읽기 (2) / 10. 실수와 수직선	18
핵심 반복 / 형성 평가	20
11. 제곱근의 곱셈 / 12. 제곱근의 나눗셈	22
13. 분모의 유리화 / 14. 제곱근의 곱셈, 나눗셈의 혼합 계산	24
15. 제곱근표를 이용한 제곱근의 어림값	26
핵심 반복 / 형성 평가	28
16. 제곱근의 덧셈과 뺄셈	30
17. 근호를 포함한 식의 분배법칙 / 18. 근호를 포함한 복잡한 식의 계산	32
핵심 반복 / 형성 평가 / 쉬운 서술형	34

II 다항식의 곱셈과 인수분해

	페이지
01. 다항식과 다항식의 곱셈 / 02. 곱셈 공식(1)	38
03. 곱셈 공식(2) / 04. 곱셈 공식(3)	40
05. 곱셈 공식을 이용한 수의 계산 / 06. 곱셈 공식의 변형	42
핵심 반복 / 형성 평가	44
07. 인수분해 / 08. 인수분해 공식(1)	46
09. 완전제곱식이 될 조건 / 10. 인수분해 공식(2)	48
11. 인수분해 공식(3) − x^2의 계수가 1인 이차식의 인수분해 / 12. 인수분해 공식(4) − x^2의 계수가 1이 아닌 이차식의 인수분해	50
13. 인수분해를 이용한 수의 계산 / 14. 인수분해를 이용한 식의 값	52
핵심 반복 / 형성 평가 / 쉬운 서술형	54

Ⅲ 이차방정식

	페이지
01. 이차방정식의 뜻 / 02. 이차방정식의 해	58
03. 인수분해를 이용한 이차방정식의 풀이	60
04. 이차방정식의 중근 / 05. 한 근이 주어졌을 때 다른 한 근 구하기	62
핵심 반복 / 형성 평가	64
06. 제곱근을 이용한 이차방정식의 풀이 / 07. 완전제곱식을 이용한 이차방정식의 풀이	66
08. 이차방정식의 근의 공식	68
09. 복잡한 이차방정식의 풀이	70
핵심 반복 / 형성 평가	72
10. 이차방정식 만들기 / 11. 이차방정식의 활용(1)	74
12. 이차방정식의 활용(2)	76
핵심 반복 / 형성 평가 / 쉬운 서술형	78

Ⅳ 이차함수

	페이지
01. 이차함수의 뜻 / 02. 이차함수의 함숫값	82
03. 두 이차함수 $y=x^2$과 $y=-x^2$의 그래프 / 04. 이차함수 $y=ax^2$의 그래프	84
핵심 반복 / 형성 평가	86
05. 이차함수 $y=ax^2+q$의 그래프	88
06. 이차함수 $y=a(x-p)^2$의 그래프	90
07. 이차함수 $y=a(x-p)^2+q$의 그래프	92
핵심 반복 / 형성 평가	94
08. 이차함수 $y=ax^2+bx+c$의 그래프	96
09. 이차함수의 식 구하기(1) – 꼭짓점과 한 점의 좌표를 알 때	98
10. 이차함수의 식 구하기(2) – 축과 두 점의 좌표를 알 때	100
11. 이차함수의 식 구하기(3) – 세 점의 좌표를 알 때	102
핵심 반복 / 형성 평가 / 쉬운 서술형	104

Application

 하루 한 장! 수학은 규칙적으로 꾸준히 공부하자.

한 장 공부 표를 이용하여 매일 한 장씩 공부 계획을 세우고, 공부한 날짜 및 학습결과를 체크하면서 공부하는 습관을 들여요. 문제의 난이도는 낮추고 학습할 분량을 줄여서 부담 없이 공부할 수 있도록 구성하였기 때문에 어려움 없이 학습할 수 있습니다. 수학은 매일매일 꾸준히 공부하는 습관이 가장 중요한 거 아시죠? **한 장 수학**을 통해 수학 공부 습관을 길러 보세요.

 단기간에 빠르게 끝내고 싶다면 하루 두 장! 또는 하루 세 장!

개념과 문제가 한 장씩 끊어지도록 구성되어 있는 교재입니다. 단기간에 책 한 권을 끝내고 싶다면 쉬운 난이도의 교재이기 때문에 하루 두 장, 또는 하루 세 장 분량의 학습량을 정하여 공부하는 것도 좋은 방법입니다. 처음부터 두 장 이상의 학습량이 부담스럽다면 처음에는 한 장씩 학습하여 매일 공부 습관을 기르고 점차 학습량을 늘리는 것도 방법이지요.

3 **학습 결과를 분석하여 부족한 개념은 다시 복습한다.**

핵심 반복, 형성 평가의 문제를 풀고 틀린 문제의 개념은 다시 복습해야 합니다. 수학은 틀린 문제의 개념이 무엇인지 파악하고 다시 복습하여 그 개념을 확실히 이해해야 다음에 비슷한 문제가 나와도 틀리지 않기 때문에 복습이 무엇보다 중요한 것 잊지 마세요.

I 실수와 그 연산

	한 장 공부 표	계획하기		학습하기		확인하기			분석하기	추가 학습하기	
	학습 내용	공부할 날짜를 계획해 봐요.		공부한 날짜를 기록해 봐요.		학습 결과를 체크해 봐요.			학습 과정, 학습 결과에 대한 원인을 생각해 볼까요?	학습 결과가 만족스럽지 못하다면 추가 학습을 해 봐요.	
01장	01. 제곱근의 뜻 / 02. 제곱근의 표현	월	일	월	일	😊 잘함	😐 보통	😣 노력		월	일
02장	03. 제곱근의 성질 04. 제곱근의 성질을 이용한 식의 계산	월	일	월	일	😊	😐	😣		월	일
03장	05. $\sqrt{ax}$, $\sqrt{\dfrac{a}{x}}$, $\sqrt{a\pm x}$가 자연수가 될 조건 06. 제곱근의 대소 관계	월	일	월	일	😊	😐	😣		월	일
04장	핵심 반복 / 형성 평가	월	일	월	일	😊	😐	😣		월	일
05장	07. 무리수와 실수 08. 수직선에서 무리수 읽기 (1)	월	일	월	일	😊	😐	😣		월	일
06장	09. 수직선에서 무리수 읽기 (2) 10. 실수와 수직선	월	일	월	일	😊	😐	😣		월	일
07장	핵심 반복 / 형성 평가	월	일	월	일	😊	😐	😣		월	일
08장	11. 제곱근의 곱셈 12. 제곱근의 나눗셈	월	일	월	일	😊	😐	😣		월	일
09장	13. 분모의 유리화 14. 제곱근의 곱셈, 나눗셈의 혼합 계산	월	일	월	일	😊	😐	😣		월	일
10장	15. 제곱근표를 이용한 제곱근의 어림값	월	일	월	일	😊	😐	😣		월	일
11장	핵심 반복 / 형성 평가	월	일	월	일	😊	😐	😣		월	일
12장	16. 제곱근의 덧셈과 뺄셈	월	일	월	일	😊	😐	😣		월	일
13장	17. 근호를 포함한 식의 분배법칙 18. 근호를 포함한 복잡한 식의 계산	월	일	월	일	😊	😐	😣		월	일
14장	핵심 반복 / 형성 평가 / 쉬운 서술형	월	일	월	일	😊	😐	😣		월	일

14장으로 실수와 그 연산 학습 끝!!

01 제곱근의 뜻

1. a**의 제곱근:** 음이 아닌 수 a에 대하여 제곱하여 a가 되는 수

$$x^2 = a \text{일 때 } x \text{는 } a \text{의 제곱근}$$

2. 제곱근의 개수

① 양수의 제곱근은 2개이다. ⟶ 양수와 음수 2개가 있고, 그 두 수의 절댓값은 같다.
② 0의 제곱근은 1개이다.
③ 음수의 제곱근은 생각하지 않는다.

예 ・ $3^2 = 9, (-3)^2 = 9$이므로 9의 제곱근은 3과 -3이다.
　　・ $0^2 = 0$이므로 0의 제곱근은 0이다.
　　・ 제곱하여 음수가 되는 수는 없으므로 -4의 제곱근은 생각하지 않는다.

정답과 풀이 2쪽

[01~02] 다음 □ 안에 알맞은 것을 쓰시오.

01 16의 제곱근

➡ 제곱하여 □이 되는 수

➡ $x^2 =$ □을 만족시키는 x의 값

➡ $x =$ □, $x =$ □

02 제곱하여 $\dfrac{1}{9}$이 되는 수

➡ $\dfrac{1}{9}$의 □

➡ $x^2 =$ □을 만족시키는 x의 값

➡ $x =$ □, $x =$ □

[03~09] 다음 수의 제곱근을 구하시오.

03 4

04 0

05 81

06 $\dfrac{4}{25}$

07 $\dfrac{49}{100}$

08 0.36

09 0.64

[10~14] 다음 중 옳은 것은 ○표, 옳지 않은 것은 ✕표를 하시오.

10 144의 제곱근은 12와 -120이다. 　(　　)

11 모든 수의 제곱근은 2개이다. 　(　　)

12 -25의 제곱근은 5와 -50이다. 　(　　)

13 0의 제곱근의 개수는 1이다. 　(　　)

14 $(-4)^2$의 제곱근은 4와 -4이다. 　(　　)

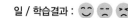
1. 제곱근을 나타내기 위하여 근호 $\sqrt{}$ 를 사용하고, '제곱근' 또는 '루트(root)'라고 읽는다.

2. 양수 a의 제곱근 중에서 양의 제곱근을 $\sqrt{a}$, 음의 제곱근을 $-\sqrt{a}$로 나타내고 한꺼번에 $\pm\sqrt{a}$로 나타낸다.

   예 3의 제곱근: $\pm\sqrt{3}$

3. 어떤 수의 제곱근은 근호를 사용하지 않고 나타낼 수 있다.

   예 9의 제곱근: $\pm\sqrt{9}=\pm3$

4. a의 제곱근과 제곱근 a

	a의 제곱근	제곱근 a
뜻	제곱하여 a가 되는 수	a의 양의 제곱근
표현	$\pm\sqrt{a}$	$\sqrt{a}$

정답과 풀이 2쪽

[01~07] 다음 수의 제곱근을 근호를 사용하여 나타내시오.

01 7

02 12

03 21

04 $\dfrac{2}{3}$

05 $\dfrac{1}{20}$

06 0.2

07 0.03

[08~13] 다음을 근호를 사용하여 나타내시오.

08 8의 제곱근

09 $\dfrac{7}{6}$의 제곱근

10 24의 양의 제곱근

11 $\dfrac{1}{15}$의 음의 제곱근

12 제곱근 8

13 제곱근 $\dfrac{5}{4}$

[14~16] 다음을 근호를 사용하지 않고 나타내시오.

14 $\sqrt{81}$

15 $\sqrt{\dfrac{49}{16}}$

16 $-\sqrt{0.04}$

03 제곱근의 성질

1. a의 제곱근을 제곱하면 a가 된다.

$a>0$일 때 $(\sqrt{a})^2=a$, $(-\sqrt{a})^2=a$

예 $(\sqrt{2})^2=2$, $(-\sqrt{2})^2=2$

2. 근호 안의 수가 제곱인 수는 근호를 사용하지 않고 나타낼 수 있다.

$a>0$일 때 $\sqrt{a^2}=a$, $\sqrt{(-a)^2}=a$

예 $\sqrt{2^2}=2$, $\sqrt{(-2)^2}=2$

주의 $\sqrt{(-a)^2}\neq-\sqrt{a^2}$, $(-\sqrt{a})^2\neq-(\sqrt{a})^2$

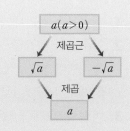

정답과 풀이 3쪽

[01~02] 다음 □ 안에 알맞은 수를 쓰시오.

01 $\sqrt{2}$, $-\sqrt{2}$는 □의 제곱근이므로

$(\sqrt{2})^2=$□, $(-\sqrt{2})^2=$□

02 $5^2=25$, $(-5)^2=25$이고, 25의 양의 제곱근은

□이므로 $\sqrt{5^2}=$□, $\sqrt{(-5)^2}=$□

[03~07] 다음 값을 구하시오.

03 $(\sqrt{3})^2$

04 $(-\sqrt{6})^2$

05 $-(\sqrt{11})^2$

06 $\left(-\sqrt{\dfrac{8}{3}}\right)^2$

07 $(\sqrt{0.4})^2$

[08~12] 다음 값을 구하시오.

08 $\sqrt{13^2}$

09 $\sqrt{(-10)^2}$

10 $-\sqrt{8^2}$

11 $\sqrt{\left(\dfrac{2}{5}\right)^2}$

12 $\sqrt{(-0.7)^2}$

[13~17] 다음을 계산하시오.

13 $(\sqrt{2})^2+(-\sqrt{11})^2$

14 $\sqrt{15^2}-\sqrt{(-9)^2}$

15 $\sqrt{(-6)^2}\times\left(-\sqrt{\dfrac{2}{3}}\right)^2$

16 $\sqrt{12^2}\div\sqrt{\left(-\dfrac{4}{5}\right)^2}$

17 $(-\sqrt{2})^2-\sqrt{49}+\sqrt{(-8)^2}$

04 제곱근의 성질을 이용한 식의 계산

학습날짜 : 월 일 / 학습결과 :

모든 수 a에 대하여

1. $a \geq 0$이면 $\sqrt{a^2} = a$

예 $a = 3$이면 $\sqrt{3^2} = 3 = a$

2. $a < 0$이면 $\sqrt{a^2} = -a$

예 $a = -3$이면 $\sqrt{(-3)^2} = 3 = -(-3) = -a$

정답과 풀이 3쪽

[01~04] $a > 0$일 때 □ 안에 알맞은 부등호를 쓰고 식을 간단히 하시오.

01 $a \,\boxed{}\, 0$이므로 $\sqrt{a^2} = $ _____

02 $2a \,\boxed{}\, 0$이므로 $\sqrt{(2a)^2} = $ _____

03 $-a \,\boxed{}\, 0$이므로 $\sqrt{(-a)^2} = $ _____

04 $-3a \,\boxed{}\, 0$이므로 $\sqrt{(-3a)^2} = $ _____

[05~08] $a < 0$일 때 □ 안에 알맞은 부등호를 쓰고 식을 간단히 하시오.

05 $a \,\boxed{}\, 0$이므로 $\sqrt{a^2} = $ _____

06 $3a \,\boxed{}\, 0$이므로 $\sqrt{(3a)^2} = $ _____

07 $-a \,\boxed{}\, 0$이므로 $\sqrt{(-a)^2} = $ _____

08 $-2a \,\boxed{}\, 0$이므로 $\sqrt{(-2a)^2} = $ _____

[09~10] $a > 0$일 때 □ 안에 알맞은 부등호를 쓰고 식을 간단히 하시오.

09 $4a \,\boxed{}\, 0$, $-a \,\boxed{}\, 0$이므로

$\sqrt{(4a)^2} + \sqrt{(-a)^2} = $ _____

10 $-2a \,\boxed{}\, 0$, $3a \,\boxed{}\, 0$이므로

$\sqrt{(-2a)^2} - \sqrt{(3a)^2} = $ _____

[11~12] $a < 0$일 때 □ 안에 알맞은 부등호를 쓰고 식을 간단히 하시오.

11 $2a \,\boxed{}\, 0$, $-5a \,\boxed{}\, 0$이므로

$\sqrt{(2a)^2} + \sqrt{(-5a)^2} = $ _____

12 $6a \,\boxed{}\, 0$, $-3a \,\boxed{}\, 0$이므로

$\sqrt{(6a)^2} - \sqrt{(-3a)^2} = $ _____

[13~14] 다음 식을 간단히 하시오.

13 $x > 1$일 때 $\sqrt{(x-1)^2}$

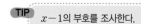
TIP $x-1$의 부호를 조사한다.

14 $x < 1$일 때 $\sqrt{(x-1)^2}$

05 $\sqrt{ax},\ \sqrt{\dfrac{a}{x}},\ \sqrt{a\pm x}$ 가 자연수가 될 조건

1. $\sqrt{ax},\ \sqrt{\dfrac{a}{x}}\,(a$는 자연수)꼴을 자연수가 되도록 하는 자연수 x를 구할 때에는 a를 소인수분해한 후, 근호 안의 소인수의 지수가 모두 짝수가 되도록 x의 값을 정한다.

2. $\sqrt{a+x}\,(a$는 자연수)꼴을 자연수가 되도록 하는 자연수 x를 구할 때에는 a보다 큰 자연수의 제곱을 찾는다.

3. $\sqrt{a-x}\,(a$는 자연수)꼴을 자연수가 되도록 하는 자연수 x를 구할 때에는 a보다 작은 자연수의 제곱을 찾는다.

정답과 풀이 4쪽

[01~03] 다음 수가 자연수가 되도록 하는 가장 작은 자연수 x의 값을 구하시오.

01 $\sqrt{18x}$

> $18x$를 소인수분해하면 $18x=\boxed{}\times 3^2\times x$이고 소인수의 지수가 모두 짝수가 되게 하는 자연수 x는 $\boxed{}\times($자연수$)^2$의 꼴이다.
> 따라서 가장 작은 자연수 x의 값은 $\boxed{}$이다.

02 $\sqrt{12x}$

> **TIP** 12를 소인수분해하여 나타낸다.

03 $\sqrt{20x}$

[04~06] 다음 수가 자연수가 되도록 하는 가장 작은 자연수 x의 값을 구하시오.

04 $\sqrt{\dfrac{12}{x}}$

> $\dfrac{12}{x}=\dfrac{2^2\times\boxed{}}{x}$이므로 $\sqrt{\dfrac{12}{x}}$를 자연수가 되게 하는 가장 작은 자연수 x의 값은 $\boxed{}$이다.

05 $\sqrt{\dfrac{28}{x}}$

06 $\sqrt{\dfrac{45}{x}}$

[07~08] 다음 수가 자연수가 되도록 하는 가장 작은 자연수 x의 값을 구하시오.

07 $\sqrt{11+x}$

> 11보다 큰 자연수의 제곱인 수는 $\boxed{}$, 25, 36, …이므로 $11+x$는 $\boxed{}$, 25, 36, …이다. 따라서 x는 $\boxed{}$, 14, 25, …이므로 가장 작은 자연수 x의 값은 $\boxed{}$이다.

08 $\sqrt{18+x}$

[09~10] 다음 수가 자연수가 되도록 하는 가장 작은 자연수 x의 값을 구하시오.

09 $\sqrt{12-x}$

> 12보다 작은 자연수의 제곱인 수는 1, 4, $\boxed{}$이므로 $12-x$는 1, 4, $\boxed{}$이다.
> 따라서 x는 11, 8, $\boxed{}$이므로 가장 작은 자연수 x의 값은 $\boxed{}$이다.

10 $\sqrt{21-x}$

> **TIP** 21보다 작은 자연수 중 제곱인 수를 찾는다.

06 제곱근의 대소 관계

학습날짜 :   월   일 / 학습결과 :

$a>0$, $b>0$일 때
1. $a<b$이면 $\sqrt{a}<\sqrt{b}$
2. $\sqrt{a}<\sqrt{b}$이면 $a<b$
예 · $3<5$이면 $\sqrt{3}<\sqrt{5}$이다.
　· $\sqrt{6}<\sqrt{10}$이면 $6<10$이다.

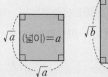

정답과 풀이 4쪽

[01~06] 다음 ☐ 안에 알맞은 부등호를 쓰시오.

01 $7<11$이므로 $\sqrt{7}$ ☐ $\sqrt{11}$

02 $\sqrt{14}$ ☐ $\sqrt{17}$

03 $-\sqrt{3}$ ☐ $-\sqrt{5}$

04 $\sqrt{0.6}$ ☐ $\sqrt{0.5}$

05 $\sqrt{\dfrac{1}{2}}$ ☐ $\sqrt{\dfrac{1}{3}}$

> **TIP** 근호 안의 수끼리 분모가 같도록 한다.

06 $-\sqrt{\dfrac{2}{3}}$ ☐ $-\sqrt{\dfrac{3}{4}}$

[07~13] 다음 ☐ 안에 알맞은 것을 쓰시오.

07 $3=\sqrt{☐}$이고 9 ☐ 8이므로 3 ☐ $\sqrt{8}$

08 $-5=-\sqrt{☐}$이므로 -5 ☐ $-\sqrt{23}$

09 6 ☐ $\sqrt{38}$

10 $-\sqrt{18}$ ☐ -4

11 $\dfrac{1}{2}$ ☐ $\sqrt{\dfrac{3}{4}}$

12 $\sqrt{0.2}$ ☐ 0.2

13 -0.3 ☐ $-\sqrt{0.9}$

[14~17] 다음 ☐ 안에 알맞은 것을 쓰시오.

14 $\sqrt{x}<\sqrt{5}$ ➡ x ☐ 5
이때 자연수 x의 개수는 ☐ 이다.

15 $\sqrt{x}\leq 2$ ➡ $x\leq$ ☐
이때 자연수 x의 개수는 ☐ 이다.

> **TIP** 근호가 없는 수를 근호가 있는 수로 바꾼 후 $\sqrt{a}<\sqrt{b}$이면 $a<b$임을 이용한다.

16 $-\sqrt{x}\geq -\sqrt{6}$ ➡ $\sqrt{x}$ ☐ $\sqrt{6}$ ➡ $x\leq$ ☐
이때 자연수 x의 개수는 ☐ 이다.

17 $-\sqrt{x}>-3$ ➡ $\sqrt{x}$ ☐ 3 ➡ $x<$ ☐
이때 자연수 x의 개수는 ☐ 이다.

01 제곱근의 뜻

1 49의 양의 제곱근을 a, 64의 음의 제곱근을 b라고
할 때, $a+b$의 값은?

① -2 ② -1 ③ 1

④ 2   ⑤ 3

02 제곱근의 표현

2 다음 중 옳지 <u>않은</u> 것은?

① 제곱근 81은 9이다.
② 0의 제곱근은 0이다.
③ $\sqrt{16}$의 제곱근은 ± 4이다.
④ 25의 음의 제곱근은 -5이다.
⑤ $\dfrac{1}{9}$의 양의 제곱근은 $\dfrac{1}{3}$이다.

03 제곱근의 성질

3 다음 중 그 값이 나머지 넷과 <u>다른</u> 하나는?

① $\sqrt{2^2}$ ② $\sqrt{(-2)^2}$ ③ $-\sqrt{(-2)^2}$

④ $\sqrt{4}$ ⑤ $(\sqrt{2})^2$

4 $\sqrt{(-24)^2} \div (-\sqrt{4})^2 + \sqrt{6^2} - (-\sqrt{2})^2$을 계산하
면?

① -1 ② 2   ③ 5

④ 10   ⑤ 14

04 제곱근의 성질을 이용한 식의 계산

5 $x>0$일 때, $\sqrt{(3x)^2} + \sqrt{(-x)^2}$을 간단히 하면?

① $-2x$ ② $-x$ ③ x

④ $2x$ ⑤ $4x$

05 $\sqrt{ax}$, $\sqrt{\dfrac{a}{x}}$, $\sqrt{a \pm x}$가 자연수가 될 조건

6 $\sqrt{5^2 \times 3 \times x}$가 자연수가 되도록 하는 가장 작은 자
연수 x의 값은?

① 2   ② 3   ③ 5

④ 6   ⑤ 7

06 제곱근의 대소 관계

7 다음 중 옳은 것은?

① $3>\sqrt{10}$ ② $-\sqrt{18}>-\sqrt{12}$

③ $0.1>\sqrt{0.1}$ ④ $-\sqrt{\dfrac{5}{4}}<-\sqrt{\dfrac{4}{3}}$

⑤ $\sqrt{\dfrac{1}{3}}>\dfrac{1}{2}$

8 부등식 $\sqrt{x} \leq 3$을 만족시키는 자연수 x의 개수는?

① 10   ② 9   ③ 8

④ 7   ⑤ 6

꼭 알아야 할 개념 ✍️

	1차	2차	시험직전
제곱근 구하기			
제곱근의 성질을 이용하여 식을 간단히 하기			
제곱근의 대소 관계를 이용하여 수의 크기 비교하기			

형성 평가

정답과 풀이 5쪽

1 $(-6)^2$의 양의 제곱근을 a, 제곱근 100을 b, $\sqrt{81}$의 음의 제곱근을 c라고 할 때, $a+b+c$의 값은?

① -4 　　② -3 　　③ 1
④ 7 　　⑤ 13

2 다음 5명의 학생 중 바르게 말한 학생은?

① 지수 : 모든 수는 제곱근이 있어.
② 윤지 : -12의 제곱근은 $\pm\sqrt{12}$야.
③ 유리 : 서로 다른 두 수 a, b가 양수 x의 제곱근이면 $a+b=0$이야.
④ 지환 : a가 양수일 때, 제곱근 a와 a의 제곱근은 서로 같아.
⑤ 동은 : 0의 제곱근은 없어.

3 두 수 A, B가 다음과 같을 때, $B-A$의 값을 구하시오.

$$A=\sqrt{\frac{25}{81}}\times(-\sqrt{9})^2$$
$$B=\sqrt{16}\div\sqrt{\left(-\frac{2}{7}\right)^2}$$

4 $a<5$일 때, $\sqrt{(a-5)^2}-\sqrt{(5-a)^2}$을 간단히 하면?

① $-2a-10$ 　　② $-2a$ 　　③ $2a$
④ 0 　　⑤ 10

5 $\sqrt{\dfrac{72}{x}}$ 가 가장 큰 자연수가 되도록 하는 자연수 x의 값은?

① 2 　　② 3 　　③ 4
④ 5 　　⑤ 7

6 $\sqrt{27-x}$ 가 자연수가 되도록 하는 자연수 x의 값 중에서 가장 큰 값을 M, 가장 작은 값을 m이라 할 때, $M-m$의 값은?

① 20 　　② 24 　　③ 25
④ 27 　　⑤ 30

7 오른쪽 그림과 같이 넓이가 $8a$인 정사각형 모양의 땅이 있다. 이 땅의 한 변의 길이가 7보다 작은 수가 되도록 하는 자연수 a의 개수는?

① 3 　　② 4 　　③ 5
④ 6 　　⑤ 7

난 풀 수 있다. 고난도!!

도전 고난도

8 자연수 x에 대하여 $\sqrt{x}$ 이하의 자연수의 개수를 $f(x)$라고 할 때, $f(150)-f(63)$의 값은?

① 3 　　② 4 　　③ 5
④ 6 　　⑤ 7

07 무리수와 실수

1. 무리수: 유리수가 아닌 수, 즉 순환하지 않는 무한소수 ← 분수로 나타낼 수 없는 수

예) $\sqrt{2}=1.41421356\cdots$, $\pi=3.141592\cdots$, $0.12131415\cdots$

2. 소수의 분류

소수 ┬ 유한소수 ─────────────── 유리수
    └ 무한소수 ┬ 순환소수
            └ 순환하지 않는 무한소수 ─ 무리수

3. 실수: 유리수와 무리수를 통틀어 실수라 한다.

실수 ┬ 유리수 ┬ 정수 ┬ 양의 정수(자연수): 1, 2, 3, …
   │   │   ├ 0
   │   │   └ 음의 정수: -1, -2, -3, …
   │   └ 정수가 아닌 유리수: $\dfrac{1}{3}$, $-\dfrac{1}{2}$, $0.\dot{5}$, $1.\dot{6}$, …
   │   ← 유한소수, 순환소수
   └ 무리수(순환하지 않는 무한소수): $\sqrt{2}$, $-\sqrt{5}$, π, …

주의 근호를 사용하여 나타낸 수 중에는 무리수가 아닌 수도 있으며 근호가 없는 수 중에도 무리수인 것이 있다.

정답과 풀이 6쪽

[01~08] 다음 수가 유리수이면 '유'를, 무리수이면 '무'를 쓰시오.

01 -3 ( )

02 $\sqrt{16}$ ( )

03 $\sqrt{5}$ ( )

04 $\dfrac{2}{5}$ ( )

05 $3.5678\cdots$ ( )

TIP 순환하지 않는 무한소수는 무리수이다.

06 $-\sqrt{\dfrac{1}{4}}$ ( )

07 $1.25\dot{3}$ ( )

08 π ( )

[09~15] 다음 중 옳은 것은 ○표, 옳지 않은 것은 ×표를 하시오.

09 유한소수는 모두 유리수이다. ( )

10 순환소수는 모두 유리수이다. ( )

11 무한소수는 무리수이다. ( )

12 근호를 사용하여 나타낸 수는 모두 무리수이다. ( )

13 근호를 사용하여 나타내지 않은 수 중에도 무리수가 있다. ( )

14 유한소수 중에는 무리수도 있다. ( )

15 무리수는 분모가 자연수이고, 분자가 정수인 분수로 나타낼 수 있다. ( )

피타고라스 정리를 이용하여 구한 직각삼각형의 빗변의 길이가 $\sqrt{a}$일 때, 점 A를 중심으로 하고 반지름의 길이가 $\sqrt{a}$인 원을 그려 수직선과 만나는 점을 찾으면 그 점에 대응하는 수는 다음과 같다.

① 점 A의 오른쪽에 있는 점에 대응하는 수: (점 A의 좌표)$+\sqrt{a}$

② 점 A의 왼쪽에 있는 점에 대응하는 수: (점 A의 좌표)$-\sqrt{a}$

예 무리수 $\sqrt{2}$, $-\sqrt{2}$를 수직선 위에 나타내기

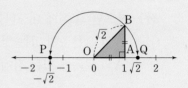

① 수직선 위에 한 변의 길이가 1인 직각이등변삼각형 OAB를 그리면 피타고라스 정리에 의하여 $\overline{OB}=\sqrt{1^2+1^2}=\sqrt{2}$이다.

② 원점 O를 중심으로 하고 $\overline{OB}$를 반지름으로 하는 원을 그려 수직선과 만나는 두 점을 각각 P, Q라고 하면 점 P에 대응하는 수는 $-\sqrt{2}$, 점 Q에 대응하는 수는 $\sqrt{2}$이다.

정답과 풀이 7쪽

01 오른쪽 그림은 한 눈금의 길이가 1인 모눈종이 위에 직각삼각형 ABC와 수직선을 그린 것이다. 다음은 점 A를 중심으로 하고 $\overline{AC}$를 반지름으로 하는 원을 그려 수직선과 만나는 두 점을 각각 P, Q라고 할 때, 두 점 P, Q에 대응하는 수를 구하는 과정이다. □ 안에 알맞은 수를 쓰시오.

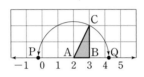

(1) 직각삼각형 ABC에서 피타고라스 정리에 의하면 $\overline{AC}^2=1^2+\boxed{}^2=\boxed{}$이므로 $\overline{AC}=\boxed{}$ ($\overline{AC}>0$)이다.

(2) 점 P는 점 A(2)에서 왼쪽으로 $\boxed{}$만큼 떨어진 점이므로 점 P에 대응하는 수는 $2-\boxed{}$이다.

(3) 점 Q는 점 A(2)에서 오른쪽으로 $\boxed{}$만큼 떨어진 점이므로 점 Q에 대응하는 수는 $\boxed{}$이다.

[02~04] 다음 그림은 한 눈금의 길이가 1인 모눈종이 위에 직각삼각형 ABC와 수직선을 그린 것이다. 점 A를 중심으로 하고 $\overline{AC}$를 반지름으로 하는 원을 그려 수직선과 만나는 두 점을 각각 P, Q라고 할 때, 두 점 P, Q에 대응하는 수를 각각 구하시오.

02

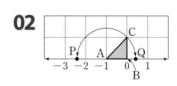

P: _____   Q: _____

03

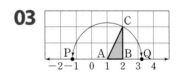

P: _____   Q: _____

04

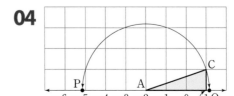

P: _____   Q: _____

학습날짜 :   월   일 / 학습결과 : 😊 😐 😣

수직선 위에 정사각형 ABCD가 주어질 때

1. 정사각형의 한 변의 길이를 구한다.

① 정사각형의 넓이가 a이면 정사각형의 한 변의 길이는 $\sqrt{a}$이다.

② 피타고라스 정리를 이용하여 빗변의 길이 $\sqrt{a}$를 구한다.

2. 점 A를 중심으로 하고 $\sqrt{a}$를 반지름의 길이로 하는 원을 그려 수직선과 만나는

점을 찾으면 그 점에 대응하는 수는 다음과 같다.

① 점 A의 오른쪽에 있는 점에 대응하는 수: (점 A의 좌표)$+\sqrt{a}$

② 점 A의 왼쪽에 있는 점에 대응하는 수: (점 A의 좌표)$-\sqrt{a}$

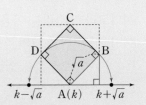

정답과 풀이 7쪽

[01~03] 다음 그림은 한 눈금의 길이가 1인 모눈종이 위에 정사각형 ABCD와 수직선을 그린 것이다. $\overline{AB}=\overline{AQ}$, $\overline{AD}=\overline{AP}$일 때, 다음 □ 안에 알맞은 수를 쓰시오.

01

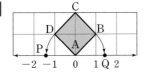

(1) 정사각형 ABCD의 넓이가 □이므로

□ABCD의 한 변의 길이는 □이다.

(2) 점 P에 대응하는 수는 □이고 점 Q에

대응하는 수는 □이다.

02

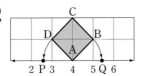

(1) 정사각형 ABCD의 넓이가 □이므로

□ABCD의 한 변의 길이는 □이다.

(2) 점 P에 대응하는 수는 □이고 점 Q에

대응하는 수는 □이다.

03

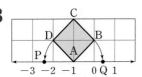

점 P에 대응하는 수는 □이고 점 Q에

대응하는 수는 □이다.

[04~05] 다음 그림은 수직선 위에 한 변의 길이가 1인 정사각형 ABCD와 대각선을 그린 것이다. $\overline{AC}=\overline{AQ}$, $\overline{BD}=\overline{BP}$일 때, 두 점 P, Q에 대응하는 수를 각각 구하시오.

04

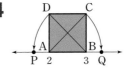

P: _____   Q: _____

05

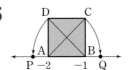

P: _____   Q: _____

06 다음 그림은 한 눈금의 길이가 1인 모눈종이 위에 정사각형 ABCD와 수직선을 그린 것이다. $\overline{AB}=\overline{AQ}$, $\overline{AD}=\overline{AP}$일 때, 두 점 P, Q에 대응하는 수를 각각 구하시오.

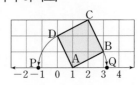

P: _____   Q: _____

10 실수와 수직선

1. 실수와 수직선
① 모든 실수는 각각 수직선 위의 한 점에 대응한다.
② 서로 다른 두 실수 사이에는 무수히 많은 실수가 있다.
③ 수직선은 실수에 대응하는 점들로 완전히 메울 수 있다고 알려져 있다.

음의 실수 ←——————→ 양의 실수
$-5\ -4\ -3\ -2\ -1\ \ 0\ \ 1\ \ 2\ \ 3\ \ 4\ \ 5$

2. 실수의 대소 관계
a, b가 실수일 때
(1) $a-b>0$이면 $a>b$
(2) $a-b=0$이면 $a=b$
(3) $a-b<0$이면 $a<b$
예 $(\sqrt{2}+3)-2=\sqrt{2}+1>0$이므로 $\sqrt{2}+3>2$

정답과 풀이 8쪽

[01~05] 다음 ( ) 안의 알맞은 말에 ◯표를 하시오.

01 수직선은 (유리수, 실수)에 대응하는 점들로 완전히 메울 수 있다고 알려져 있다.

02 $\sqrt{3}$과 $\sqrt{5}$ 사이에는 무수히 많은 무리수가 (있다, 없다).

03 3과 4 사이에는 정수가 (있다, 없다).

04 두 무리수 사이에는 유리수가 (있다, 없다).

05 수직선 위에는 $-\sqrt{13}$에 대응하는 한 점이 (있다, 없다).

[06~07] 다음 □ 안에 알맞은 부등호를 쓰시오.

06 $5-(\sqrt{7}+2)=3-\sqrt{7}=\sqrt{9}-\sqrt{7}$ □ 0이므로
5 □ $\sqrt{7}+2$

07 $\sqrt{12}-1-(\sqrt{14}-1)=\sqrt{12}-\sqrt{14}$ □ 0이므로
$\sqrt{12}-1$ □ $\sqrt{14}-1$

[08~15] 다음 □ 안에 알맞은 부등호를 쓰시오.

08 $2+\sqrt{3}$ □ 5

09 $4-\sqrt{2}$ □ 2

10 $\sqrt{8}-2$ □ 3

11 $\sqrt{10}-1$ □ 2

12 $\sqrt{3}-2$ □ $\sqrt{3}-1$

13 $\sqrt{6}-2$ □ $\sqrt{6}-3$

14 $\sqrt{2}+3$ □ $\sqrt{2}+\sqrt{8}$

15 $\sqrt{10}-\sqrt{3}$ □ $\sqrt{10}-2$

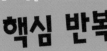
07 무리수와 실수

1 다음 중 무리수가 <u>아닌</u> 것은?

① $\sqrt{2}-1$ ② $-\sqrt{8}$ ③ $\sqrt{25}$

④ π ⑤ $1.030030003\cdots$

2 다음 중 소수로 나타내었을 때, 순환하지 않는 무한소수가 되는 것은?

① $\dfrac{5}{7}$ ② $\sqrt{64}$ ③ $\sqrt{0.16}$

④ $\sqrt{14}$ ⑤ $\dfrac{5}{9}$

3 다음 중 옳지 <u>않은</u> 것은?

① 유한소수는 모두 유리수이다.

② 무한소수 중에는 무리수도 있다.

③ 무리수를 소수로 나타내면 순환하지 않는 무한소수이다.

④ 근호를 사용하여 나타낸 수는 모두 무리수이다.

⑤ 유리수가 아닌 실수는 모두 무리수이다.

08 수직선에서 무리수 읽기(1)

4 오른쪽 그림은 한 눈금의 길이가 1인 모눈종이 위에 직각삼각형 ABC와 수직선을 그린 것이다. 점 A를 중심으로 하고 $\overline{AC}$를 반지

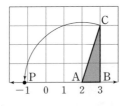

름으로 하는 원을 그려 수직선과 만나는 점을 P라고 할 때, 점 P에 대응하는 수는?

① $-2-\sqrt{8}$ ② $1-\sqrt{8}$

③ $2-\sqrt{10}$ ④ $3-\sqrt{10}$

⑤ $2+\sqrt{10}$

09 수직선에서 무리수 읽기(2)

5 오른쪽 그림은 한 눈금의 길이가 1인 모눈종이 위에 정사각형 ABCD와 수직선을 그린 것이다.

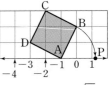

$\overline{AB}=\overline{AP}$이고 점 P에 대응하는 수가 $a+\sqrt{b}$일 때, $a+b$의 값은? (단, a, b는 유리수)

① 3   ② 4   ③ 5

④ 6   ⑤ 7

10 실수와 수직선

6 다음 수직선 위의 점 중 $\sqrt{15}$에 대응하는 점은?

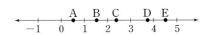

① A   ② B   ③ C

④ D   ⑤ E

7 다음 중 옳은 것은?

① $\sqrt{3}+1>\sqrt{5}+1$ ② $7<4+\sqrt{13}$

③ $\sqrt{6}-3<\sqrt{5}-3$ ④ $5-\sqrt{10}>2$

⑤ $8<\sqrt{24}+3$

꼭 알아야 할 개념 📝

	1차	2차	시험 직전
유리수와 무리수 구별하기			
수직선에 대응하는 무리수 읽기			
실수의 대소 관계 알기			

정답과 풀이 9쪽

1 다음 중 무리수는 모두 몇 개인가?

$$\sqrt{32}, \quad \sqrt{16}, \quad -\sqrt{10}, \quad 3.\dot{7}, \quad \sqrt{\frac{16}{25}}, \quad \sqrt{\frac{2}{49}}$$

① 1개   ② 2개   ③ 3개
④ 4개   ⑤ 5개

2 a가 15보다 작은 자연수일 때, $\sqrt{a}$가 무리수가 되도록 하는 자연수 a의 개수는?

① 9   ② 10   ③ 11
④ 12   ⑤ 13

3 오른쪽 그림은 한 눈금의 길이가 1인 모눈종이 위에 직각삼각형 ABC와 수직선을 그린 것이다. 점 A를 중심으로 하고 $\overline{AC}$를 반지름으로 하는 원을 그려 수직선과 만나는 점 Q에 대응하는 수가 $-3+\sqrt{10}$일 때, 점 P에 대응하는 수는?

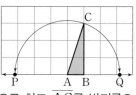

① $-4-\sqrt{10}$ ② $-3-\sqrt{10}$
③ $-2-\sqrt{10}$ ④ $-3-\sqrt{11}$
⑤ $-2-\sqrt{11}$

4 오른쪽 그림에서 사각형 ABCD는 한 변의 길이가 1인 정사각형이다. 점 Q에 대응하는 수가 $3+\sqrt{2}$이고 $\overline{AC}=\overline{AQ}$, $\overline{BD}=\overline{BP}$일 때, 점 P에 대응하는 수는?

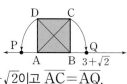

① $3-\sqrt{2}$ ② $4-\sqrt{2}$ ③ $5-\sqrt{2}$
④ $2+\sqrt{2}$ ⑤ $4+\sqrt{2}$

5 다음 설명 중 옳지 <u>않은</u> 것은?

① $\sqrt{2}$와 $\sqrt{8}$ 사이에는 무수히 많은 무리수가 있다.
② 무리수는 수직선에 나타낼 수 있다.
③ 수직선은 유리수에 대응하는 점으로 완전히 메울 수 있다고 알려져 있다.
④ 2와 3 사이에는 무수히 많은 유리수가 있다.
⑤ 서로 다른 두 유리수 사이에는 무수히 많은 무리수가 있다.

6 두 실수 $-\sqrt{3}$과 $\sqrt{11}$ 사이에 있는 정수의 개수는?

① 2   ② 3   ③ 4
④ 5   ⑤ 6

7 다음 세 실수 a, b, c의 대소 관계를 부등호를 사용하여 나타낸 것은?

$$a=2+\sqrt{7}, \quad b=\sqrt{5}+\sqrt{7}, \quad c=2+\sqrt{5}$$

① $a<b<c$ ② $a<c<b$ ③ $b<c<a$
④ $c<a<b$ ⑤ $c<b<a$

난 풀 수 있다. 고난도!!

도전 고난도

8 오른쪽 그림과 같이 수직선 위의 점 A(1)에서 점 B(2)까지의 거리를 한 변으로 하는 정사각형 ABCD가 있다. 점 A를 중심으로 하고 대각선 AC를 반지름으로 하는 반원을 그려 수직선과 만나는 두 점을 각각 P(a), Q(b)라고 할 때, $(a+\sqrt{2})^2+(b-1)^2$의 값을 구하시오.

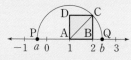

11 제곱근의 곱셈

학습날짜 :   월   일 / 학습결과 :

1. 제곱근의 곱셈

$a>0$, $b>0$일 때

(1) $\sqrt{a}\times\sqrt{b}=\sqrt{a}\sqrt{b}=\sqrt{ab}$

  예 $\sqrt{3}\times\sqrt{5}=\sqrt{3\times5}=\sqrt{15}$

(2) $m\sqrt{a}\times n\sqrt{b}=mn\sqrt{ab}$ ⟶ 근호 밖의 수끼리, 근호 안의 수끼리 곱한다.

  예 $3\sqrt{2}\times4\sqrt{3}=3\times4\times\sqrt{2\times3}=12\sqrt{6}$

2. 근호가 있는 식의 변형(1)

$a>0$, $b>0$일 때

(1) $\sqrt{a^2b}=\sqrt{a^2}\times\sqrt{b}=a\sqrt{b}$

  예 $\sqrt{12}=\sqrt{2^2}\times\sqrt{3}=2\sqrt{3}$

(2) $a\sqrt{b}=\sqrt{a^2\times b}=\sqrt{a^2b}$

  예 $2\sqrt{5}=\sqrt{2^2\times5}=\sqrt{20}$

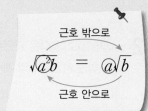

근호 밖으로
$\sqrt{a^2b}$ = $a\sqrt{b}$
근호 안으로

정답과 풀이 9쪽

[01~04] 다음 식을 $\sqrt{a}$의 꼴로 나타내시오.

01 $\sqrt{2}\sqrt{7}=\sqrt{2\times\boxed{}}=\sqrt{\boxed{}}$

02 $\sqrt{6}\sqrt{5}$

TIP 근호 안의 수끼리 곱한다.

03 $\sqrt{12}\sqrt{\dfrac{1}{4}}$

04 $\sqrt{\dfrac{2}{5}}\sqrt{\dfrac{25}{2}}$

[05~08] 다음 식을 간단히 하시오.

05 $4\sqrt{6}\times2\sqrt{5}=(4\times\boxed{})\sqrt{6\times\boxed{}}$
$=\boxed{}\sqrt{\boxed{}}$

06 $5\sqrt{2}\times3\sqrt{7}$

07 $2\sqrt{6}\times5\sqrt{\dfrac{1}{3}}$

08 $3\sqrt{10}\times2\sqrt{\dfrac{3}{5}}$

[09~13] 다음 수를 $a\sqrt{b}$의 꼴로 나타내시오.
(단, b는 가장 작은 자연수이다.)

09 $\sqrt{20}=\sqrt{\boxed{}^2\times5}=\boxed{}\sqrt{5}$

10 $\sqrt{8}$　　　**11** $-\sqrt{63}$

12 $-\sqrt{72}$　　　**13** $\sqrt{108}$

[14~17] 다음 수를 $\sqrt{a}$ 또는 $-\sqrt{a}$의 꼴로 나타내시오.

14 $2\sqrt{7}=\sqrt{\boxed{}^2\times7}=\sqrt{\boxed{}}$

15 $-4\sqrt{2}=-\sqrt{\boxed{}^2\times2}=-\sqrt{\boxed{}}$

16 $5\sqrt{3}$

17 $-3\sqrt{6}$

TIP 근호 밖의 수가 음수인 경우 − 부호는 두고, 숫자만 제곱하여 근호 안으로 넣는다.

12 제곱근의 나눗셈

1. 제곱근의 나눗셈

$a>0$, $b>0$일 때

(1) $\sqrt{a} \div \sqrt{b} = \dfrac{\sqrt{a}}{\sqrt{b}} = \sqrt{\dfrac{a}{b}}$

예 $\sqrt{18} \div \sqrt{6} = \dfrac{\sqrt{18}}{\sqrt{6}} = \sqrt{\dfrac{18}{6}} = \sqrt{3}$

(2) $m\sqrt{a} \div n\sqrt{b} = \dfrac{m\sqrt{a}}{n\sqrt{b}} = \dfrac{m}{n}\sqrt{\dfrac{a}{b}}$ (단, $n \neq 0$) → 근호 밖의 수끼리, 근호 안의 수끼리 나눈다.

예 $6\sqrt{30} \div 2\sqrt{5} = \dfrac{6\sqrt{30}}{2\sqrt{5}} = \dfrac{6}{2}\sqrt{\dfrac{30}{5}} = 3\sqrt{6}$

2. 근호가 있는 식의 변형(2)

$a>0$, $b>0$일 때

$\sqrt{\dfrac{b}{a^2}} = \dfrac{\sqrt{b}}{\sqrt{a^2}} = \dfrac{\sqrt{b}}{a}$

예 $\sqrt{\dfrac{5}{9}} = \dfrac{\sqrt{5}}{\sqrt{3^2}} = \dfrac{\sqrt{5}}{3}$

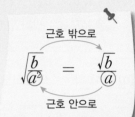

근호 밖으로

$\sqrt{\dfrac{b}{a^2}} = \dfrac{\sqrt{b}}{a}$

근호 안으로

정답과 풀이 10쪽

[01~06] 다음 식을 간단히 하시오.

01 $\dfrac{\sqrt{30}}{\sqrt{6}} = \sqrt{\dfrac{30}{\boxed{}}} = \sqrt{\boxed{}}$

02 $\sqrt{55} \div \sqrt{5} = \dfrac{\sqrt{\boxed{}}}{\sqrt{5}} = \sqrt{\dfrac{\boxed{}}{5}} = \sqrt{\boxed{}}$

03 $\dfrac{\sqrt{35}}{\sqrt{7}}$

04 $-\dfrac{\sqrt{14}}{\sqrt{2}}$

05 $\sqrt{48} \div \sqrt{8}$

> TIP 나눗셈을 분수의 형태로 고친다.

06 $-\sqrt{50} \div \sqrt{5}$

[07~10] 다음 식을 간단히 하시오.

07 $6\sqrt{35} \div 2\sqrt{5} = \dfrac{6}{\boxed{}}\sqrt{\dfrac{\boxed{}}{5}} = \boxed{}\sqrt{\boxed{}}$

08 $5\sqrt{21} \div \sqrt{7}$

09 $2\sqrt{10} \div 3\sqrt{5}$

10 $-6\sqrt{15} \div 2\sqrt{3}$

[11~15] 다음 수를 $\dfrac{\sqrt{b}}{a}$의 꼴로 나타내시오.
(단, b는 가장 작은 자연수이다.)

11 $\sqrt{\dfrac{5}{49}} = \dfrac{\sqrt{5}}{\sqrt{\boxed{}^2}} = \dfrac{\sqrt{5}}{\boxed{}}$

12 $\sqrt{\dfrac{3}{64}}$

> TIP 근호를 분자, 분모에 각각 분리한 후 $\sqrt{a^2}=a\,(a>0)$임을 이용한다.

13 $\sqrt{\dfrac{7}{121}}$

14 $\sqrt{0.11}$

15 $-\sqrt{0.06}$

13 분모의 유리화

1. 분모의 유리화: 분수의 분모가 근호를 포함한 무리수일 때, 분모와 분자에 각각 0이 아닌 같은 수를 곱하여 분모를 유리수로 고치는 것

2. 분모를 유리화하는 방법

$a>0$, $b>0$일 때

① $\dfrac{1}{\sqrt{a}}=\dfrac{1\times\sqrt{a}}{\sqrt{a}\times\sqrt{a}}=\dfrac{\sqrt{a}}{a}$ 　　예 $\dfrac{1}{\sqrt{3}}=\dfrac{1\times\sqrt{3}}{\sqrt{3}\times\sqrt{3}}=\dfrac{\sqrt{3}}{3}$

② $\dfrac{1}{a\sqrt{b}}=\dfrac{1\times\sqrt{b}}{a\sqrt{b}\times\sqrt{b}}=\dfrac{\sqrt{b}}{ab}$ 　　예 $\dfrac{1}{2\sqrt{3}}=\dfrac{1\times\sqrt{3}}{2\sqrt{3}\times\sqrt{3}}=\dfrac{\sqrt{3}}{6}$

주의 분모를 유리화할 때 분모가 $\sqrt{a^2b}$인 경우는 $a\sqrt{b}$로 고친 후 분모, 분자에 $\sqrt{b}$를 곱한다.

정답과 풀이 10쪽

[01~04] 다음 수의 분모를 유리화하시오.

01 $\dfrac{2}{\sqrt{7}}=\dfrac{2\times\boxed{}}{\sqrt{7}\times\boxed{}}=\boxed{}$

02 $\dfrac{1}{\sqrt{5}}$

03 $\dfrac{6}{\sqrt{2}}$

04 $\dfrac{3}{\sqrt{6}}$

[05~08] 다음 수의 분모를 유리화하시오.

05 $\dfrac{2}{5\sqrt{3}}=\dfrac{2\times\boxed{}}{5\sqrt{3}\times\boxed{}}=\boxed{}$

06 $\dfrac{3}{2\sqrt{5}}$

 TIP 분모의 근호 부분만 분모, 분자에 각각 곱한다.

07 $\dfrac{7}{4\sqrt{3}}$

08 $\dfrac{2}{3\sqrt{2}}$

[09~12] 다음 수의 분모를 유리화하시오.

09 $\dfrac{\sqrt{5}}{\sqrt{3}}=\dfrac{\sqrt{5}\times\boxed{}}{\sqrt{3}\times\boxed{}}=\boxed{}$

10 $\dfrac{\sqrt{3}}{\sqrt{7}}$

11 $\dfrac{\sqrt{2}}{\sqrt{11}}$

12 $\dfrac{\sqrt{7}}{\sqrt{6}}$

[13~16] 다음 수의 분모를 유리화하시오.

13 $\dfrac{3}{\sqrt{8}}=\dfrac{3}{2\sqrt{\boxed{}}}=\dfrac{3\times\boxed{}}{2\sqrt{\boxed{}\times\boxed{}}}=\boxed{}$

14 $\dfrac{5}{\sqrt{20}}$

TIP 분모의 근호 안의 수를 소인수분해하여 제곱인 인수가 있으면 먼저 $a\sqrt{b}$의 꼴로 바꾼다.

15 $\dfrac{\sqrt{3}}{\sqrt{32}}$

16 $\dfrac{2\sqrt{5}}{\sqrt{12}}$

14 제곱근의 곱셈, 나눗셈의 혼합 계산

곱셈과 나눗셈이 섞여 있을 때에는
(1) 앞에서부터 순서대로 계산한다.
(2) 나눗셈은 나누는 수의 역수를 곱하여 계산한다.
(3) 제곱근의 성질과 분모의 유리화를 이용한다.

예 $\sqrt{3} \times \sqrt{10} \div \sqrt{5} = \sqrt{30} \times \dfrac{1}{\sqrt{5}} = \sqrt{30 \times \dfrac{1}{5}} = \sqrt{6}$

정답과 풀이 11쪽

[01~07] 다음을 계산하시오.

01 $\sqrt{35} \div \sqrt{7} \times \sqrt{3}$

$= \sqrt{35} \times \dfrac{1}{\boxed{}} \times \sqrt{3}$

$= \boxed{} \times \sqrt{3} = \boxed{}$

02 $\sqrt{5} \times \sqrt{24} \div \sqrt{8}$

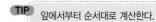
TIP 앞에서부터 순서대로 계산한다.

03 $5\sqrt{2} \times 3\sqrt{6} \div 2\sqrt{3}$

04 $\sqrt{27} \times \sqrt{32} \div \sqrt{108}$

05 $\sqrt{18} \div \sqrt{48} \times \sqrt{96}$

06 $8\sqrt{15} \div 4\sqrt{3} \times 3\sqrt{5}$

07 $\sqrt{72} \div \sqrt{12} \times (-\sqrt{6})$

[08~12] 다음을 계산하시오.

08 $4\sqrt{2} \times 3\sqrt{15} \div \dfrac{\sqrt{2}}{\sqrt{5}}$

$= 12\sqrt{\boxed{}} \times \sqrt{\dfrac{\boxed{}}{\boxed{}}}$

$= \boxed{}$

09 $6\sqrt{3} \times 2\sqrt{10} \div \dfrac{\sqrt{6}}{\sqrt{5}}$

TIP 나눗셈을 곱셈으로 고친다.

10 $\dfrac{4}{\sqrt{15}} \times \sqrt{6} \div 8\sqrt{2}$

11 $3\sqrt{18} \div \dfrac{6}{\sqrt{3}} \times (-\sqrt{2})$

12 $\dfrac{\sqrt{2}}{5} \div \sqrt{\dfrac{2}{15}} \times \dfrac{\sqrt{10}}{\sqrt{3}}$

15 제곱근표를 이용한 제곱근의 어림값

학습날짜 : 　월　　일 / 학습결과 : 😊 😐 😣

1. 제곱근표: 1.00부터 99.9까지의 수에 대한 양의 제곱근의 값을 반올림하여 소수점 아래 셋째 자리까지 나타낸 표

2. 제곱근표 보는 법: 제곱근표에서 처음 두 자리 수의 가로줄과 끝자리 수의 세로줄이 만나는 곳에 있는 수를 읽는다.

예 $\sqrt{1.93}$을 어림한 값은 왼쪽의 수 1.9의 가로줄과 위쪽의 수 3의 세로줄이 만나는 곳에 적힌 수 1.389이다.
➡ $\sqrt{1.93}=1.389$

수	0	1	2	3	⋯
1.8	1.342	1.345	1.349	1.353	⋯
1.9	1.378	1.382	1.386	1.389	⋯
2.0	1.414	1.418	1.421	1.425	⋯
⋮	⋮	⋮	⋮	⋮	⋮

3. 제곱근표에 없는 수의 제곱근의 어림한 값

근호 안의 수를 지수가 짝수인 10의 거듭제곱과의 곱의 꼴로 나타낸 후 제곱근의 성질을 이용하여 구한다.

(1) 100보다 큰 수: $\sqrt{100a}=10\sqrt{a}$, $\sqrt{10000a}=100\sqrt{a}$, ⋯를 이용한다.

예 $\sqrt{200}=\sqrt{2\times10^2}=10\sqrt{2}$이므로 $\sqrt{200}$의 어림값은 $10\times1.414=14.14$

(2) 1보다 작은 수: $\sqrt{\dfrac{a}{100}}=\dfrac{1}{10}\sqrt{a}$, $\sqrt{\dfrac{a}{10000}}=\dfrac{1}{100}\sqrt{a}$, ⋯를 이용한다.

예 $\sqrt{0.02}=\sqrt{\dfrac{2}{100}}=\dfrac{\sqrt{2}}{10}$이므로 $\sqrt{0.02}$의 어림값은 $\dfrac{1.414}{10}=0.1414$

정답과 풀이 12쪽

[01~04] 아래 제곱근표를 이용하여 다음 수의 어림한 값 또는 x의 값을 구하시오.

수	0	1	2	3	⋯
⋮	⋮	⋮	⋮	⋮	⋮
2.1	1.449	1.453	1.456	1.459	⋯
2.2	1.483	1.487	1.490	1.493	⋯
2.3	1.517	1.520	1.523	1.526	⋯
2.4	1.549	1.552	1.556	1.559	⋯

01 $\sqrt{2.1}$

02 $\sqrt{2.23}$

03 $\sqrt{x}$의 어림한 값이 1.549
(단, x의 값은 반올림하여 소수점 아래 둘째 자리까지 나타낸다.)

04 $\sqrt{x}$의 어림한 값이 1.523
(단, x의 값은 반올림하여 소수점 아래 둘째 자리까지 나타낸다.)

[05~08] 아래 제곱근표를 이용하여 다음 수의 어림한 값 또는 x의 값을 구하시오.

수	⋯	5	6	7	8	9
32	⋯	5.701	5.710	5.718	5.727	5.736
33	⋯	5.788	5.797	5.805	5.814	5.822
34	⋯	5.874	5.882	5.891	5.899	5.908
35	⋯	5.958	5.967	5.975	5.983	5.992
⋮	⋮	⋮	⋮	⋮	⋮	⋮

05 $\sqrt{32.8}$

06 $\sqrt{35.6}$

07 $\sqrt{x}$의 어림한 값이 5.822
(단, x의 값은 반올림하여 소수점 아래 첫째 자리까지 나타낸다.)

08 $\sqrt{x}$의 어림한 값이 5.891
(단, x의 값은 반올림하여 소수점 아래 첫째 자리까지 나타낸다.)

09 $\sqrt{300} = \sqrt{\boxed{} \times 100} = 10\sqrt{\boxed{}}$ 이므로 $\sqrt{300}$의

어림값은 $10 \times \boxed{} = \boxed{}$

10 $\sqrt{3000} = \sqrt{\boxed{} \times 100} = 10\sqrt{\boxed{}}$ 이므로

$\sqrt{3000}$의 어림값은 $10 \times \boxed{} = \boxed{}$

11 $\sqrt{30000} = \sqrt{\boxed{} \times 10000} = 100\sqrt{\boxed{}}$ 이므로

$\sqrt{30000}$의 어림값은

$100 \times \boxed{} = \boxed{}$

12 $\sqrt{0.3} = \sqrt{\dfrac{\boxed{}}{10}} = \sqrt{\dfrac{\boxed{}}{100}} = \dfrac{\sqrt{\boxed{}}}{10}$ 이므로

$\sqrt{0.3}$의 어림값은 $\dfrac{\boxed{}}{10} = \boxed{}$

13 $\sqrt{0.03} = \sqrt{\dfrac{\boxed{}}{100}} = \dfrac{\sqrt{\boxed{}}}{10}$ 이므로 $\sqrt{0.03}$의 어림

값은 $\dfrac{\boxed{}}{10} = \boxed{}$

14 $\sqrt{0.003} = \sqrt{\dfrac{\boxed{}}{1000}} = \sqrt{\dfrac{\boxed{}}{10000}} = \dfrac{\sqrt{\boxed{}}}{100}$

이므로 $\sqrt{0.003}$의 어림값은

$\dfrac{\boxed{}}{100} = \boxed{}$

15 $\sqrt{720}$

> **TIP** 근호 안의 수가 1.00에서 99.9까지의 수가 되도록 10의 거듭제곱을 이용하여 변형한다.

16 $\sqrt{7200}$

17 $\sqrt{72000}$

18 $\sqrt{0.72}$

19 $\sqrt{0.072}$

20 $\sqrt{0.0072}$

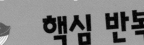
11 제곱근의 곱셈

1 $\sqrt{3}\sqrt{7}=\sqrt{a}$, $\sqrt{30}\sqrt{\dfrac{1}{5}}=\sqrt{b}$일 때, $a+b$의 값은?

(단, a, b는 유리수)

① 26 　　② 27 　　③ 28
④ 29 　　⑤ 30

2 $\sqrt{75}=a\sqrt{3}$, $4\sqrt{5}=\sqrt{b}$일 때, $\dfrac{b}{a}$의 값은?

(단, a, b는 유리수)

① 14 　　② 15 　　③ 16
④ 17 　　⑤ 18

12 제곱근의 나눗셈

3 다음 중 옳지 않은 것은?

① $\dfrac{\sqrt{14}}{\sqrt{2}}=\sqrt{7}$ 　　② $\sqrt{35}\div\sqrt{5}=\sqrt{7}$

③ $-\dfrac{\sqrt{54}}{\sqrt{6}}=-3$ 　　④ $\sqrt{12}\div\sqrt{3}=4$

⑤ $2\sqrt{14}\div 4\sqrt{7}=\dfrac{\sqrt{2}}{2}$

13 분모의 유리화

4 다음 중 $\dfrac{\sqrt{5}}{\sqrt{6}}$의 분모를 유리화할 때, 분모와 분자에 곱해야 할 수는?

① $\sqrt{2}$ 　　② $\sqrt{3}$ 　　③ $\sqrt{5}$
④ $\sqrt{6}$ 　　⑤ $\sqrt{7}$

5 $\dfrac{3}{\sqrt{12}}=a\sqrt{3}$일 때, 유리수 a의 값은?

① $\dfrac{1}{4}$ 　　② $\dfrac{1}{3}$ 　　③ $\dfrac{1}{2}$

④ $\dfrac{2}{3}$ 　　⑤ $\dfrac{3}{2}$

14 제곱근의 곱셈, 나눗셈의 혼합 계산

6 $\sqrt{3}\times\sqrt{35}\div\sqrt{5}$를 간단히 하면?

① $3\sqrt{2}$ 　　② $2\sqrt{5}$ 　　③ $\sqrt{21}$
④ $\sqrt{22}$ 　　⑤ $2\sqrt{6}$

7 다음 등식을 만족시키는 양의 정수 a의 값은?

$$3\sqrt{15}\div 4\sqrt{6}\times\sqrt{32}=a\sqrt{5}$$

① 3 　　② 4 　　③ 5
④ 6 　　⑤ 7

15 제곱근표를 이용한 제곱근의 어림값

8 제곱근표에서 $\sqrt{8}$의 어림값은 2.828, $\sqrt{80}$의 어림값은 8.944일 때, $\sqrt{8000}$의 어림값은?

① 282.8 　　② 89.44 　　③ 28.28
④ 0.8944 　　⑤ 0.2828

꼭 알아야 할 개념	1차	2차	시험 직전
제곱근의 곱셈, 나눗셈하기			
제곱근의 곱셈, 나눗셈의 혼합 계산하기			
제곱근표를 이용하여 제곱근의 어림값 구하기			

1 다음 □ 안에 들어갈 수 중 가장 큰 것은?

① $3\sqrt{2}=\sqrt{\square}$ ② $-\sqrt{76}=-2\sqrt{\square}$

③ $\sqrt{450}=\square\sqrt{2}$ ④ $\sqrt{384}=\square\sqrt{6}$

⑤ $2\sqrt{3}\times7\sqrt{5}=\square\sqrt{15}$

2 $\sqrt{2}=a$, $\sqrt{5}=b$라고 할 때, $\sqrt{20}$을 a, b를 사용하여 나타낸 것은?

① a^2b ② ab^2 ③ $2ab$

④ $5ab$ ⑤ $2a^2b$

3 오른쪽 그림과 같이 직사각형 ABCD에서 $\overline{AD}$, $\overline{CD}$를 각각 한 변으로 하는 두 정사각형 EADF, DCHG를 그렸더니 그 넓이가 각각 $24\ \text{cm}^2$, $8\ \text{cm}^2$가 되었다. 이때 직사각형 ABCD의 넓이를 구하시오.

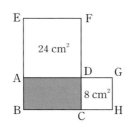

4 $\dfrac{2}{\sqrt{32}}=A\sqrt{2}$, $\dfrac{8\sqrt{15}}{\sqrt{6}}=B\sqrt{10}$일 때, AB의 값은?

(단, A, B는 유리수)

① $\dfrac{1}{3}$ ② $\dfrac{3}{8}$ ③ $\dfrac{5}{12}$

④ $\dfrac{1}{2}$ ⑤ 1

5 다음 그림의 삼각형의 넓이와 직사각형의 넓이가 서로 같을 때, 직사각형의 가로의 길이는?

① $\sqrt{2}$ ② $\sqrt{3}$ ③ $\dfrac{3\sqrt{2}}{2}$

④ $\dfrac{3\sqrt{3}}{2}$ ⑤ $\sqrt{5}$

6 $6\sqrt{3}\times4\sqrt{21}\div\square=3\sqrt{2}$일 때, □ 안에 알맞은 수는?

① 24 ② $24\sqrt{3}$ ③ $12\sqrt{14}$

④ 48 ⑤ $36\sqrt{2}$

7 다음 제곱근표를 이용하여 $\sqrt{1008}$의 어림한 값을 구하면?

수	0	1	2	3	4	5
⋮	⋮	⋮	⋮	⋮	⋮	⋮
2.5	1.581	1.584	1.587	1.591	1.594	1.597
2.6	1.612	1.616	1.619	1.622	1.625	1.628
2.7	1.643	1.646	1.649	1.652	1.655	1.658

① 31.62 ② 31.74 ③ 31.82

④ 32.38 ⑤ 32.98

난 풀 수 있다. 고난도!!

도전 고난도

8 다음 식을 간단히 하면 자연수가 된다. 이때 자연수 a의 값은? (단, $a<10$)

$$\sqrt{108}\times\frac{2\sqrt{5}}{\sqrt{12}}\div3\sqrt{a}$$

① 2 ② 3 ③ 4

④ 5 ⑤ 6

학습날짜 :   월   일 / 학습결과 :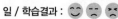

1. 다항식의 덧셈과 뺄셈에서 동류항끼리 모아서 계산하는 것과 같이 근호를 포함한 식의 덧셈과 뺄셈은 근호 안의 수가 같은 것끼리 모아서 계산한다.

$$m, n\text{이 유리수이고, } a>0\text{일 때}$$
$$m\sqrt{a}+n\sqrt{a}=(m+n)\sqrt{a}, \ m\sqrt{a}-n\sqrt{a}=(m-n)\sqrt{a}$$

예 $2\sqrt{3}+4\sqrt{3}=(2+4)\sqrt{3}=6\sqrt{3}$
  $8\sqrt{3}-3\sqrt{3}=(8-3)\sqrt{3}=5\sqrt{3}$

2. 근호 안의 수가 제곱인 수를 약수로 갖는 경우에는 근호 안의 수를 소인수분해하여 제곱인 수를 근호 밖으로 꺼내어 $a\sqrt{b}$꼴로 바꾼 다음 계산한다.

예 $\sqrt{8}+\sqrt{2}=2\sqrt{2}+\sqrt{2}=3\sqrt{2}$
주의 $\sqrt{a}+\sqrt{b}\neq\sqrt{a+b}, \ \sqrt{a}-\sqrt{b}\neq\sqrt{a-b}$

정답과 풀이 14쪽

[01~08] 다음 식을 간단히 하시오.

01 $3\sqrt{2}+5\sqrt{2}=(3+\boxed{})\sqrt{2}=\boxed{}\sqrt{2}$

02 $7\sqrt{3}-5\sqrt{3}=(7-\boxed{})\sqrt{3}=\boxed{}\sqrt{3}$

03 $6\sqrt{5}+4\sqrt{5}$

04 $3\sqrt{11}-9\sqrt{11}$

05 $2\sqrt{5}+4\sqrt{5}+\sqrt{5}$

06 $\sqrt{7}-4\sqrt{7}+2\sqrt{7}$

07 $5\sqrt{2}+3\sqrt{2}-10\sqrt{2}$

08 $-2\sqrt{5}+8\sqrt{5}-3\sqrt{5}$

[09~14] 다음 식을 간단히 하시오.

09 $3\sqrt{2}+4\sqrt{3}+5\sqrt{2}+6\sqrt{3}$
  $=(3+\boxed{})\sqrt{2}+(\boxed{}+6)\sqrt{3}$
  $=\boxed{}\sqrt{2}+\boxed{}\sqrt{3}$

10 $5\sqrt{6}+2\sqrt{7}-4\sqrt{6}+3\sqrt{7}$

11 $\sqrt{3}-\sqrt{5}-4\sqrt{3}+2\sqrt{5}$

12 $\sqrt{5}+4\sqrt{7}-3\sqrt{7}+2\sqrt{5}$

13 $5\sqrt{6}+4\sqrt{10}-3\sqrt{6}-8\sqrt{10}$

14 $4\sqrt{3}-10\sqrt{2}-9\sqrt{3}-2\sqrt{2}$

15 $\sqrt{50}+\sqrt{18}$

$=\boxed{}\sqrt{2}+\boxed{}\sqrt{2}=\boxed{}\sqrt{2}$

16 $\sqrt{54}-\sqrt{24}$

TIP 먼저 근호($\sqrt{}$) 안을 간단히 한다.

17 $\sqrt{12}+\sqrt{27}$

18 $\sqrt{80}-\sqrt{20}$

19 $\sqrt{54}+3\sqrt{24}$

20 $2\sqrt{18}-\sqrt{72}$

21 $3\sqrt{48}+4\sqrt{27}$

22 $2\sqrt{175}-3\sqrt{28}$

23 $2\sqrt{32}-\sqrt{20}+\sqrt{50}-3\sqrt{45}$

$=2\times\boxed{}\sqrt{2}-\boxed{}\sqrt{5}+\boxed{}\sqrt{2}-3\times\boxed{}\sqrt{5}$

$=\boxed{}\sqrt{2}-\boxed{}\sqrt{5}+\boxed{}\sqrt{2}-\boxed{}\sqrt{5}$

$=\boxed{}\sqrt{2}-\boxed{}\sqrt{5}$

24 $\sqrt{75}+\sqrt{12}+\sqrt{27}$

25 $2\sqrt{5}+\sqrt{45}-\sqrt{80}$

26 $\sqrt{7}-\sqrt{8}+\sqrt{28}+\sqrt{32}$

27 $\sqrt{12}-\sqrt{18}+\sqrt{32}-\sqrt{48}$

28 $\sqrt{48}-3\sqrt{18}-2\sqrt{3}+2\sqrt{8}$

29 $\sqrt{27}+\sqrt{28}-\sqrt{75}+\sqrt{63}$

17 근호를 포함한 식의 분배법칙

근호를 포함한 식에서 괄호가 있으면 분배법칙을 이용하여 괄호를 풀어 계산한다.

$a>0,\ b>0,\ c>0$일 때

1. $\sqrt{a}(\sqrt{b}\pm\sqrt{c})=\sqrt{a}\sqrt{b}\pm\sqrt{a}\sqrt{c}=\sqrt{ab}\pm\sqrt{ac}$

   예 $\sqrt{2}(\sqrt{3}+\sqrt{5})=\sqrt{2}\times\sqrt{3}+\sqrt{2}\times\sqrt{5}=\sqrt{6}+\sqrt{10}$

2. $(\sqrt{a}\pm\sqrt{b})\sqrt{c}=\sqrt{a}\sqrt{c}\pm\sqrt{b}\sqrt{c}=\sqrt{ac}\pm\sqrt{bc}$

   예 $(\sqrt{2}+\sqrt{3})\sqrt{5}=\sqrt{2}\times\sqrt{5}+\sqrt{3}\times\sqrt{5}=\sqrt{10}+\sqrt{15}$

정답과 풀이 15쪽

[01~07] 다음 식을 간단히 하시오.

01 $\sqrt{5}(\sqrt{2}+\sqrt{3})$

   $=\sqrt{5}\times\boxed{}+\boxed{}\times\sqrt{3}$

   $=\boxed{}+\boxed{}$

02 $\sqrt{3}(\sqrt{7}+\sqrt{3})$

03 $\sqrt{6}(\sqrt{3}+2\sqrt{5})$

> **TIP** $\sqrt{a}\sqrt{b}=\sqrt{ab}$를 이용하여 계산한 다음 근호 안의 수가 가장 작은 수가 되도록 바꾸어 준다.

04 $\sqrt{3}(3\sqrt{5}+2\sqrt{11})$

05 $\sqrt{3}(\sqrt{10}-\sqrt{2})$

06 $\sqrt{6}(2\sqrt{3}-\sqrt{2})$

07 $\sqrt{5}(2\sqrt{15}-3\sqrt{5})$

[08~14] 다음 식을 간단히 하시오.

08 $(\sqrt{10}+\sqrt{6})\sqrt{7}$

   $=\sqrt{10}\times\boxed{}+\boxed{}\times\sqrt{7}$

   $=\boxed{}+\boxed{}$

09 $(\sqrt{13}+\sqrt{5})\sqrt{5}$

10 $(2\sqrt{6}+\sqrt{21})\sqrt{3}$

11 $(2\sqrt{15}+3\sqrt{6})\sqrt{3}$

12 $(\sqrt{6}-\sqrt{3})\sqrt{3}$

13 $(\sqrt{12}-4\sqrt{5})\sqrt{2}$

14 $(3\sqrt{14}-2\sqrt{21})\sqrt{7}$

18 근호를 포함한 복잡한 식의 계산

❶ 괄호가 있으면 분배법칙을 이용하여 괄호를 푼다.

❷ 곱셈과 나눗셈을 먼저 계산한다.

❸ 분모에 무리수가 있으면 분모를 유리화한다.

❹ 근호 안에 제곱인 인수가 있으면 근호 밖으로 꺼낸다.

❺ 근호 안의 수가 같은 것끼리 덧셈, 뺄셈을 한다.

예
$$\frac{6}{\sqrt{2}}+\sqrt{2}(3-\sqrt{2})-\sqrt{50}$$

$$=\frac{6}{\sqrt{2}}+\sqrt{2}\times3-\sqrt{2}\times\sqrt{2}-\sqrt{50}$$ ⟩ 괄호 풀기

$$=\frac{6}{\sqrt{2}}+3\sqrt{2}-2-\sqrt{50}$$ ⟩ 곱셈을 먼저 계산하기

$$=3\sqrt{2}+3\sqrt{2}-2-\sqrt{50}$$ ⟩ 분모를 유리화하기

$$=3\sqrt{2}+3\sqrt{2}-2-5\sqrt{2}$$ ⟩ 근호 안의 제곱인 인수는 근호 밖으로 꺼내기

$$=\sqrt{2}-2$$ ⟩ 덧셈, 뺄셈하기

정답과 풀이 15쪽

[01~03] 다음을 계산하시오.

01 $\sqrt{2}(\sqrt{3}+4\sqrt{2})+3\sqrt{6}$

02 $\sqrt{3}(\sqrt{6}-\sqrt{3})+5\sqrt{2}$

03 $(2+\sqrt{10})\sqrt{2}-4\sqrt{5}$

[04~07] 다음을 계산하시오.

04 $\sqrt{3}\times\sqrt{6}+\sqrt{50}$

05 $\sqrt{21}\div\sqrt{7}-4\sqrt{3}$

06 $\sqrt{8}\times\sqrt{10}-\sqrt{30}\div\sqrt{6}$

07 $9\sqrt{6}\div3\sqrt{2}-\sqrt{24}\times\sqrt{2}$

[08~11] 다음을 계산하시오.

08 $\sqrt{18}+\dfrac{4}{\sqrt{2}}-\sqrt{2}$

09 $\sqrt{15}\times\dfrac{2}{\sqrt{3}}+10\div\sqrt{5}$

10 $\sqrt{6}\times(4-\sqrt{3})-\dfrac{\sqrt{6}}{\sqrt{3}}$

11 $\dfrac{3-\sqrt{3}}{\sqrt{3}}+\dfrac{\sqrt{6}-\sqrt{2}}{\sqrt{2}}$

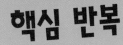

16 제곱근의 덧셈과 뺄셈

1 $5\sqrt{2}-4\sqrt{2}+3\sqrt{2}$를 간단히 하면?

① $2\sqrt{2}$　　　② $3\sqrt{2}$　　　③ $4\sqrt{2}$
④ $5\sqrt{2}$　　　⑤ $6\sqrt{2}$

2 $4\sqrt{3}-2\sqrt{7}+\sqrt{3}-5\sqrt{7}=a\sqrt{3}+b\sqrt{7}$일 때, 유리수 a, b의 합 $a+b$의 값은?

① -3　　　② -2　　　③ -1
④ 1　　　⑤ 2

3 $4\sqrt{5}+3\sqrt{20}=a\sqrt{5}$일 때, 유리수 a의 값은?

① 10　　　② 9　　　③ 8
④ 7　　　⑤ 6

4 $\sqrt{18}-\sqrt{12}-\sqrt{32}-4\sqrt{3}$을 간단히 하면?

① $3\sqrt{2}+6\sqrt{3}$　　　② $-\sqrt{2}+3\sqrt{3}$
③ $\sqrt{2}-6\sqrt{3}$　　　④ $-\sqrt{2}-6\sqrt{3}$
⑤ $-2\sqrt{2}-6\sqrt{3}$

17 근호를 포함한 식의 분배법칙

5 $(2\sqrt{2}-\sqrt{5})\sqrt{2}$를 간단히 하시오.

6 $A=\sqrt{10}+\sqrt{2}$, $B=\sqrt{10}-\sqrt{2}$일 때, $\sqrt{2}A+\sqrt{10}B$ 의 값은?

① 2　　　② 4　　　③ 12
④ $2\sqrt{5}$　　　⑤ $4\sqrt{5}$

18 근호를 포함한 복잡한 식의 계산

7 $\sqrt{72}\div\sqrt{3}+\sqrt{2}\times\sqrt{27}$을 간단히 하면?

① $2\sqrt{3}+3\sqrt{2}$　　　② $5\sqrt{6}$
③ $\sqrt{3}+3\sqrt{2}$　　　④ $4\sqrt{6}$
⑤ $\sqrt{3}+2\sqrt{2}$

8 두 유리수 a, b에 대하여
$$\frac{4}{\sqrt{2}}-\sqrt{6}(\sqrt{3}-\sqrt{2})=a\sqrt{2}+b\sqrt{3}$$
일 때, ab의 값은?

① -2　　　② -1　　　③ 1
④ 2　　　⑤ 4

꼭 알아야 할 개념

	1차	2차	시험 직전
제곱근의 덧셈, 뺄셈하기			
분배법칙을 이용하여 근호를 포함한 식을 계산하기			
근호를 포함한 복잡한 식을 계산하기			

1 $\sqrt{20}-a\sqrt{5}+\sqrt{125}=\sqrt{5}$일 때, 유리수 a의 값은?

① 4   ② 5   ③ 6

④ 7   ⑤ 8

2 $2\sqrt{5}+3\sqrt{12}-4\sqrt{20}-\sqrt{27}$을 간단히 하면?

① $3\sqrt{3}+10\sqrt{5}$ ② $3\sqrt{3}+6\sqrt{5}$

③ $9\sqrt{3}-6\sqrt{5}$ ④ $3\sqrt{3}-6\sqrt{5}$

⑤ $-3\sqrt{3}-6\sqrt{5}$

3 다음 그림과 같이 넓이가 각각 $2\,\mathrm{cm}^2$, $18\,\mathrm{cm}^2$, $8\,\mathrm{cm}^2$인 세 정사각형에서 $\overline{\mathrm{AB}}+\overline{\mathrm{BC}}$의 길이는?

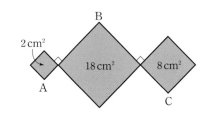

① $5\sqrt{2}\,\mathrm{cm}$ ② $6\sqrt{2}\,\mathrm{cm}$ ③ $7\sqrt{2}\,\mathrm{cm}$

④ $8\sqrt{2}\,\mathrm{cm}$ ⑤ $9\sqrt{2}\,\mathrm{cm}$

4 $\sqrt{72}-\sqrt{75}-\dfrac{6}{\sqrt{2}}+\sqrt{27}=a\sqrt{2}+b\sqrt{3}$일 때, 유리수 a, b에 대하여 ab의 값은?

① -6 ② -3 ③ -2

④ 2 ⑤ 6

5 $\sqrt{7}(2\sqrt{7}-a)-\sqrt{28}(4-3\sqrt{7})$을 계산한 값이 유리수가 되도록 하는 유리수 a의 값은?

① -8 ② -6 ③ -4

④ -2 ⑤ 2

6 $x=\sqrt{2}-1$일 때, $x+\dfrac{1}{x+1}$의 값은?

① $\dfrac{3\sqrt{2}}{2}+2$ ② $2\sqrt{2}$

③ $\dfrac{3\sqrt{2}}{2}-1$ ④ $\sqrt{2}-1$

⑤ $\dfrac{3\sqrt{2}}{2}-2$

7 두 유리수 a, b에 대하여

$\sqrt{5}(3-2\sqrt{15})-\dfrac{\sqrt{30}-3\sqrt{2}}{\sqrt{6}}$를 간단히 하였더니 $a\sqrt{3}+b\sqrt{5}$였다. 이때 $a+b$의 값은?

① -8 ② -7 ③ -6

④ -5 ⑤ -4

난 풀 수 있다. 고난도!!

도전 고난도

8 $f(x)=\sqrt{x+3}-\sqrt{x+2}$일 때,
$f(1)+f(2)+f(3)+\cdots+f(24)$의 값은?

① $4\sqrt{2}$ ② $2\sqrt{6}$ ③ $2\sqrt{5}$

④ $2\sqrt{3}$ ⑤ 2

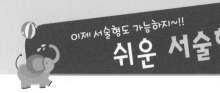
1 다음 조건을 모두 만족시키는 상수 a, b, c에 대하여 $a+b-c$의 값을 구하시오.

> ㄱ. $(-7)^2$의 양의 제곱근은 a이다.
> ㄴ. 제곱근 64는 b이다.
> ㄷ. $\sqrt{16}$의 음의 제곱근은 c이다.

 풀이

2 두 자연수 a, b에 대하여 $\sqrt{28a}=b$일 때, $a+b$의 값 중 가장 작은 값을 구하려고 한다. 다음 물음에 답하시오.

(1) 28을 소인수분해하시오.

(2) $\sqrt{28a}$가 자연수가 되도록 하는 가장 작은 자연수 a의 값을 구하시오.

(3) b의 값을 구하시오.

(4) $a+b$의 값을 구하시오.

풀이

3 $\sqrt{20}=a\sqrt{5}$, $4\sqrt{3}=\sqrt{b}$일 때, 유리수 a, b에 대하여 $\sqrt{\dfrac{a}{b}}$의 값을 구하시오.

풀이

4 아래 그림과 같이 수직선 위에 한 변의 길이가 1인 정사각형 ABCD가 있다. $\overline{AC}=\overline{PC}$, $\overline{BD}=\overline{BQ}$일 때, $\overline{PQ}$의 길이를 구하려고 한다. 다음 물음에 답하시오.

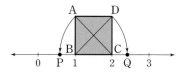

(1) $\overline{BD}$의 길이를 구하시오.

(2) 점 P에 대응하는 수를 구하시오.

(3) 점 Q에 대응하는 수를 구하시오.

(4) $\overline{PQ}$의 길이를 구하시오

풀이

II 다항식의 곱셈과 인수분해

한 장 공부 표		계획하기	학습하기	확인하기	분석하기	추가 학습하기
	학습 내용	공부할 날짜를 계획해 봐요.	공부한 날짜를 기록해 봐요.	학습 결과를 체크해 봐요.	학습 과정, 학습 결과에 대한 원인을 생각해 볼까요?	학습 결과가 만족스럽지 못하다면 추가 학습을 해 봐요.
01장	01. 다항식과 다항식의 곱셈 02. 곱셈 공식 (1)	월 일	월 일	☺ ☹ ☹ 잘함 보통 노력		월 일
02장	03. 곱셈 공식 (2) / 04. 곱셈 공식 (3)	월 일	월 일	☺ ☹ ☹		월 일
03장	05. 곱셈 공식을 이용한 수의 계산 06. 곱셈 공식의 변형	월 일	월 일	☺ ☹ ☹		월 일
04장	핵심 반복 / 형성 평가	월 일	월 일	☺ ☹ ☹		월 일
05장	07. 인수분해 / 08. 인수분해 공식 (1)	월 일	월 일	☺ ☹ ☹		월 일
06장	09. 완전제곱식이 될 조건 10. 인수분해 공식 (2)	월 일	월 일	☺ ☺ ☹		월 일
07장	11. 인수분해 공식 (3) – x^2의 계수가 1인 이차식의 인수분해 12. 인수분해 공식 (4) – x^2의 계수가 1이 아닌 이차식의 인수분해	월 일	월 일	☺ ☹ ☹		월 일
08장	13. 인수분해를 이용한 수의 계산 14. 인수분해를 이용한 식의 값	월 일	월 일	☺ ☹ ☹		월 일
09장	핵심 반복 / 형성 평가 / 쉬운 서술형	월 일	월 일	☺ ☹ ☹		월 일

9장으로 다항식의 곱셈과 인수분해 학습 끝!!

01 다항식과 다항식의 곱셈

$(a+b)(c+d)$꼴의 다항식의 곱셈은 분배법칙을 이용하여 전개한 다음
동류항이 있으면 동류항끼리 모아서 간단히 정리한다.

$$(a+b)(c+d)=ac+ad+bc+bd$$

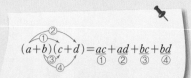

예 $(a+3)(b+2)=a\times b+a\times 2+3\times b+3\times 2=ab+2a+3b+6$

$(x-1)(x+4)=x\times x+x\times 4-1\times x-1\times 4=x^2+4x-x-4=x^2+3x-4$

정답과 풀이 18쪽

[01~08] 다음 식을 전개하시오.

01 $(x-5)(y+4)=xy+\boxed{}-5y-\boxed{}$

02 $(x+3)(x-2)=x^2-\boxed{}+3x-\boxed{}$

　　　　　$=\boxed{}$

03 $(a-6)(b+3)$

04 $(a-2)(a+4)$

05 $(2x+3)(x-5)$

06 $(3x-4)(5x-2)$

07 $(a+3b)(a-2b)$

08 $(2x+y)(x-4y)$

[09~16] 다음 식을 전개하시오.

09 $(x+1)(x+y-2)$

　　　$=x^2+\boxed{}-2x+\boxed{}+y-\boxed{}$

　　　$=\boxed{}$

10 $(a-2)(a+2b+1)$

11 $(2x-1)(x-3y+2)$

12 $(x+2y)(x-y-4)$

13 $(3a+b)(a-5b+3)$

14 $(2a-3b)(a-b-5)$

15 $(a+2b-4)(a-3)$

16 $(2a-b+5)(3a-2)$

1. $(a+b)^2=a^2+2ab+b^2$

  예 $(a+1)^2=a^2+2\times a\times1+1^2=a^2+2a+1$

2. $(a-b)^2=a^2-2ab+b^2$

  예 $(a-2)^2=a^2-2\times a\times2+2^2=a^2-4a+4$

$$(a+b)^2=a^2+\underset{\text{곱의 2배}}{2ab}+b^2$$

$$(a-b)^2=a^2-\underset{\text{곱의 2배}}{2ab}+b^2$$

정답과 풀이 18쪽

[01~08] 다음 식을 전개하시오.

01 $(x+3)^2=x^2+2\times x\times\boxed{}+\boxed{}^2$

$\qquad=x^2+\boxed{}x+\boxed{}$

02 $(2x+1)^2=(\boxed{})^2+2\times\boxed{}\times1+\boxed{}^2$

$\qquad=\boxed{}$

03 $(a+2)^2$

04 $(a+4)^2$

05 $(x+5)^2$

06 $(3x+2)^2$

07 $(2x+3y)^2$

08 $(4a+2b)^2$

[09~16] 다음 식을 전개하시오.

09 $(x-3)^2=x^2-2\times x\times\boxed{}+\boxed{}^2$

$\qquad=x^2-\boxed{}x+\boxed{}$

10 $(3x-2)^2=(\boxed{})^2-2\times\boxed{}\times2+\boxed{}^2$

$\qquad=\boxed{}$

11 $(x-6)^2$

12 $(a-7)^2$

13 $(4a-1)^2$

14 $(5x-3)^2$

15 $(4x-3y)^2$

16 $(5a-2b)^2$

1. $(a+b)(a-b)=a^2-b^2$

예 $(a+2)(a-2)=a^2-2^2=a^2-4$

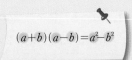
$(a+b)(a-b)=a^2-b^2$

2. $(a+b)(a-b)=a^2-b^2$을 이용하여 분모를 유리화할 수 있다.

$$\frac{1}{\sqrt{a}+\sqrt{b}}=\frac{\sqrt{a}-\sqrt{b}}{(\sqrt{a}+\sqrt{b})(\sqrt{a}-\sqrt{b})}=\frac{\sqrt{a}-\sqrt{b}}{a-b}$$

예 $\dfrac{1}{2-\sqrt{3}}=\dfrac{2+\sqrt{3}}{(2-\sqrt{3})(2+\sqrt{3})}=\dfrac{2+\sqrt{3}}{4-3}=2+\sqrt{3}$

정답과 풀이 19쪽

[01~09] 다음 식을 전개하시오.

01 $(x+3)(x-3)=x^2-\boxed{}^2=x^2-\boxed{}$

02 $(2x+1)(2x-1)=(2x)^2-\boxed{}^2$

$\qquad\qquad\qquad = \boxed{}x^2-\boxed{}$

03 $(a+4)(a-4)$

04 $(3x+2)(3x-2)$

05 $(5x+3)(5x-3)$

06 $(7+x)(7-x)$

07 $(-a+10)(-a-10)$

08 $(5+6x)(5-6x)$

09 $(-4x+3)(-4x-3)$

[10~15] 다음 수의 분모를 유리화하시오.

10 $\dfrac{1}{2+\sqrt{3}}=\dfrac{1\times(2\boxed{}\sqrt{3})}{(2+\sqrt{3})(2\boxed{}\sqrt{3})}$

$\qquad\qquad = \dfrac{2\boxed{}\sqrt{3}}{2^2-(\boxed{})^2}=\boxed{}$

11 $\dfrac{1}{2-\sqrt{2}}$

12 $\dfrac{2}{\sqrt{5}+\sqrt{3}}$

13 $\dfrac{\sqrt{3}}{\sqrt{5}-2}$

14 $\dfrac{\sqrt{2}-1}{\sqrt{2}+1}$

15 $\dfrac{\sqrt{6}+\sqrt{2}}{\sqrt{6}-\sqrt{2}}$

04 곱셈 공식(3)

1. x의 계수가 1인 두 일차식의 곱

$$(x+a)(x+b)=x^2+(a+b)x+ab$$

　[예] $(x+2)(x+3)=x^2+(2+3)x+2\times3=x^2+5x+6$

2. x의 계수가 1이 아닌 두 일차식의 곱

$$(ax+b)(cx+d)=acx^2+(ad+bc)x+bd$$

　[예] $(3x+4)(2x+5)=(3\times2)x^2+(3\times5+4\times2)x+4\times5$
　　　　　　　　　$=6x^2+23x+20$

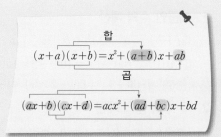

정답과 풀이 20쪽

[01~08] 다음 식을 전개하시오.

01 $(x+1)(x+2)=x^2+(1+\boxed{})x+1\times\boxed{}$
　　　　　　　　$=x^2+\boxed{}x+2$

02 $(x+5)(x-2)$

> **TIP** 두 수의 합과 곱을 구한다.

03 $(x-4)(x+3)$

04 $(x-6)(x-3)$

05 $(x+2y)(x+4y)$

06 $(x+6y)(x-5y)$

07 $(x-3y)(x+7y)$

08 $(x-2y)(x-5y)$

[09~16] 다음 식을 전개하시오.

09 $(2x+1)(3x+2)$
　　$=(2\times3)x^2+(2\times\boxed{}+1\times3)x+1\times\boxed{}$
　　$=6x^2+\boxed{}x+2$

10 $(3x+4)(4x-2)$

11 $(2x-3)(5x+1)$

12 $(5x-2)(4x-1)$

13 $(2x+3y)(4x+y)$

14 $(2x+7y)(3x-y)$

15 $(3x-4y)(4x+5y)$

16 $(3x-2y)(4x-3y)$

학습날짜 :   월   일 / 학습결과 :

1. 제곱인 수의 계산

$(a+b)^2=a^2+2ab+b^2$ 또는 $(a-b)^2=a^2-2ab+b^2$을 이용하여 계산한다.

예 $101^2=(100+1)^2=100^2+2\times100\times1+1^2=10000+200+1=10201$

$59^2=(60-1)^2=60^2-2\times60\times1+1^2=3600-120+1=3481$

2. 두 수의 곱의 계산

$(a+b)(a-b)=a^2-b^2$ 또는 $(x+a)(x+b)=x^2+(a+b)x+ab$를 이용하여 계산한다.

예 $55\times45=(50+5)(50-5)=50^2-5^2=2500-25=2475$

$41\times43=(40+1)(40+3)=40^2+(1+3)\times40+1\times3=1600+160+3=1763$

정답과 풀이 20쪽

[01~07] 곱셈 공식을 이용하여 다음을 계산하시오.

01 $51^2=(50+\boxed{})^2$

$=2500+\boxed{}+1$

$=\boxed{}$

02 $48^2=(50-\boxed{})^2$

$=2500-\boxed{}+\boxed{}$

$=\boxed{}$

TIP $(a+b)^2$ 또는 $(a-b)^2$ 중에 더 편리한 것을 선택한다.

03 102^2

04 98^2

05 63^2

06 5.2^2

07 9.7^2

[08~14] 곱셈 공식을 이용하여 다음을 계산하시오.

08 $31\times29=(30+\boxed{})(30-\boxed{})$

$=900-\boxed{}$

$=\boxed{}$

09 $31\times33=(30+\boxed{})(30+\boxed{})$

$=900+\boxed{}\times30+\boxed{}$

$=\boxed{}$

TIP $(a+b)(a-b)$ 또는 $(x+a)(x+b)$ 중에 더 편리한 것을 선택한다.

10 102×98

11 102×104

12 53×47

13 58×59

14 5.1×4.9

06 곱셈 공식의 변형

학습날짜 :   월   일 / 학습결과 :

1. ① $a^2+b^2=(a+b)^2-2ab$

　② $a^2+b^2=(a-b)^2+2ab$

2. ① $(a+b)^2=(a-b)^2+4ab$

　② $(a-b)^2=(a+b)^2-4ab$

예 $a+b=2$, $ab=1$이면

$a^2+b^2=(a+b)^2-2ab=4-2=2$

$(a-b)^2=(a+b)^2-4ab=4-4=0$

정답과 풀이 21쪽

[01~04] 다음은 식의 값을 구하는 과정이다. □ 안에 알맞은 것을 쓰시오.

01 $x+y=3$, $xy=2$일 때, x^2+y^2의 값

$x^2+y^2=(x+y)^2-\boxed{}$

$=9-\boxed{}$

$=\boxed{}$

02 $x-y=3$, $xy=10$일 때, x^2+y^2의 값

$x^2+y^2=(x-y)^2+\boxed{}$

$=9+\boxed{}$

$=\boxed{}$

03 $x+y=5$, $xy=-14$일 때, $(x-y)^2$의 값

$(x-y)^2=(x+y)^2-\boxed{}$

$=25-(\boxed{})$

$=\boxed{}$

04 $x-y=2$, $xy=8$일 때, $(x+y)^2$의 값

$(x+y)^2=(x-y)^2+\boxed{}$

$=4+\boxed{}$

$=\boxed{}$

[05~06] $x+y=5$, $xy=6$일 때, 다음 식의 값을 구하시오.

05 x^2+y^2

06 $(x-y)^2$

[07~08] $x+y=-3$, $xy=-4$일 때, 다음 식의 값을 구하시오.

07 x^2+y^2

08 $(x-y)^2$

[09~10] $x-y=6$, $xy=-8$일 때, 다음 식의 값을 구하시오.

09 x^2+y^2

10 $(x+y)^2$

01 다항식과 다항식의 곱셈

1 $(6a-b)(a+4b)$를 전개하면?

① $6a^2-23ab-4b^2$

② $6a^2-23ab+4b^2$

③ $6a^2+23ab-4b^2$

④ $6a^2+23ab+4b^2$

⑤ $6a^2+25ab-4b^2$

02 곱셈 공식(1)

2 다음 중 식을 전개한 것으로 옳은 것은?

① $(x+2)^2=x^2+4$

② $(3a-1)^2=9a^2-3a+1$

③ $\left(x+\dfrac{1}{2}\right)^2=x^2+2x+\dfrac{1}{4}$

④ $(4x-y)^2=16x^2-8xy+y^2$

⑤ $(-2a-5b)^2=4a^2-20ab+25b^2$

03 곱셈 공식(2)

3 $(-a+2)(-a-2)$를 전개하면?

① a^2+4a+4 ② a^2-4a+4

③ $-a^2-4$ ④ $-a^2+4$

⑤ a^2-4

4 $\dfrac{2-\sqrt{3}}{2+\sqrt{3}}$ 의 분모를 유리화하면?

① $4-4\sqrt{3}$ ② $4+\sqrt{3}$

③ $4+2\sqrt{3}$ ④ $7-4\sqrt{3}$

⑤ $7+2\sqrt{3}$

04 곱셈 공식(3)

5 $(x+2)(x-5)=x^2+ax+b$일 때, 상수 a, b에 대하여 $a+b$의 값은?

① -13 ② -10 ③ -7

④ -4 ⑤ -1

6 $(2x-1)(3x+4)$를 전개하면?

① $6x^2-4x-4$ ② $6x^2+4x-4$

③ $6x^2+5x-4$ ④ $6x^2+5x+4$

⑤ $6x^2+11x-4$

05 곱셈 공식을 이용한 수의 계산

7 곱셈 공식을 이용하여 70.1×69.9를 계산하려고 할 때, 어떤 곱셈 공식을 이용하는 것이 가장 편리한가?

① $(a+b)^2=a^2+2ab+b^2$

② $(a-b)^2=a^2-2ab+b^2$

③ $(a+b)(a-b)=a^2-b^2$

④ $m(a+b)=ma+mb$

⑤ $(ax+b)(cx+d)=acx^2+(ad+bc)x+bd$

06 곱셈 공식의 변형

8 $x+y=8$, $xy=10$일 때, x^2+y^2의 값은?

① 40 ② 42 ③ 44

④ 46 ⑤ 48

꼭 알아야 할 개념 ✍

	1차	2차	시험 직전
곱셈 공식을 이용하여 식을 전개하기			
곱셈 공식을 이용하여 수를 계산하기			
곱셈 공식을 변형하여 식의 값 구하기			

1 $(3x-4y+2)(x+2y-4)$를 전개한 식에서 xy의 계수는?

① -3 ② -2 ③ -1

④ 1 ⑤ 2

2 $(4a+b)^2-(4a-b)^2$을 간단히 하면?

① $2(16a^2+b^2)$ ② $2(16a^2-b^2)$

③ $4ab$ ④ $8ab$

⑤ $16ab$

3 다음 중 전개식이 나머지 넷과 <u>다른</u> 하나는?

① $(a-b)(a+b)$

② $-(-a+b)(a+b)$

③ $(-a-b)(-a+b)$

④ $-(-a-b)(a-b)$

⑤ $(-a-b)(a+b)$

4 $\dfrac{4}{\sqrt{7}-\sqrt{3}}+\dfrac{4}{\sqrt{7}+\sqrt{3}}$ 를 계산하면?

① $2\sqrt{3}$ ② $2\sqrt{7}$

③ $4\sqrt{7}$ ④ $2\sqrt{7}-2\sqrt{3}$

⑤ $2\sqrt{7}+2\sqrt{3}$

5 $(x+3)(x+A)=x^2+Bx-18$일 때, 상수 A, B에 대하여 $A+B$의 값은?

① -9 ② -3 ③ 3

④ 9 ⑤ 12

6 곱셈 공식 $(a+b)(a-b)=a^2-b^2$을 이용하면 편리한 수의 계산인 것만을 〈보기〉에서 모두 고른 것은?

┤ 보기 ├
ㄱ. 5.02×4.98 ㄴ. 204×203
ㄷ. 1998^2 ㄹ. 1996×2004

① ㄱ, ㄴ   ② ㄱ, ㄷ   ③ ㄱ, ㄹ

④ ㄴ, ㄷ   ⑤ ㄷ, ㄹ

7 $x+y=-6$, $x^2+y^2=40$일 때, xy의 값은?

① -6 ② -4 ③ -2

④ 2 ⑤ 4

난 풀 수 있다. 고난도!!

도전 고난도

8 $(a+b)(a-b)=a^2-b^2$임을 이용하여 다음 식을 계산하시오.

$$2(3+1)(3^2+1)(3^4+1)-3^8$$

07 인수분해

1. 인수: 하나의 다항식을 두 개 이상의 다항식의 곱으로 나타낼 때 각각의 다항식

2. 인수분해: 하나의 다항식을 두 개 이상의 인수의 곱으로 나타내는 것

예

$$x^2+3x+2 \xleftarrow[\text{전개}]{\text{인수분해}} (x+1)(x+2)$$
인수

3. 다항식의 각 항에 공통으로 들어 있는 인수를 찾아 괄호 밖으로 묶어 내어 쓰고, 괄호 안은 각 항에서 남은 것을 적는다.

$ma+mb=m(a+b)$

예 $2ab+6ax=2a(b+3x)$

참고 인수분해를 할 때에는 공통으로 들어 있는 인수가 남지 않도록 모두 묶어 낸다.

정답과 풀이 22쪽

[01~04] 다음 식은 어떤 식을 인수분해한 것인지 구하시오.

01 $a(a+2)$

02 $a(b-1)$

03 $2a(3a-5b)$

04 $-x(4x+5)$

[05~12] 다음 식을 인수분해하시오.

05 $3a+5ab=\boxed{}(3+\boxed{})$

06 $x^2y-2xy=\boxed{}(x-\boxed{})$

07 $xy+3x$

08 $5x-20$

09 $ab-2ac$

10 $9a^2b+6ab^2$

11 $4x^2y-10xy^2$

12 $2a^2-8ab+4a$

[13~16] 다음 식을 인수분해하시오.

13 $(a+2b)x+(a+2b)y=(a+\boxed{})(x+\boxed{})$

14 $x(x-1)+3(x-1)$

15 $b(a+2)-4(a+2)$

16 $(a-b)x-(a-b)y$

1. $a^2+2ab+b^2=(a+b)^2$

　예 $x^2+4x+4=x^2+2\times x\times 2+2^2=(x+2)^2$

2. $a^2-2ab+b^2=(a-b)^2$

　예 $x^2-4x+4=x^2-2\times x\times 2+2^2=(x-2)^2$

정답과 풀이 23쪽

[01~09] 다음 식을 인수분해하시오.

01 x^2+6x+9

$=x^2+2\times x\times\boxed{}+\boxed{}^2$

$=(x+\boxed{})^2$

02 $x^2-8xy+16y^2$

$=x^2-2\times x\times\boxed{}+(\boxed{})^2$

$=(\boxed{}-\boxed{})^2$

03 $x^2+12x+36$

04 x^2-2x+1

05 $x^2+16x+64$

06 $x^2-18x+81$

07 $x^2+14xy+49y^2$

08 $a^2+10ab+25b^2$

09 $a^2-12ab+36b^2$

[10~18] 다음 식을 인수분해하시오.

10 $4x^2-4xy+y^2$

$=(2x)^2-2\times\boxed{}\times y+\boxed{}^2$

$=(\boxed{}-\boxed{})^2$

11 $2x^2-16x+32$

$=\boxed{}(x^2-8x+16)$

$=\boxed{}(x-\boxed{})^2$

12 $4x^2+12x+9$

13 $25x^2+10x+1$

14 $9x^2-24x+16$

15 $49x^2-42xy+9y^2$

16 $3x^2+12x+12$

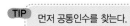
TIP 먼저 공통인수를 찾는다.

17 $x^2y+10xy+25y$

18 $12x^2y-12xy+3y$

1. 완전제곱식: 다항식의 제곱으로 이루어진 식 또는 이 식에 상수를 곱한 식 ┌→$(a\pm b)^2$

예 $(x+1)^2, (a+2b)^2, 3(2x+1)^2, \cdots$ └→$k(a\pm b)^2$

2. x^2+ax+b가 완전제곱식이 될 조건: $b=\left(\dfrac{a}{2}\right)^2$

예 $x^2+2x+\square \Rightarrow x^2+2\times x\times 1+\square \Rightarrow \square=\left(\dfrac{2}{2}\right)^2=1$

3. $x^2+\blacklozenge x+A^2$이 완전제곱식이 될 조건

$x^2+\blacklozenge x+A^2=x^2+\blacklozenge x+(\pm A)^2=(x\pm A)^2$임을 이용 $\Rightarrow \blacklozenge=\pm 2A$

예 $x^2+\square x+4=(x\pm 2)^2 \Rightarrow \square=\pm 4$

정답과 풀이 24쪽

[01~08] 다음 식이 완전제곱식이 되도록 □ 안에 알맞은 것을 쓰시오.

01 $x^2+10x+\boxed{}=x^2+2\times x\times 5+5^2$
$\qquad\qquad\qquad =(x+5)^2$

02 $9x^2-12x+\boxed{}=(3x)^2-2\times 3x\times 2+2^2$
$\qquad\qquad\qquad =(3x-2)^2$

03 $x^2+4x+\boxed{}$

04 $x^2-12x+\boxed{}$

05 $4x^2+12x+\boxed{}$

06 $16x^2-24x+\boxed{}$

07 $a^2+16ab+\boxed{}$

08 $25x^2-20xy+\boxed{}$

[09~16] 다음 식이 완전제곱식이 되도록 □ 안에 알맞은 것을 쓰시오.

09 $x^2+A+9=x^2+A+(\pm 3)^2=(x\pm 3)^2$
$\qquad \therefore A=\pm 2\times x\times 3=\pm\boxed{}$

10 $9x^2+A+4y^2=(3x)^2+A+(\pm 2y)^2$
$\qquad\qquad\qquad\quad =(3x\pm 2y)^2$
$\qquad \therefore A=\pm 2\times 3x\times \boxed{}=\boxed{}$

11 $a^2+\boxed{}+16$

12 $x^2+\boxed{}+25$

13 $a^2+\boxed{}+16b^2$

14 $x^2+\boxed{}+100y^2$

15 $25a^2+\boxed{}+9b^2$

16 $16x^2+\boxed{}+49y^2$

$$a^2-b^2=\underset{\text{합}}{(a+b)}\underset{\text{차}}{(a-b)}$$
제곱의 차

예 $x^2-4=x^2-2^2=(x+2)(x-2)$

참고 합과 차를 이용한 공식을 이용할 때에는 주어진 부호에 주의하여야 한다.

$-x^2+4=4-x^2=(2+x)(2-x)$ 또는 $-x^2+4=-(x^2-4)=-(x+2)(x-2)$

정답과 풀이 25쪽

[01~04] 다음 식을 인수분해하시오.

01 $x^2-9=x^2-\boxed{}^2=(x+\boxed{})(x-\boxed{})$

02 x^2-16

03 x^2-64

04 x^2-81

[05~09] 다음 식을 인수분해하시오.

05 $4x^2-1=(\boxed{})^2-1^2$
$\qquad =(\boxed{}+1)(\boxed{}-1)$

06 $9x^2-1$

07 $4x^2-49$

08 $16x^2-9$

09 $25x^2-36$

[10~14] 다음 식을 인수분해하시오.

10 $9x^2-16y^2=(3x)^2-(\boxed{})^2$
$\qquad =(3x+\boxed{})(3x-\boxed{})$

11 $9x^2-4y^2$

12 $16x^2-25y^2$

13 $64a^2-9b^2$

14 $49a^2-100b^2$

[15~18] 다음 식을 인수분해하시오.

15 $2a^2-8=2(a^2-\boxed{})=2(a^2-\boxed{}^2)$
$\qquad =2(a+\boxed{})(a-\boxed{})$

16 $3a^2-12$

17 x^3-9x

18 $3a^2-48b^2$

11 인수분해 공식(3) − x^2의 계수가 1인 이차식의 인수분해

학습날짜 : 월 일 / 학습결과 : 😊 😐 😣

$$x^2+\underbrace{(a+b)}_{\text{합}}x+\underbrace{ab}_{\text{곱}}=(x+a)(x+b)$$

예 $x^2+7x+6=(x+1)(x+6)$, $x^2-5x+6=(x-2)(x-3)$

참고 곱이 상수항이 되는 두 정수를 생각하고, 그 중에서 합이 x의 계수가 되는 두 정수를 찾는다.

곱이 6인 두 정수	두 정수의 합
1, 6	7
2, 3	5
−1, −6	−7
−2, −3	−5

정답과 풀이 25쪽

[01~04] 곱과 합이 다음과 같은 두 정수를 구하시오.

01 곱 2, 합 3

02 곱 8, 합 −6

03 곱 −35, 합 2

04 곱 −6, 합 −5

[05~06] 다음 표를 완성하고, 주어진 식을 인수분해하시오.

05 $x^2-6x+8=$＿＿＿＿＿

곱이 8인 두 정수	두 정수의 합

06 $x^2-x-6=$＿＿＿＿＿

곱이 −6인 두 정수	두 정수의 합

[07~16] 다음 식을 인수분해하시오.

07 x^2+3x+2

08 x^2-5x+4

09 $x^2+10x+21$

10 x^2+2x-8

11 $x^2-12x+35$

12 $x^2-7x-18$

13 $x^2+10xy+24y^2$

14 $x^2-12xy+35y^2$

15 $x^2+4xy-21y^2$

16 $x^2-8xy-20y^2$

$$ac x^2 + (ad+bc)x + bd = (ax+b)(cx+d)$$

예 $6x^2 - 7x - 5 = (2x+1)(3x-5)$

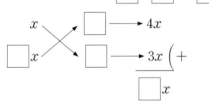

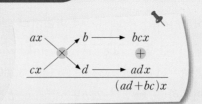

정답과 풀이 26쪽

[01~03] 다음은 이차식을 인수분해하는 과정이다. □ 안
에 알맞은 것을 쓰시오.

01 $2x^2 + 7x + 6 = (x + \boxed{})(\boxed{}x + \boxed{})$

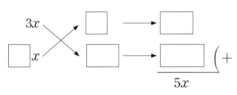

02 $6x^2 + 5x - 4 = (3x + \boxed{})(\boxed{}x - \boxed{})$

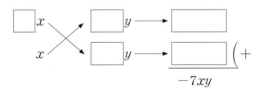

03 $5x^2 - 7xy + 2y^2 = (5x - \boxed{})(x - \boxed{})$

[04~12] 다음 식을 인수분해하시오.

04 $2x^2 + 5x + 2$

05 $4x^2 + 7x + 3$

06 $6x^2 - 5x + 1$

07 $3x^2 - 16x + 5$

08 $2x^2 + 5x - 3$

09 $2x^2 - x - 6$

10 $3x^2 + 7x - 6$

11 $4x^2 - 4x - 3$

12 $5x^2 - 7x - 6$

[13~16] 다음 식을 인수분해하시오.

13 $2x^2 + 7xy + 6y^2$

14 $4x^2 - 8xy + 3y^2$

15 $15x^2 + xy - 2y^2$

16 $6x^2 - xy - 2y^2$

인수분해 공식을 이용하여 수를 계산하면 편리하다.

1. 공통인 수로 묶어 내는 것을 이용한다. ➡ $ma+mb=m(a+b)$

예 $11\times87+11\times13=11\times(87+13)=11\times100=1100$

2. 완전제곱식을 이용한다. ➡ $a^2\pm2ab+b^2=(a\pm b)^2$

예 $99^2+2\times99\times1+1^2=(99+1)^2=100^2=10000$

3. 제곱의 차를 이용한다. ➡ $a^2-b^2=(a+b)(a-b)$

예 $51^2-49^2=(51+49)(51-49)=100\times2=200$

정답과 풀이 27쪽

[01~04] 인수분해 공식을 이용하여 다음을 계산하시오.

01 $27\times12+73\times12=12\left(27+\boxed{}\right)$

$\qquad\qquad =12\times\boxed{}$

$\qquad\qquad =\boxed{}$

02 $74\times7+74\times3$

> **TIP** 공통인수를 찾는다.

03 $36\times103-36\times3$

04 $25\times198+25\times802$

[05~08] 인수분해 공식을 이용하여 다음을 계산하시오.

05 $97^2+6\times97+3^2=97^2+2\times97\times\boxed{}+3^2$

$\qquad\qquad =\left(97+\boxed{}\right)^2=\boxed{}^2$

$\qquad\qquad =\boxed{}$

06 $298^2+4\times298+2^2$

07 $104^2-8\times104+16$

08 $9.7^2+0.6\times9.7+0.09$

[09~14] 인수분해 공식을 이용하여 다음을 계산하시오.

09 $102^2-98^2=\left(102+\boxed{}\right)\left(102-\boxed{}\right)$

$\qquad\qquad =\boxed{}\times4=\boxed{}$

10 22^2-18^2

11 59^2-41^2

12 $8.5^2-1.5^2$

13 $\sqrt{75^2-25^2}$

14 $\sqrt{104^2-96^2}$

14 인수분해를 이용한 식의 값

식의 값을 구할 때

❶ 주어진 식을 인수분해한다.

❷ 수를 인수분해한 식에 대입하여 식의 값을 구한다.

예 $x=95$일 때, $x^2-10x+25$의 값은

$x^2-10x+25=(x-5)^2=(95-5)^2=90^2=8100$

정답과 풀이 28쪽

[01~06] 인수분해 공식을 이용하여 다음을 구하시오.

01 $x=96$일 때, $x^2+8x+16$의 값

$$x^2+8x+16$$
$$=(x+\boxed{})^2 \quad \text{— 인수분해하기}$$
$$=(96+\boxed{})^2 \quad \text{— } x=96을 \text{ 대입하기}$$
$$=\boxed{} \quad \text{— 식의 값 구하기}$$

02 $n=92$일 때, n^2-4n+4의 값

03 $n=997$일 때, n^2+6n+9의 값

04 $x=7.3$, $y=2.7$일 때, $x^2+2xy+y^2$의 값

05 $x=\sqrt{2}-1$일 때, x^2+2x+1의 값

06 $x=\sqrt{5}+2$일 때, x^2-4x+4의 값

[07~11] 인수분해 공식을 이용하여 다음을 구하시오.

07 $a=87$, $b=13$일 때, a^2-b^2의 값

$$a^2-b^2$$
$$=(a+\boxed{})(a-\boxed{}) \quad \text{— 인수분해하기}$$
$$=(87+\boxed{})(87-\boxed{}) \quad \text{— } a=87, b=13을 \text{ 대입하기}$$
$$=\boxed{}\times 74=\boxed{} \quad \text{— 식의 값 구하기}$$

08 $x=76$, $y=24$일 때, x^2-y^2의 값

09 $a=165$, $b=35$일 때, a^2-b^2의 값

10 $a=\sqrt{2}+1$, $b=\sqrt{2}-1$일 때, a^2-b^2의 값

11 $x=\sqrt{3}-\sqrt{2}$, $y=\sqrt{3}+\sqrt{2}$일 때, x^2-y^2의 값

07 인수분해

1 다항식 $8x^2+ax+b$를 인수분해하였더니 $(2x-5)(4x+3)$일 때, $a-b$의 값은?
(단, a, b는 상수)

① -2　　② -1　　③ 1
④ 2　　⑤ 3

08 인수분해 공식(1)

2 오른쪽 그림과 같은 정사각형 모양의 액자의 넓이가 $9x^2+12x+4$일 때, 액자의 한 변의 길이는?
(단, $x>0$)

① $2x+3$　　② $2x+4$　　③ $3x+2$
④ $3x+4$　　⑤ $3x+5$

09 완전제곱식이 될 조건

3 다음 식이 완전제곱식으로 각각 인수분해될 때, 상수 a, b의 값은?

$$x^2+ax+36, \quad x^2-10x+b$$

① $a=\pm6$, $b=-25$
② $a=\pm6$, $b=25$
③ $a=\pm12$, $b=-25$
④ $a=\pm12$, $b=25$
⑤ $a=\pm18$, $b=25$

10 인수분해 공식(2)

4 $64x^2-9y^2=(ax+by)(ax-by)$일 때, 자연수 a, b에 대하여 $a+b$의 값은?

① 5　　② 7　　③ 9
④ 11　　⑤ 13

11 인수분해 공식(3)$-x^2$의 계수가 1인 이차식의 인수분해

5 다음 두 다항식의 공통인수는?

$$x^2+2x-8, \quad x^2-x-20$$

① $x-3$　　② $x-2$　　③ x
④ $x+2$　　⑤ $x+4$

12 인수분해 공식(4)$-x^2$의 계수가 1이 아닌 이차식의 인수분해

6 다항식 $10x^2+7x-12$는 x의 계수가 자연수인 두 일차식의 곱으로 인수분해된다. 이때 두 일차식의 합은?

① $7x+1$　　② $7x-1$　　③ $7x-4$
④ $7x-5$　　⑤ $7x-7$

13 인수분해를 이용한 수의 계산

7 다음은 인수분해 공식을 이용하여 수를 계산하는 과정이다. $A+B$의 값은? (단, A, B는 상수)

$$103^2-97^2=200\times A$$
$$202^2-4\times202+4=B^2$$

① 198　　② 201　　③ 204
④ 206　　⑤ 210

14 인수분해를 이용한 식의 값

8 $x=998$일 때, x^2+4x+4의 값은?

① 10^4　　② 10^5　　③ 10^6
④ 10^7　　⑤ 10^8

꼭 알아야 할 개념

	1차	2차	시험 직전
인수와 인수분해의 뜻 알기			
인수분해 공식을 이용하여 인수분해하기			
완전제곱식이 될 조건 알기			
인수분해 공식을 이용하여 수의 계산과 식의 값 구하기			

1 다음 중 완전제곱식이 <u>아닌</u> 것은?

① $x^2+10x+25$ 　　② $x^2-8x+16$

③ $64x^2-8x+1$ 　④ $4x^2+20x+25$

⑤ $a^2-4ab+4b^2$

2 $4a^2-9b^2=-45$, $2a+3b=15$일 때, $-2a+3b$ 의 값은?

① -6 　　② -3 　　③ -2

④ 3 　　⑤ 6

3 다음 □ 안에 알맞은 수가 나머지 넷과 <u>다른</u> 하나 는?

① $x^2+8x+16=(x+\square)^2$

② $x^2-16=(x+\square)(x-4)$

③ $x^2-\square x-12=(x+2)(x-6)$

④ $x^2+5x+4=(x+1)(x+\square)$

⑤ $3x^2-7x-20=(3x+5)(x+\square)$

4 다음 〈보기〉의 다항식 중 $x+2$를 인수로 갖는 것을 모두 고른 것은?

┌ 보기 ┐
　ㄱ. $5x^2+13x+6$ 　　ㄴ. x^2+2x-8
　ㄷ. $x^2-7x-18$ 　　ㄹ. $10x^2+3x-4$
└──────────────┘

① ㄱ, ㄴ 　　② ㄱ, ㄷ 　　③ ㄴ, ㄷ

④ ㄴ, ㄹ 　　⑤ ㄷ, ㄹ

5 $1<a<3$일 때,

$\sqrt{a^2-6a+9}-\sqrt{a^2-2a+1}$을 간단히 하면?

① $2a-4$ 　　② -2 　　③ 4

④ $-2a+4$ 　⑤ $-2a+2$

6 인수분해 공식을 이용하여 $100\times22.5^2-100\times7.5^2$ 을 계산하려고 할 때, 다음 중 이용해야 할 공식을 모 두 고르면? (정답 2개)

① $ma+mb=m(a+b)$

② $a^2-2ab+b^2=(a-b)^2$

③ $a^2+2ab+b^2=(a+b)^2$

④ $a^2-b^2=(a+b)(a-b)$

⑤ $x^2+(a+b)x+ab=(x+a)(x+b)$

7 $x=\dfrac{2-\sqrt{3}}{2}$, $y=\dfrac{2+\sqrt{3}}{2}$일 때, $x^2-2xy+y^2$의 값은?

① 3 　　② 4 　　③ 6

④ 8 　　⑤ 10

난 풀 수 있다. 고난도!!

도전 고난도

8 두 정수 a, b에 대하여 $x^2+mx-18=(x+a)(x+b)$일 때, 상수 m이 될 수 있는 값 중 가장 큰 값과 가장 작은 값을 차례 대로 구한 것은?

① 18, -18 　② 17, -17 　③ 16, -16

④ 15, -15 　⑤ 14, -14

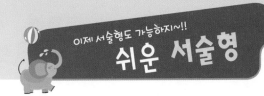
1 $(Ax-3)^2=Bx^2-30x+9$일 때, 다음 물음에 답하시오. (단, A, B는 상수)

(1) A의 값을 구하시오.
(2) B의 값을 구하시오.
(3) $A+B$의 값을 구하시오.

풀이

2 $104^2-97\times103$을 계산하려고 한다. 다음 물음에 답하시오.

(1) 104^2을 곱셈 공식을 이용하여 계산하시오.
(2) 97×103을 곱셈 공식을 이용하여 계산하시오.
(3) $104^2-97\times103$의 값을 구하시오.

풀이

3 $(x-2)(x+6)+k$가 완전제곱식이 될 때 양수 k의 값을 구하려고 한다. 다음 물음에 답하시오.

(1) $(x-2)(x+6)+k$를 전개하시오.
(2) 전개한 식이 완전제곱식이 될 조건을 k에 대한 식으로 나타내시오.
(3) 양수 k의 값을 구하시오.

풀이

4 두 식에 공통으로 들어 있는 인수를 구하려고 한다. 다음 물음에 답하시오.

$$x^2-6x-27,\ 5x^2+13x-6$$

(1) $x^2-6x-27$을 인수분해하시오.
(2) $5x^2+13x-6$을 인수분해하시오.
(3) 두 식에 공통으로 들어 있는 인수를 구하시오.

풀이

이차방정식

	학습 내용	계획하기		학습하기		확인하기			분석하기	추가 학습하기	
	한 장 공부표	공부할 날짜를 계획해 봐요.		공부한 날짜를 기록해 봐요.		학습 결과를 체크해 봐요.			학습 과정, 학습 결과에 대한 원인을 생각해 볼까요?	학습 결과가 만족스럽지 못하다면 추가 학습을 해 봐요.	
01장	01. 이차방정식의 뜻 02. 이차방정식의 해	월	일	월	일	☺ 잘함	😐 보통	😣 노력		월	일
02장	03. 인수분해를 이용한 이차방정식의 풀이	월	일	월	일	☺	😐	😣		월	일
03장	04. 이차방정식의 중근 05. 한 근이 주어졌을 때 다른 한 근 구하기	월	일	월	일	☺	😐	😣		월	일
04장	핵심 반복 / 형성 평가	월	일	월	일	☺	😐	😣		월	일
05장	06. 제곱근을 이용한 이차방정식의 풀이 07. 완전제곱식을 이용한 이차방정식의 풀이	월	일	월	일	☺	😐	😣		월	일
06장	08. 이차방정식의 근의 공식	월	일	월	일	☺	😐	😣		월	일
07장	09. 복잡한 이차방정식의 풀이	월	일	월	일	☺	😐	😣		월	일
08장	핵심 반복 / 형성 평가	월	일	월	일	☺	😐	😣		월	일
09장	10. 이차방정식 만들기 11. 이차방정식의 활용(1)	월	일	월	일	☺	😐	😣		월	일
10장	12. 이차방정식의 활용(2)	월	일	월	일	☺	😐	😣		월	일
11장	핵심 반복 / 형성 평가 / 쉬운 서술형	월	일	월	일	☺	😐	😣		월	일

11장으로 이차방정식 학습 끝!!

01 이차방정식의 뜻

1. x에 대한 **이차방정식**: 방정식의 모든 항을 좌변으로 이항하여 정리한 식이
   (x에 대한 이차식)$=0$의 꼴로 나타나는 방정식

2. x에 대한 이차방정식은 $ax^2+bx+c=0$(a, b, c는 상수, $a \neq 0$)의 꼴로 나타낼 수 있다.

   예 $x^2-3=0$, $x^2+2x=0$, $2x^2-5x+1=0$ ➡ 이차방정식이다.

   $x^2-2x=x^2$, $2x+1=0$, $\dfrac{1}{x}=0$, x^2+2x-3 ➡ 이차방정식이 아니다.

정답과 풀이 31쪽

[01~05] 다음 이차방정식을 $ax^2+bx+c=0$의 꼴로 나타낼 때 정수 a, b, c의 값을 각각 구하시오.
(단, a는 가장 작은 양의 정수)

01 $4x^2-2x+1=0$

   $a=$＿＿＿ $b=$＿＿＿ $c=$＿＿＿

02 $3x^2-7x=6-2x^2$

   $a=$＿＿＿ $b=$＿＿＿ $c=$＿＿＿

03 $x(x-3)=2x$

   $a=$＿＿＿ $b=$＿＿＿ $c=$＿＿＿

04 $(x+2)^2=x+4$

   $a=$＿＿＿ $b=$＿＿＿ $c=$＿＿＿

05 $3x(4+x)=9-2x$

   $a=$＿＿＿ $b=$＿＿＿ $c=$＿＿＿

[06~13] 다음 중 이차방정식인 것에는 ○표, 아닌 것에는 ×표를 하시오.

06 $x^2-2=0$ (   )

07 $x^2+3x=1$ (   )

08 $2x^2-5$ (   )

09 $6x=2x^2-3$ (   )

10 $x^2+4=x^2-2x$ (   )

> **TIP** 모든 항을 좌변으로 이항하여 정리하였을 때, (이차식)$=0$의 꼴인지 확인한다.

11 $5x^2+1=x^3+1$ (   )

12 $x^2-7x=-x^2$ (   )

13 $x^3+4x-5=x^3+2x^2$ (   )

02 이차방정식의 해

1. 이차방정식의 해(근): x에 대한 이차방정식 $ax^2+bx+c=0$ $(a \neq 0)$을 참이 되게 하는 x의 값

2. 이차방정식을 푼다: 이차방정식의 해를 모두 구하는 것

> 예 x의 값이 -2, -1, 0, 1일 때, $x^2+x-2=0$의 해를 구해 보자.
>
> 주어진 이차방정식의 좌변에 $x=-2$, -1, 0, 1을 차례로 대입하면 다음과 같다.
>
> | x의 값 | 좌변(x^2+x-2) | 우변 | 참, 거짓 |
> |---|---|---|---|
> | -2 | $(-2)^2+(-2)-2=0$ | 0 | 참 |
> | -1 | $(-1)^2+(-1)-2=-2$ | 0 | 거짓 |
> | 0 | $0^2+0-2=-2$ | 0 | 거짓 |
> | 1 | $1^2+1-2=0$ | 0 | 참 |
>
> 따라서 $x^2+x-2=0$의 해는 $x=-2$ 또는 $x=1$이다.

정답과 풀이 31쪽

[01~07] 다음 중 [　] 안의 수가 주어진 이차방정식의 해인 것은 ○표, 해가 아닌 것은 ×표를 하시오.

01 $x(x-3)=0$ [3]　　　　（　　　）

02 $(x+4)(x+5)=0$ [5]　　　（　　　）

03 $x^2-2x=0$ [2]　　　　（　　　）

04 $3x^2-2=0$ [-2]　　　　（　　　）

05 $(x+4)^2=9$ [-6]　　　（　　　）

06 $x^2+4x+3=0$ [-3]　　　（　　　）

07 $3x^2-2x-1=0$ [1]　　　（　　　）

[08~12] x가 -1, 0, 1, 2일 때, 다음 이차방정식의 해를 모두 구하시오.

08 $x^2-1=0$

> TIP $x=-1$, $x=0$, $x=1$, $x=2$를 주어진 식에 각각 대입하여 참이면 해이고, 거짓이면 해가 아니다.

09 $x^2-3x+2=0$

10 $x^2+x-6=0$

11 $3x^2+x-2=0$

12 $2x^2+3x-2=0$

> TIP 식을 참이 되게 하는 x가 주어진 값 중에 없을 때는 해가 없다.

03 인수분해를 이용한 이차방정식의 풀이

❶ 주어진 이차방정식을 $ax^2+bx+c=0$(a는 양수)의 꼴로 정리한다.

❷ 좌변을 인수분해한다.

❸ $AB=0$이면 $A=0$ 또는 $B=0$임을 이용한다.

❹ 이차방정식의 해를 구한다.

예 이차방정식 $x^2+x=6$을 인수분해를 이용하여 풀기

　❶ 주어진 이차방정식을 정리하면 $x^2+x-6=0$ ◀─ 우변의 항을 좌변으로 이항한다.

　❷ 좌변을 인수분해하면 $(x+3)(x-2)=0$

　❸ $AB=0$의 성질을 이용하면 $x+3=0$ 또는 $x-2=0$

　❹ 해를 구하면 $x=-3$ 또는 $x=2$

정답과 풀이 32쪽

[01~07] 다음 이차방정식을 푸시오.

01 $(x+1)(x-5)=0$

$$x+\boxed{}=0 \text{ 또는 } x-\boxed{}=0$$

$$\therefore x=\boxed{} \text{ 또는 } x=\boxed{}$$

02 $x(x-3)=0$

TIP $AB=0$이면 $A=0$ 또는 $B=0$

03 $(x-2)(x-4)=0$

04 $(x+2)(2x-5)=0$

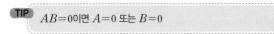
TIP $ax+b=0$ $(a\neq0)$의 해는 $x=-\dfrac{b}{a}$

05 $(x+3)(4x-1)=0$

06 $(3x+4)(2x-1)=0$

07 $(2x+3)(5x+2)=0$

[08~13] 다음 이차방정식을 푸시오.

08 $x^2=36$

$$x^2-\boxed{}=0$$

$$(x+\boxed{})(x-\boxed{})=0$$

$$x+\boxed{}=0 \text{ 또는 } x-\boxed{}=0$$

$$\therefore x=\boxed{} \text{ 또는 } x=\boxed{}$$

09 $x^2-49=0$

10 $9x^2-1=0$

11 $x^2=64$

TIP 모든 항을 좌변으로 이항한 후 인수분해한다.

12 $16x^2=1$

13 $4x^2=25$

14 $x^2-8x+12=0$

$(x-2)(x-\boxed{})=0$

$x-2=0$ 또는 $x-\boxed{}=0$

$\therefore x=\boxed{}$ 또는 $x=\boxed{}$

15 $x^2+9x+18=0$

TIP $x^2+(a+b)x+ab=(x+a)(x+b)$를 이용한다.

16 $x^2+x-20=0$

17 $x^2-4x-45=0$

18 $x^2-5x-24=0$

19 $x^2+7x=-10$

TIP 모든 항을 좌변으로 이항한 후 인수분해한다.

20 $x^2=6x-8$

21 $x^2-28=3x$

22 $2x^2+5x-12=0$

$(x+\boxed{})(2x-\boxed{})=0$

$x+\boxed{}=0$ 또는 $2x-\boxed{}=0$

$\therefore x=\boxed{}$ 또는 $x=\boxed{}$

23 $6x^2-7x+2=0$

TIP $acx^2+(ad+bc)x+bd=(ax+b)(cx+d)$를 이용한다.

24 $4x^2+9x+2=0$

25 $3x^2-x-2=0$

26 $8x^2+2x-1=0$

27 $4x^2+4x=3$

TIP 모든 항을 좌변으로 이항한 후 인수분해한다.

28 $3x^2-4=-11x$

29 $6x^2=5x-1$

04 이차방정식의 중근

학습날짜 :   월   일 / 학습결과 :

1. 이차방정식의 중근: 이차방정식의 두 해가 중복되어 서로 같을 때, 이 해를 주어진 이차방정식의 중근이라 한다. 즉 이차방정식이 (완전제곱식)=0의 꼴로 인수분해되면 중근을 갖는다.

　📄 $x^2-4x+4=0$에서 좌변을 인수분해하면 $(x-2)^2=0$이므로 $x=2$

2. 중근을 가질 조건: 이차방정식 $x^2+ax+b=0$이 중근을 가지려면 $b=\left(\dfrac{a}{2}\right)^2$이어야 한다.

　📄 $x^2+4x+k=0$이 중근을 가지려면 $k=\left(\dfrac{4}{2}\right)^2=4$이어야 한다.

정답과 풀이 34쪽

[01~08] 다음 이차방정식을 푸시오.

01 $(x-3)^2=0$

02 $4(x+2)^2=0$

03 $x^2+10x+25=0$

04 $x^2-8x+16=0$

05 $9x^2+30x+25=0$

06 $4x^2-28x+49=0$

07 $x^2+36=12x$

　TIP 모든 항을 좌변으로 이항한 후 인수분해한다.

08 $16x^2-8x=-1$

[09~15] 다음 이차방정식이 중근을 가질 때, 상수 k의 값을 구하시오.

09 $(x-2)^2=k+3$

　TIP $(x+a)^2=p$가 중근을 가질 때, $p=0$이다.

10 $(x+3)^2=k-2$

11 $x^2+8x+k=0$

12 $x^2-6x+k=0$

13 $x^2+4x+k+1=0$

14 $x^2+kx+9=0$

　TIP k의 부호에 주의한다.

15 $4x^2+kx+1=0$

미지수 a를 포함한 이차방정식의 한 근이 $x=p$일 때

❶ 주어진 방정식에 $x=p$를 대입하여 a의 값을 구한다.

❷ 주어진 방정식에 a의 값을 대입하여 방정식을 푼다.

❸ 두 근 중 $x=p$를 제외한 다른 한 근을 구한다.

예 이차방정식 $x^2+3x+a=0$의 한 근이 $x=1$일 때 다른 한 근을 구하면

　　❶ $x=1$을 대입하면 $1+3+a=0$　　∴ $a=-4$

　　❷ $a=-4$를 대입하면 $x^2+3x-4=0$이므로 $(x-1)(x+4)=0$, $x=1$ 또는 $x=-4$

　　❸ 따라서 다른 한 근은 $x=-4$이다.

정답과 풀이 34쪽

[01~08] 다음 [ ] 안의 수가 주어진 이차방정식의 해일 때, 상수 a의 값과 다른 한 근을 각각 구하시오.

01 $x^2-6x+a=0$　[-2]

$x=\boxed{}$를 $x^2-6x+a=0$에 대입하면

$4+\boxed{}+a=0$　　∴ $a=\boxed{}$

$a=\boxed{}$을 대입하면

$x^2-6x-\boxed{}=0$이므로

$(x+2)(x-\boxed{})=0$에서

$x=-2$ 또는 $x=\boxed{}$

따라서 다른 한 근은 $x=\boxed{}$이다.

02 $x^2+2x+a=0$　[2]

$a=$_____, 다른 한 근 $x=$_____

03 $x^2-3x+a=0$　[-2]

$a=$_____, 다른 한 근 $x=$_____

04 $x^2+ax-8=0$　[1]

$a=$_____, 다른 한 근 $x=$_____

05 $x^2-ax+15=0$　[-3]

$a=$_____, 다른 한 근 $x=$_____

06 $2x^2-7x+a=0$　[3]

$a=$_____, 다른 한 근 $x=$_____

07 $3x^2+ax-8=0$　[-4]

$a=$_____, 다른 한 근 $x=$_____

08 $x^2+ax+4a=0$　[-2]

$a=$_____, 다른 한 근 $x=$_____

01 이차방정식의 뜻

1 다음 중 이차방정식인 것을 모두 고르면? (정답 2개)

① $3x^2 = x + 1$
② $(x+1)(x-1) = x^2$
③ $x^3 + 2x - 1 = 0$
④ $x^2 = x^2 + 2x + 1$
⑤ $x^2 = 4$

02 이차방정식의 해

2 다음 중 $x = 3$을 해로 갖는 이차방정식은?

① $x^2 + 2x - 3 = 0$
② $x^2 + 6x - 7 = 0$
③ $x^2 - 6x + 5 = 0$
④ $x^2 - x - 6 = 0$
⑤ $3x^2 + 2x - 1 = 0$

03 인수분해를 이용한 이차방정식의 풀이

3 이차방정식 $(x-2)(x+3) = 0$의 두 근의 합은?

① -5 ② -1 ③ 0
④ 1 ⑤ 5

4 이차방정식 $3x^2 - x - 10 = 0$의 해가 $x = a$ 또는 $x = b$일 때, $a + 3b$의 값은? (단, $a > b$)

① -5 ② -3 ③ -1
④ 1 ⑤ 3

04 이차방정식의 중근

5 다음 이차방정식 중 중근을 갖는 것은?

① $(x-2)^2 = 3$ ② $x^2 - 9 = 0$
③ $x^2 - 3x + 2 = 0$ ④ $x^2 + 6x - 9 = 0$
⑤ $4x^2 + 12x + 9 = 0$

6 이차방정식 $x^2 + 8x + 11 - a = 0$이 중근을 갖도록 하는 상수 a의 값은?

① -1 ② -2 ③ -4
④ -5 ⑤ -6

05 한 근이 주어졌을 때 다른 한 근 구하기

7 이차방정식 $2x^2 + ax - 16 = 0$의 한 근이 $x = -2$일 때, 상수 a의 값은?

① -8 ② -6 ③ -4
④ 4 ⑤ 8

8 이차방정식 $x^2 + ax - 6 = 0$의 한 근이 $x = -2$이고 다른 한 근을 $x = b$라고 할 때, $a + b$의 값은?
(단, a는 상수)

① -4 ② -2 ③ -1
④ 2 ⑤ 4

꼭 알아야 할 개념	1차	2차	시험 직전
이차방정식과 해의 뜻 알기			
인수분해를 이용하여 이차방정식 풀기			
중근을 가질 조건 구하기			
한 근이 주어질 때 다른 한 근 구하기			

1 $2x(ax-3)=x^2+7$이 x에 대한 이차방정식이 되도록 하는 상수 a의 값의 조건은?

① $a\neq-1$　　② $a\neq-\dfrac{1}{2}$　　③ $a\neq0$

④ $a=\dfrac{1}{2}$　　⑤ $a\neq\dfrac{1}{2}$

2 다음 중 [　] 안의 수가 주어진 이차방정식의 해가 <u>아닌</u> 것은?

① $x(x-3)=0$　[3]
② $x(x+2)=0$　[0]
③ $x^2-2x+1=0$　[-1]
④ $x^2-2x-3=0$　[3]
⑤ $x^2-3x-4=0$　[-1]

3 다음 두 이차방정식의 공통인 해를 구하시오.

$$x^2=3x+18, \quad 2x^2+7x=-3$$

4 다음 〈보기〉의 이차방정식 중 중근을 갖는 것을 모두 고른 것은?

┤ 보기 ├
ㄱ. $x^2-16=0$
ㄴ. $9x^2-12x+4=0$
ㄷ. $x^2+13x+36=0$
ㄹ. $x^2-1=4x-5$

① ㄱ, ㄴ　　② ㄱ, ㄷ　　③ ㄴ, ㄷ
④ ㄴ, ㄹ　　⑤ ㄷ, ㄹ

5 이차방정식 $3x^2-12x+4m-8=0$이 중근을 가질 때, 상수 m의 값과 그 중근을 차례대로 구하면?

① -3, -2　　② -5, -2　　③ 0, -2
④ 3, 2　　⑤ 5, 2

6 $x=3$은 두 이차방정식 $2x^2+ax+3=0$과 $x^2+2x+b=0$의 해일 때, 상수 a, b에 대하여 $a-b$의 값은?

① 9　　② 8　　③ 7
④ 6　　⑤ 5

7 이차방정식 $x^2+ax+a-7=0$의 한 근이 $x=2$일 때, 다른 한 근은? (단, a는 상수)

① $x=-7$　　② $x=-3$　　③ $x=-1$
④ $x=1$　　⑤ $x=7$

난 풀 수 있다. 고난도!!

도전 고난도

8 이차방정식 $x^2-6x+1=0$의 한 근이 $x=a$일 때, $a^2+\dfrac{1}{a^2}$의 값은?

① 30　　② 32　　③ 34
④ 36　　⑤ 38

1. 이차방정식 $x^2=q(q\geq0)$의 해: $x=\pm\sqrt{q}$

   예 $x^2=5$의 해는 $x=\pm\sqrt{5}$

2. 이차방정식 $(x-p)^2=q(q\geq0)$의 해: $x=p\pm\sqrt{q}$

       $x-p=\pm\sqrt{q}$이므로 $x=p\pm\sqrt{q}$

   예 $(x-1)^2=5$의 해는 $x-1=\pm\sqrt{5}$ $\therefore x=1\pm\sqrt{5}$

정답과 풀이 36쪽

[01~04] 다음 이차방정식을 푸시오.

01 $x^2=7$

02 $x^2=25$

03 $x^2-18=0$

> **TIP** 상수항을 우변으로 이항하여 $x^2=q$의 꼴로 정리한다.

04 $x^2-24=0$

[05~08] 다음 이차방정식을 푸시오.

05 $3x^2=24$

> $x^2=\boxed{}$ 이므로 $x=\boxed{}$

06 $4x^2=12$

07 $5x^2-20=0$

08 $9x^2-64=0$

[09~12] 다음 이차방정식을 푸시오.

09 $(x-2)^2=7$

> $x-2=\pm\sqrt{\boxed{}}$
>
> $\therefore x=\boxed{}\pm\sqrt{\boxed{}}$

10 $(x+5)^2=8$

11 $(x-3)^2-5=0$

> **TIP** 상수항을 우변으로 이항하여 $(x-p)^2=q$의 꼴로 정리한다.

12 $(x+4)^2-9=0$

[13~15] 다음 이차방정식을 푸시오.

13 $4(x+1)^2=8$

> $(x+1)^2=\boxed{}$
>
> $x+1=\pm\sqrt{\boxed{}}$
>
> $\therefore x=\boxed{}\pm\sqrt{\boxed{}}$

14 $5(x-2)^2=30$

15 $2(x+3)^2=6$

07 완전제곱식을 이용한 이차방정식의 풀이

이차방정식 $ax^2+bx+c=0$을 완전제곱식을 이용하여 풀면 다음과 같다.

❶ x^2의 계수로 양변을 나누어 x^2의 계수를 1로 만든다.

❷ 상수항을 우변으로 이항한다.

❸ 양변에 $\left\{\dfrac{(x의\ 계수)}{2}\right\}^2$을 더한다.

❹ 좌변을 완전제곱식으로 고친다.

❺ 제곱근을 이용하여 이차방정식의 해를 구한다.

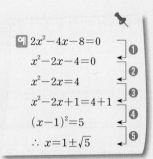

예
$2x^2-4x-8=0$ ❶
$x^2-2x-4=0$ ❷
$x^2-2x=4$ ❸
$x^2-2x+1=4+1$ ❹
$(x-1)^2=5$ ❺
$\therefore\ x=1\pm\sqrt{5}$

정답과 풀이 37쪽

[01~02] 다음은 완전제곱식을 이용하여 이차방정식을 푸는 과정이다. □ 안에 알맞은 수를 쓰시오.

01 $x^2-4x+2=0$

$x^2-4x=\boxed{}$

$x^2-4x+\boxed{}=\boxed{}+\boxed{}$

$(x-\boxed{})^2=\boxed{}$

$\therefore\ x=\boxed{}\pm\sqrt{\boxed{}}$

02 $2x^2+6x-1=0$

양변을 2로 나누면

$x^2+3x-\boxed{}=0,\ x^2+3x=\boxed{}$

$x^2+3x+\boxed{}=\boxed{}+\boxed{}$

$\left(x+\boxed{}\right)^2=\boxed{}$

$x+\boxed{}=\pm\sqrt{\dfrac{\boxed{}}{\boxed{}}}$

$\therefore\ x=\dfrac{\boxed{}\pm\sqrt{\boxed{}}}{\boxed{}}$

[03~07] 완전제곱식을 이용하여 다음 이차방정식을 푸시오.

03 $x^2-2x-6=0$

04 $x^2+8x+6=0$

05 $x^2+5x-2=0$

06 $4x^2+8x-3=0$

TIP 이차항의 계수를 1로 만든다.

07 $3x^2-12x-2=0$

학습날짜 :   월   일 / 학습결과 :

x에 대한 이차방정식 $ax^2+bx+c=0$의 근은

$$x=\frac{-b\pm\sqrt{b^2-4ac}}{2a} \ (단, \ b^2-4ac\geq0)$$

예 이차방정식 $2x^2+5x-1=0$에서 $a=2$, $b=5$, $c=-1$이므로 $x=\dfrac{-5\pm\sqrt{5^2-4\times2\times(-1)}}{2\times2}=\dfrac{-5\pm\sqrt{33}}{4}$

정답과 풀이 38쪽

[01~06] 다음은 근의 공식을 이용하여 이차방정식을 푸는 과정이다. □ 안에 알맞은 수를 쓰시오.

01 $x^2+3x+1=0$

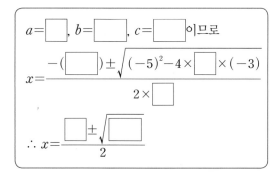

02 $x^2-5x-3=0$

03 $x^2+2x-1=0$

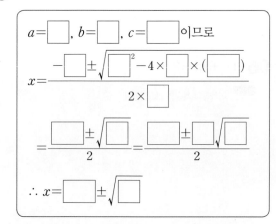

TIP 근의 공식으로 구한 해가 약분이 될 때는 약분하여 답을 구한다.

04 $3x^2-5x+1=0$

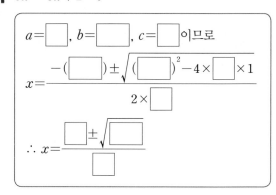

05 $2x^2+3x-1=0$

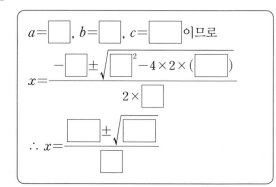

06 $3x^2-2x-2=0$

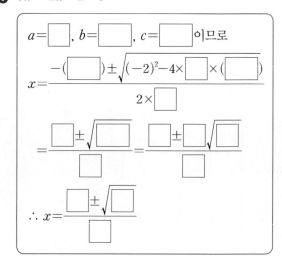

[07~13] 근의 공식을 이용하여 다음 이차방정식을 푸시오.

07 $x^2 - x - 1 = 0$

08 $x^2 + 5x + 2 = 0$

09 $x^2 - 4x + 1 = 0$

10 $x^2 + 8x - 6 = 0$

11 $x^2 + 2x = 6$

> **TIP** 근의 공식을 이용할 때는 모든 항을 좌변으로 이항한 후 a, b, c 의 값을 정한다.

12 $x^2 + 7x = 4$

13 $x^2 = 5x + 8$

[14~20] 근의 공식을 이용하여 다음 이차방정식을 푸시오.

14 $2x^2 - 7x + 4 = 0$

15 $5x^2 + x - 2 = 0$

16 $2x^2 - 6x + 1 = 0$

17 $5x^2 + 4x - 3 = 0$

18 $3x^2 - 7x = 2$

19 $2x^2 + x = 4$

20 $4x^2 = 4x + 1$

1. 괄호가 있을 때: 분배법칙을 이용하여 괄호를 풀어 $ax^2+bx+c=0$의 꼴로 정리한 후 해를 구한다.

　例 $x(x-5)=7$ ➡ 괄호를 풀면 $x^2-5x=7$ ➡ 정리하면 $x^2-5x-7=0$

2. 계수가 소수 또는 분수일 때:

　양변에 적당한 수를 곱하여 계수를 정수로 바꾸고, $ax^2+bx+c=0$의 꼴로 정리한 후 해를 구한다.

　(1) 계수가 소수인 경우: 양변에 10의 거듭제곱을 곱한다.

　　例 $0.2x^2-0.3x=1$ ➡ 양변에 10을 곱하면 $2x^2-3x=10$ ➡ 정리하면 $2x^2-3x-10=0$

　(2) 계수가 분수인 경우: 양변에 분모의 최소공배수를 곱한다.

　　例 $\frac{1}{4}x^2+\frac{1}{3}x=\frac{1}{3}$ ➡ 양변에 12를 곱하면 $3x^2+4x=4$ ➡ 정리하면 $3x^2+4x-4=0$

정답과 풀이 40쪽

[01~06] 다음 이차방정식을 푸시오.

01 $(x-1)^2=4x-3$

> 괄호를 풀면 $x^2-2x+\boxed{}=4x-3$
>
> 우변의 항을 좌변으로 이항하면
>
> $x^2-6x+\boxed{}=0$
>
> 근의 공식을 이용하면
>
> $x=\dfrac{-(-6)\pm\sqrt{\left(\boxed{}\right)^2-4\times\boxed{}\times\boxed{}}}{2\times1}$
>
> $=3\pm\sqrt{\boxed{}}$

02 $x(x-3)=-2$

> **TIP** $a(b+c)=ab+ac$임을 이용하여 식을 전개한 후 인수분해하거나 근의 공식을 이용하여 해를 구한다.

03 $x(x+5)=7$

04 $3(x-1)^2=x^2+6$

05 $(2x+1)(2x-1)=4x-2$

06 $3x^2=(2x-1)(x+3)$

[07~12] 다음 이차방정식을 푸시오.

07 $0.5x^2 - 0.6x + 0.1 = 0$

양변에 $\boxed{}$을 곱하면 $5x^2 - 6x + \boxed{} = 0$

좌변을 인수분해하면

$(5x - \boxed{})(x - \boxed{}) = 0$

$\therefore x = \boxed{}$ 또는 $x = \boxed{}$

08 $0.1x^2 - 0.4x + 0.2 = 0$

09 $0.3x^2 + 0.5x - 0.2 = 0$

10 $0.01x^2 + 0.02x - 0.24 = 0$

11 $x^2 - 0.7x + 0.1 = 0$

TIP 양변에 10을 곱할 때, 계수가 소수가 아닌 항에도 곱하는 것을 빠뜨리지 않도록 주의한다.

12 $0.4x^2 + x = -0.3$

[13~17] 다음 이차방정식을 푸시오.

13 $\dfrac{1}{3}x^2 - \dfrac{1}{2}x - \dfrac{1}{6} = 0$

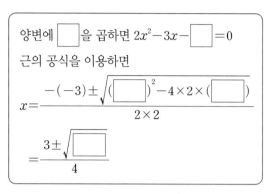

양변에 $\boxed{}$을 곱하면 $2x^2 - 3x - \boxed{} = 0$

근의 공식을 이용하면

$x = \dfrac{-(-3) \pm \sqrt{(\boxed{})^2 - 4 \times 2 \times (\boxed{})}}{2 \times 2}$

$= \dfrac{3 \pm \sqrt{\boxed{}}}{4}$

14 $\dfrac{3}{2}x^2 - \dfrac{1}{4}x - \dfrac{1}{2} = 0$

15 $\dfrac{1}{5}x^2 - \dfrac{1}{3}x + \dfrac{2}{15} = 0$

16 $\dfrac{1}{2}x^2 + x + \dfrac{1}{3} = 0$

TIP 양변에 분모의 최소공배수를 곱할 때, 계수가 분수가 아닌 항에도 곱하는 것을 빠뜨리지 않도록 주의한다.

17 $\dfrac{1}{4}x^2 + \dfrac{2}{3}x - 1 = 0$

06 제곱근을 이용한 이차방정식의 풀이

1 이차방정식 $(x-2)^2=6$의 해가 $x=a\pm\sqrt{b}$일 때, 유리수 a, b에 대하여 $a-b$의 값은?

① -6　　　② -4　　　③ -2

④ 2　　　⑤ 4

2 이차방정식 $2(x+1)^2=a\,(a>0)$의 해가 $x=-1\pm\sqrt{5}$일 때, 상수 a의 값은?

① 1　　　② 2　　　③ 4

④ 5　　　⑤ 10

07 완전제곱식을 이용한 이차방정식의 풀이

3 이차방정식 $x^2-8x-4=0$을 $(x-p)^2=q$의 꼴로 나타낼 때, p, q의 값은? (단, p, q는 상수)

① $p=-4$, $q=6$　　　② $p=-4$, $q=20$

③ $p=4$, $q=6$　　　④ $p=4$, $q=20$

⑤ $p=6$, $q=4$

08 이차방정식의 근의 공식

4 이차방정식 $3x^2+5x-3=0$의 해가 $x=\dfrac{A\pm\sqrt{B}}{6}$ 이다. 이때 $A-B$의 값은? (단, A, B는 정수)

① -66　　　② -54　　　③ -38

④ -11　　　⑤ 20

5 이차방정식 $x^2+6x+2=0$의 근이 $x=A\pm\sqrt{B}$일 때, $\dfrac{A}{B}$의 값은? (단, A, B는 유리수)

① -3　　　② $-\dfrac{7}{3}$　　　③ -2

④ $-\dfrac{3}{5}$　　　⑤ $-\dfrac{3}{7}$

09 복잡한 이차방정식의 풀이

6 이차방정식 $4x(x-1)=7$을 풀면?

① $x=\dfrac{-1\pm\sqrt{2}}{2}$　　　② $x=\dfrac{-1\pm2\sqrt{2}}{2}$

③ $x=\dfrac{1\pm\sqrt{2}}{2}$　　　④ $x=\dfrac{1\pm2\sqrt{2}}{2}$

⑤ $x=\dfrac{1\pm3\sqrt{2}}{2}$

7 이차방정식 $0.2x^2-0.9x+0.9=0$의 두 근의 차는?

① $\dfrac{1}{2}$　　　② 1　　　③ $\dfrac{3}{2}$

④ 2　　　⑤ $\dfrac{5}{2}$

8 이차방정식 $\dfrac{1}{3}x^2+2x=\dfrac{3}{2}$을 풀면?

① $x=\dfrac{-6\pm3\sqrt{6}}{2}$　　　② $x=\dfrac{-6\pm\sqrt{6}}{2}$

③ $x=\dfrac{-6\pm\sqrt{6}}{4}$　　　④ $x=\dfrac{-2\pm\sqrt{19}}{4}$

⑤ $x=\dfrac{-1\pm\sqrt{19}}{2}$

🔑 **꼭 알아야 할 개념**

	1차	2차	시험 직전
제곱근을 이용하여 이차방정식 풀기			
완전제곱식을 이용하여 이차방정식 풀기			
근의 공식을 이용하여 이차방정식 풀기			
복잡한 이차방정식 풀기			

1 이차방정식 $(x+4)^2-b=0$의 해가 $x=a\pm\sqrt{2}$일 때, $a+b$의 값은? (단, $b>0$)

① -8 ② -2 ③ 2
④ 4 ⑤ 8

2 이차방정식 $3(x-4)^2=a$의 두 근의 차가 2가 되도록 하는 양수 a의 값은?

① 3 ② 4 ③ 5
④ 6 ⑤ 7

3 이차방정식 $3(x-1)(x-5)=4$를 $(x-a)^2=b$의 꼴로 나타낼 때, ab의 값은? (단, a, b는 상수)

① 3 ② 8 ③ 12
④ 16 ⑤ 20

4 다음 이차방정식 중에서 해가 $x=-3\pm\sqrt{7}$인 것은?

① $x^2-6x-4=0$ ② $x^2-6x+2=0$
③ $x^2+6x-4=0$ ④ $x^2+6x+2=0$
⑤ $x^2+6x-5=0$

5 이차방정식 $3x^2-4x+a=0$의 해가 $x=\dfrac{b\pm\sqrt{13}}{3}$ 이다. 이때 $a-b$의 값은? (단, a, b는 정수)

① -5 ② -3 ③ -1
④ 3 ⑤ 5

6 이차방정식 $(x-2)(2x+1)=(x-2)^2$의 두 근을 a, b라고 할 때, $2a-b$의 값은? (단, $a>b$)

① 5 ② 6 ③ 7
④ 8 ⑤ 9

7 이차방정식 $0.2x^2+\dfrac{1}{2}x-\dfrac{3}{10}=0$의 두 근 중 큰 근을 p라고 할 때, $5-2p$의 값은?

① -3 ② -1 ③ 0
④ 2 ⑤ 4

난 풀 수 있다. 고난도!!

도전 고난도

8 이차방정식 $x^2-4x+(k-2)=0$의 해가 모두 정수가 되도록 하는 자연수 k의 값을 모두 구하시오.

10 이차방정식 만들기

1. x^2의 계수가 a이고 두 근이 m, n인 이차방정식

➡ $a(x-m)(x-n)=0$, 즉 $a\{x^2-(m+n)x+mn\}=0$

예 x^2의 계수가 2이고 두 근이 -1, 3인 이차방정식은
$2(x+1)(x-3)=0$, 즉 $2x^2-4x-6=0$

2. x^2의 계수가 a이고 m을 중근으로 가지는 이차방정식

➡ $a(x-m)^2=0$

예 x^2의 계수가 3이고 1을 중근으로 가지는 이차방정식은
$3(x-1)^2=0$, 즉 $3x^2-6x+3=0$

정답과 풀이 42쪽

[01~05] 다음 조건을 만족시키는 이차방정식을
$ax^2+bx+c=0$의 꼴로 나타내시오.

01 x^2의 계수가 -2이고 두 근이 1, 3인 이차방정식

$$\boxed{}(x-1)(x-\boxed{})=0$$
$$\boxed{}(x^2-\boxed{}x+\boxed{})=0$$
$$\boxed{}x^2+\boxed{}x-\boxed{}=0$$

02 x^2의 계수가 1이고 두 근이 3, 4인 이차방정식

03 x^2의 계수가 -1이고 두 근이 -2, 5인 이차방정식

04 x^2의 계수가 3이고 두 근이 2, -3인 이차방정식

05 x^2의 계수가 -2이고 두 근이 -4, -3인 이차방정식

[06~10] 다음 조건을 만족시키는 이차방정식을
$ax^2+bx+c=0$의 꼴로 나타내시오.

06 x^2의 계수가 2이고 -4를 중근으로 가지는 이차방정식

$$\boxed{}(x+\boxed{})^2=0$$
$$\boxed{}(x^2+\boxed{}x+\boxed{})=0$$
$$\boxed{}x^2+\boxed{}x+\boxed{}=0$$

07 x^2의 계수가 1이고 2를 중근으로 가지는 이차방정식

08 x^2의 계수가 -1이고 -5를 중근으로 가지는 이차방정식

09 x^2의 계수가 2이고 -3을 중근으로 가지는 이차방정식

10 x^2의 계수가 -3이고 2를 중근으로 가지는 이차방정식

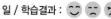
❶ **미지수 정하기**: 문제의 뜻을 파악하고 구하려고 하는 것을 미지수 x로 놓는다.
❷ **이차방정식 세우기**: 문제의 뜻에 따라 x에 대한 이차방정식을 세운다.
❸ **이차방정식 풀기**: 이차방정식을 푼다.
❹ **답 구하기**: 구한 해 중에서 문제의 뜻에 맞는 것을 고른다.

예 나이의 차가 3살인 두 자매의 나이의 곱이 88일 때, 두 자매의 나이를 구해 보자.

❶ 미지수 정하기	동생의 나이를 x살이라고 하면 언니의 나이는 $(x+3)$살
❷ 이차방정식 세우기	$x(x+3)=88$, $x^2+3x-88=0$
❸ 이차방정식 풀기	$(x+11)(x-8)=0$이므로 $x=-11$ 또는 $x=8$
❹ 답 구하기	x는 자연수이므로 동생의 나이는 8살, 언니의 나이는 11살

정답과 풀이 43쪽

01 동생과 형의 나이의 차는 6살이다. 동생의 나이를 제곱하면 형의 나이를 5배한 것보다 6살이 더 많다고 한다. 동생의 나이를 구하시오.

　(1) 미지수 정하기
　　동생의 나이를 x살이라고 하면 형의 나이는

　　$(\quad\quad)$살이다.

　(2) 이차방정식 세우기
　　동생의 나이를 제곱하면 형의 나이를 5배한 것보다 6살이 더 많으므로

　　$x^2=5(\quad\quad)+6$

　(3) 이차방정식 풀기
　　위의 이차방정식을 정리하여 풀면

　　$x^2-5x-\boxed{}=0$

　　$\therefore x=\boxed{}$ 또는 $x=\boxed{}$

　(4) 답 구하기
　　이때 x는 자연수이므로 $x=\boxed{}$

　　따라서 동생의 나이는 $\boxed{}$살이다.

02 동생과 언니의 나이의 차는 3살이고 두 사람의 나이의 곱은 180일 때, 언니의 나이를 구하시오.

　(1) 미지수 정하기
　　언니의 나이를 x살이라고 하면 동생의 나이는

　　$(\quad\quad)$살이다.

　(2) 이차방정식 세우기
　　두 사람의 나이의 곱이 180이므로

　　$x(\quad\quad)=180$

　(3) 이차방정식 풀기
　　위의 이차방정식을 정리하여 풀면

　　$x=\boxed{}$ 또는 $x=\boxed{}$

　(4) 답 구하기
　　이때 $x-3>0$이므로 $x=\boxed{}$

　　따라서 언니의 나이는 $\boxed{}$살이다.

03 오빠와 동생의 나이의 차는 4살이고 오빠와 동생의 나이의 제곱의 합이 296일 때, 동생의 나이를 구하시오.

12 이차방정식의 활용(2)

1. 수와 관련된 문제

(1) 연속하는 두 정수는 x, $x+1$ 또는 $x-1$, x로 놓는다.

(2) 연속하는 두 짝수 또는 두 홀수는 $x-1$, $x+1$ 또는 x, $x+2$로 놓는다.

2. 도형과 관련된 문제

(1) (직사각형의 넓이)=(가로의 길이)×(세로의 길이)

(2) (직사각형의 둘레의 길이)=2{(가로의 길이)+(세로의 길이)}

예 연속하는 두 자연수의 곱이 12일 때, 연속하는 두 자연수를 구해 보자.

❶ 미지수 정하기	작은 수를 x라고 하면 큰 수는 $x+1$
❷ 이차방정식 세우기	$x(x+1)=12$, $x^2+x-12=0$
❸ 이차방정식 풀기	$(x+4)(x-3)=0$ ∴ $x=-4$ 또는 $x=3$
❹ 답 구하기	x는 자연수이므로 $x=3$ 따라서 두 자연수는 3, 4

정답과 풀이 43쪽

01 연속하는 두 자연수의 곱이 72일 때, 이 두 자연수를 구하시오.

(1) 미지수 정하기

연속하는 두 자연수 중 작은 수를 x라고 하면 큰 수는 (⬚)이다.

(2) 이차방정식 세우기

두 자연수의 곱이 72이므로

$x \times ($ ⬚ $)=72$

(3) 이차방정식 풀기

위의 이차방정식을 정리하여 풀면

x^2+ ⬚ $-72=0$

$(x+$ ⬚ $)(x-$ ⬚ $)=0$

∴ $x=$ ⬚ 또는 $x=$ ⬚

(4) 답 구하기

이때 x는 자연수이므로 $x=$ ⬚

따라서 구하는 두 자연수는 ⬚ , ⬚ 이다.

02 연속하는 두 자연수의 제곱의 합이 61일 때, 이 두 자연수를 구하시오.

(1) 미지수 정하기

연속하는 두 자연수 중 작은 수를 x라고 하면 큰 수는 (⬚)이다.

(2) 이차방정식 세우기

두 자연수의 제곱의 합이 61이므로

⬚

(3) 이차방정식 풀기

∴ $x=$ ⬚ 또는 $x=$ ⬚

(4) 답 구하기

이때 x는 자연수이므로 $x=$ ⬚

따라서 두 자연수는 ⬚ , ⬚ 이다.

03 어떤 자연수를 제곱해야 할 것을 잘못하여 2배하였더니 제곱한 것보다 8만큼 작았다. 어떤 자연수를 구하시오.

04 초속 30 m로 지면에서 수직으로 발사한 물 로켓의 x초 후의 높이가 $(-5x^2+30x)$ m라고 할 때, 이 물 로켓이 25 m 높이의 지점을 지나는 것은 발사하고 나서 몇 초 후인지 구하시오.

(1) 미지수 정하기
   물 로켓을 수직으로 발사하고 나서 x초 후의 물 로켓의 높이를 (⬚) m라고 하자.

(2) 이차방정식 세우기
   물 로켓이 25 m 높이의 지점을 지나므로
   ⬚

(3) 이차방정식 풀기
   $\therefore x =$ ⬚ 또는 $x =$ ⬚

(4) 답 구하기
   이때 $x > 0$이므로 $x =$ ⬚ 또는 $x =$ ⬚
   따라서 물 로켓을 발사하고 나서 ⬚초 후와 ⬚초 후일 때, 물 로켓의 높이가 25 m이다.

05 지면으로부터 초속 60 m로 수직으로 쏘아 올린 물체의 x초 후의 높이가 $(-5x^2+60x)$ m라고 할 때, 이 물체가 지면으로 다시 떨어지는 것은 수직으로 쏘아 올린 지 몇 초 후인지 구하시오.

06 오른쪽 그림과 같이 가로, 세로의 길이가 각각 5 cm, 6 cm인 직사각형이 있다. 이 직사각형의 가로, 세로의 길이를 똑같이 늘였더니 처음 넓이의 3배가 되었다. 늘인 길이를 구하시오.

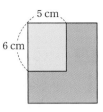

(1) 미지수 정하기
   늘인 길이를 x cm라고 하면 늘인 직사각형의 가로의 길이는 $(5+x)$ cm, 세로의 길이는 (⬚) cm이다.

(2) 이차방정식 세우기
   늘인 직사각형의 넓이가 처음 넓이의 3배가 되므로 $(5+x)(6+x) =$ ⬚

(3) 이차방정식 풀기
   위의 이차방정식을 정리하여 풀면
   x^2+11x- ⬚ $=0$
   $(x+15)(x-$ ⬚ $)=0$
   $\therefore x = -15$ 또는 $x =$ ⬚

(4) 답 구하기
   이때 $x > 0$이므로 $x =$ ⬚
   따라서 늘인 길이는 ⬚ cm이다.

07 오른쪽 그림과 같이 가로의 길이가 세로의 길이보다 6 m 더 길고, 넓이가 40 m^{2}인 직사각형 모양의 화단이 있다. 이 화단의 세로의 길이를 구하시오.

10 이차방정식 만들기

1 이차방정식 $3x^2+bx+c=0$의 두 근이 $x=-2$ 또는 $x=\dfrac{1}{3}$일 때, 상수 b, c에 대하여 $b+c$의 값은?

① -3　　② $-\dfrac{1}{3}$　　③ 0

④ $\dfrac{1}{3}$　　⑤ 3

2 이차방정식 $x^2+ax+b=0$이 중근 $x=3$을 가질 때, 상수 a, b에 대하여 $a+b$의 값은?

① 2　　② 3　　③ 4

④ 5　　⑤ 6

11 이차방정식의 활용(1)

3 오빠와 동생의 나이 차이가 4살이고, 오빠의 나이의 제곱은 동생의 나이의 제곱의 2배보다 4살 적다. 이때 오빠의 나이는?

① 12살　　② 13살　　③ 14살

④ 15살　　⑤ 16살

12 이차방정식의 활용(2)

4 연속하는 두 자연수의 제곱의 합이 85일 때, 이 두 자연수 중 작은 수는?

① 4　　② 5　　③ 6

④ 7　　⑤ 8

5 어떤 자연수를 제곱해야 할 것을 잘못하여 2배하였더니 제곱한 것보다 15만큼 작았다. 어떤 자연수는?

① 4　　② 5　　③ 6

④ 7　　⑤ 8

6 지면에서 초속 40 m로 쏘아 올린 폭죽의 t초 후의 높이가 $(40t-5t^2)$ m이고, 이 폭죽은 지면으로부터 80 m의 높이에서 터진다고 한다. 이때 폭죽은 쏘아 올린 지 몇 초 후에 터지는가?

① 1초 후　　② 2초 후　　③ 4초 후

④ 6초 후　　⑤ 8초 후

7 둘레의 길이가 22 cm, 넓이가 24 cm²인 직사각형의 가로의 길이를 x cm라고 할 때, 다음 중 x의 값을 구하는 이차방정식은?

① $x(22+x)=24$　　② $x(11+x)=24$

③ $x(12-x)=24$　　④ $x(22-x)=24$

⑤ $x(11-x)=24$

8 가로와 세로의 길이가 각각 12 cm, 8 cm인 직사각형에서 가로, 세로의 길이를 모두 x cm씩 늘여 처음 직사각형의 넓이의 2배가 되도록 하려고 한다. 이때 x의 값은?

① 4　　② 5　　③ 6

④ 7　　⑤ 8

꼭 **알아야 할 개념** 📝

	1차	2차	시험 직전
두 근이 주어질 때 이차방정식 만들기			
이차방정식을 활용하여 문제 해결하기			

1 이차방정식 $x^2+ax+b=0$의 두 근이 -2, 3일 때, 이차방정식 $x^2-bx+a=0$의 근은?

(단, a, b는 상수)

① $x=-3$ 또는 $x=2$ ② $x=-1$ 또는 $x=3$

③ $x=-3\pm2\sqrt{10}$ ④ $x=3\pm2\sqrt{10}$

⑤ $x=-3\pm\sqrt{10}$

2 이차방정식 $3x^2+px+q=0$의 두 근이 1, $\dfrac{1}{3}$이다.

이때 이차항의 계수가 1이고 p, q를 두 근으로 하는 이차방정식을 $ax^2+bx+c=0$이라 할 때, $a+b+c$의 값은? (단, a, b, c, p, q는 상수)

① -4 ② -2 ③ 0

④ 3   ⑤ 5

3 종민이와 수연이가 태어난 달은 모두 7월이고, 수연이가 종민이보다 생일이 2주일 빠르다고 한다. 두 사람이 태어난 날짜의 곱이 51이라고 할 때, 종민이의 생일은?

① 7월 15일   ② 7월 17일   ③ 7월 20일

④ 7월 22일   ⑤ 7월 25일

4 연속하는 세 짝수가 있다. 가장 큰 짝수의 제곱은 나머지 두 짝수의 제곱의 합보다 48만큼 작다고 할 때, 이 세 짝수의 합은?

① 36   ② 38   ③ 40

④ 42   ⑤ 44

5 한 모임에 참가한 n명의 학생들이 서로 한 번씩 모두 악수를 하면 그 총 횟수는 $\dfrac{1}{2}n(n-1)$번이 된다.

어떤 모임에 참가한 모든 학생들이 서로 한 번씩 악수한 총 횟수가 28번이었다면 이 모임에 참가한 학생 수는?

① 6명   ② 7명   ③ 8명

④ 9명   ⑤ 10명

6 어떤 정사각형의 가로와 세로의 길이를 각각 2 cm, 3 cm만큼 늘였더니 넓이가 처음 정사각형의 넓이의 2배가 되었다. 처음 정사각형의 한 변의 길이는?

① 3 cm   ② 4 cm   ③ 5 cm

④ 6 cm   ⑤ 7 cm

7 오른쪽 그림과 같이 한 변의 길이가 x cm인 정사각형 모양의 골판지의 네 귀퉁이에서 한 변의 길이가 2 cm인 정사각형을 각각 잘라 내어 만든 뚜껑 없는 상자의 부피가 128 cm³이었다. 이때 x의 값은?

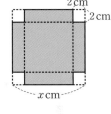

① 19   ② 12   ③ 9

④ 7   ⑤ 5

난 풀 수 있다. 고난도!!

도전 고난도

8 오른쪽 그림과 같이 가로, 세로의 길이가 각각 12 cm, 8 cm 인 직사각형 ABCD 가 있다. 가로의 길이는 매초 1 cm씩 줄어들고, 세로의 길이는 매초 2 cm씩 늘어날 때, 몇 초 후에 넓이가 처음과 같아지는가?

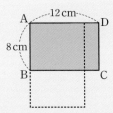

① 10초 후   ② 8초 후   ③ 6초 후

④ 4초 후   ⑤ 2초 후

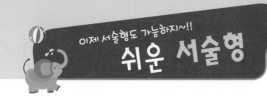
1 다음의 두 이차방정식이 모두 중근을 가질 때, 물음에 답하시오. (단, a, b는 상수)

$$x^2-6x+3a=0$$
$$x^2+(a+1)x+b=0$$

(1) a의 값을 구하시오.
(2) b의 값을 구하시오.
(3) $a+b$의 값을 구하시오.

2 이차방정식 $3x^2+px-2=0$의 한 근이 $x=-2$일 때, 다른 한 근을 구하려고 한다. 다음 물음에 답하시오.

(1) 상수 p의 값을 구하시오.
(2) 다른 한 근을 구하시오.

3 다음 이차방정식을 완전제곱식을 이용하여 푸시오.

$$x^2-8x+5=0$$

4 지면에서 초속 50 m로 똑바로 쏘아 올린 공의 x초 후의 높이가 $(50x-5x^2)$ m일 때, 처음으로 지면으로부터의 높이가 120 m가 되는 때는 쏘아 올린 지 몇 초 후인지 구하려고 한다. 다음 물음에 답하시오.

(1) 이차방정식을 세우시오.
(2) 이차방정식을 푸시오.
(3) 몇 초 후인지 구하시오.

IV 이차함수

한 장 공부표		계획하기	학습하기	확인하기	분석하기	추가 학습하기
	학습 내용	공부할 날짜를 계획해 봐요.	공부한 날짜를 기록해 봐요.	학습 결과를 체크해 봐요.	학습 과정, 학습 결과에 대한 원인을 생각해 볼까요?	학습 결과가 만족스럽지 못하다면 추가 학습을 해 봐요.
01장	01. 이차함수의 뜻 / 02. 이차함수의 함숫값	월 일	월 일	😊 😐 😣 잘함 보통 노력		월 일
02장	03. 두 이차함수 $y=x^2$과 $y=-x^2$의 그래프 04. 이차함수 $y=ax^2$의 그래프	월 일	월 일	😊 😐 😣		월 일
03장	핵심 반복 / 형성 평가	월 일	월 일	😊 😐 😣		월 일
04장	05. 이차함수 $y=ax^2+q$의 그래프	월 일	월 일	😊 😐 😣		월 일
05장	06. 이차함수 $y=a(x-p)^2$의 그래프	월 일	월 일	😊 😐 😣		월 일
06장	07. 이차함수 $y=a(x-p)^2+q$의 그래프	월 일	월 일	😊 😐 😣		월 일
07장	핵심 반복 / 형성 평가	월 일	월 일	😊 😐 😣		월 일
08장	08. 이차함수 $y=ax^2+bx+c$의 그래프	월 일	월 일	😊 😐 😣		월 일
09장	09. 이차함수의 식 구하기(1) – 꼭짓점과 한 점의 좌표를 알 때	월 일	월 일	😊 😐 😣		월 일
10장	10. 이차함수의 식 구하기(2) – 축과 두 점의 좌표를 알 때	월 일	월 일	😊 😐 😣		월 일
11장	11. 이차함수의 식 구하기(3) – 세 점의 좌표를 알 때	월 일	월 일	😊 😐 😣		월 일
12장	핵심 반복 / 형성 평가 / 쉬운 서술형	월 일	월 일	😊 😐 😣		월 일

12장으로 이차함수 학습 끝!!

01 이차함수의 뜻

x에 대한 이차함수: y가 x에 대한 이차식 $y=ax^2+bx+c$ $(a, b, c$는 상수, $a\neq 0)$로 나타날 때의 함수 ┌→ 차수가 2인 다항식 └→ $a=0$일 경우 이차식이 될 수 없다.

예 $y=2x^2+5x-1$, $y=x^2+3$, $y=-3x^2+2x$, …는 모두 이차함수이다.

참고 y가 x에 대한 함수일 때, $y=f(x)$이므로 $y=ax^2+bx+c$를 $f(x)=ax^2+bx+c$로 쓸 수도 있다.

정답과 풀이 47쪽

[01~09] 다음 중 이차함수인 것에는 〇표, 이차함수가 아닌 것에는 ×표를 하시오.

01 $y=-2x+7$ 　　　　　　　（　　　）

02 $y=x^2-5x+4$ 　　　　　　（　　　）

03 $y=\dfrac{x^2}{5}+1$ 　　　　　　（　　　）

04 $y=-\dfrac{3}{x}$ 　　　　　　　（　　　）

05 $y=\dfrac{4}{x^2}+5$ 　　　　　　（　　　）

06 $y=2x(x+3)$ 　　　　　　（　　　）

> TIP 우변의 다항식을 전개한 후 이차식인지 확인한다.

07 $y=-(x-3)^2$ 　　　　　　（　　　）

08 $y=x(x+2)-x^2$ 　　　　　（　　　）

09 $x^2-6x+8=0$ 　　　　　　（　　　）

> TIP 이차방정식: (이차식)=0, 이차함수: $y=$(이차식)

[10~14] 다음 문장에서 y를 x에 대한 식으로 나타낸 것을 □ 안에 쓰고, 이차함수인 것에는 〇표, 이차함수가 아닌 것에는 ×표를 하시오.

10 한 변의 길이가 x cm인 정사각형의 넓이 y cm^2

식: $y=$ ▭ 　　　（　　　）

11 한 개에 200원인 사탕 x개의 가격 y원

식: $y=$ ▭ 　　　（　　　）

12 시속 $4x$ km로 $(x+2)$시간 동안 달린 거리 y km

식: $y=$ ▭ 　　　（　　　）

> TIP (거리)=(속력)×(시간)

13 가로의 길이가 $3x$ cm, 세로의 길이가 $2x$ cm인 직사각형의 둘레의 길이 y cm

식: $y=$ ▭ 　　　（　　　）

> TIP (직사각형의 둘레의 길이)=2{(가로의 길이)+(세로의 길이)}

14 반지름의 길이가 $2x$ cm인 원의 넓이 y cm^2

식: $y=$ ▭ 　　　（　　　）

> TIP (원의 넓이)=π×(반지름의 길이)^2

02 이차함수의 함숫값

1. 이차함수 $y=f(x)$에 대하여 $x=k$일 때, y의 함숫값은 $f(k)$이다. ┌─▶ x를 대입할 때의 y의 값

2. $f(x)=ax^2+bx+c$에서 $x=k$일 때의 함숫값은 $f(k)=ak^2+bk+c$이다.
　　　　　　　　　　　　　　　　　　　　　　└─▶ x에 k의 값을 대입한다.

　예　$f(x)=-2x^2+x+1$에 대하여

　　　$f(1)=-2\times1^2+1+1=-2+1+1=0$이므로

　　　$f(x)=-2x^2+x+1$의 $x=1$일 때의 함숫값은 0이다.

정답과 풀이 47쪽

[01~03] 다음 □ 안에 알맞은 수를 쓰시오.

01 $x=0$일 때 이차함수 $y=x^2+2$의 함숫값은

$y=\boxed{}^2+2=\boxed{}$이다.

02 $x=3$일 때 이차함수 $y=-x^2+x$의 함숫값은

$y=(-1)\times\boxed{}^2+\boxed{}=\boxed{}$이다.

03 $x=-2$일 때 이차함수 $y=3x^2-4x+1$의 함숫값은

$y=3\times(\boxed{})^2-4\times(\boxed{})+1=\boxed{}$이다.

TIP　음수를 식에 대입할 때는 괄호를 사용한다.

[04~06] 이차함수 $f(x)=x^2-4x+3$에 대하여 다음 함숫값을 구하시오.

04 $f(-1)$

05 $f(0)$

06 $f(2)$

[07~09] 주어진 이차함수에 대하여 함숫값을 구하시오.

07 $f(x)=-(x+4)^2$에 대하여 $f(-2)$의 값

08 $f(x)=-2x^2+5x-1$에 대하여 $f(1)$의 값

09 $f(x)=2x^2+x-3$에 대하여 $f(-1)+f(2)$의 값

TIP　함숫값 $f(-1)$, $f(2)$를 각각 구한 후 더한다.

[10~11] 다음은 조건을 만족시키는 상수 a의 값을 구하는 과정이다. □ 안에 알맞은 수를 쓰시오.

10

이차함수 $f(x)=x^2+3x+a$에서

$f(1)=-1$이면 $f(1)=\boxed{}+a=-1$

이므로 $a=\boxed{}$

TIP　$f(a)=b$이면 함수 $f(x)$에 $x=a$를 대입한 값이 b이다.

11

이차함수 $f(x)=ax^2-x+4$에서

$f(-1)=7$이면 $f(-1)=a+\boxed{}=7$

이므로 $a=\boxed{}$

03 두 이차함수 $y=x^2$과 $y=-x^2$의 그래프

$y=x^2$의 그래프	$y=-x^2$의 그래프
원점을 지나고 아래로 볼록한 곡선	원점을 지나고 위로 볼록한 곡선
→ 원점의 좌표는 $(0, 0)$이다. y축에 대하여 대칭이다.	
$x<0$일 때 x의 값이 증가하면 y의 값은 감소한다.	$x<0$일 때 x의 값이 증가하면 y의 값도 증가한다.
$x>0$일 때 x의 값이 증가하면 y의 값도 증가한다.	$x>0$일 때 x의 값이 증가하면 y의 값은 감소한다.

정답과 풀이 48쪽

[01~02] 두 이차함수 $y=x^2$과 $y=-x^2$에 대하여 다음 물음에 답하시오.

01 아래의 표를 완성하시오.

x	...	-3	-2	-1	0	1	2	3	...
$y=x^2$	...								...
$y=-x^2$	...								...

02 x의 값이 실수 전체일 때, 두 이차함수 $y=x^2$과 $y=-x^2$의 그래프를 다음 좌표평면 위에 그리시오.

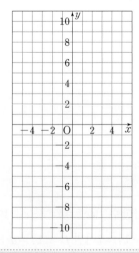

TIP 순서쌍 (x, y)를 좌표로 하는 점을 좌표평면 위에 나타낸 후 매끄러운 곡선으로 연결한다.

[03~07] 다음 중 옳은 것에는 ○표, 옳지 않은 것에는 ×표를 하시오.

03 이차함수 $y=x^2$의 그래프는 위로 볼록한 곡선이다.

(   )

04 이차함수 $y=-x^2$의 그래프는 제1, 2사분면을 지난다.

(   )

05 이차함수 $y=x^2$은 $x>0$일 때, x의 값이 증가하면 y의 값도 증가한다.

(   )

06 이차함수 $y=x^2$의 그래프는 y축에 대하여 대칭이다.

(   )

07 이차함수 $y=-x^2$의 그래프는 x축에 대하여 대칭이다.

(   )

학습날짜 :   월   일 / 학습결과 :

이차함수 $y=ax^2$의 그래프는

1. 원점을 꼭짓점으로 하는 포물선이다.

2. y축을 축으로 한다. ⟶ 물체를 던졌을 때 나타나는 모양과 같은 곡선
　└→ 축의 방정식은 $x=0$이다.

3. $a>0$일 때는 아래로 볼록하고, $a<0$일 때는 위로 볼록하다.

4. a의 절댓값이 커질수록 그래프의 폭이 좁아진다.

5. 이차함수 $y=-ax^2$의 그래프와 x축에 대하여 서로 대칭이다.

참고 • 포물선은 선대칭도형으로 그 대칭축을 포물선의 축이라 한다.
　　• 꼭짓점은 포물선과 축이 만나는 점이다.

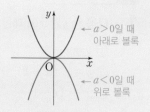

정답과 풀이 48쪽

01 두 이차함수 $y=2x^2$, $y=\dfrac{1}{2}x^2$에 대하여 다음 표를 완성하고, x의 값이 실수 전체일 때의 그래프를 좌표평면 위에 그리시오.

x	$\cdots$	-2	-1	0	1	2	$\cdots$
$y=2x^2$	$\cdots$						$\cdots$
$y=\dfrac{1}{2}x^2$	$\cdots$						$\cdots$

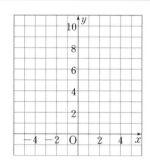

02 두 이차함수 $y=-2x^2$, $y=-\dfrac{1}{2}x^2$에 대하여 다음 표를 완성하고, x의 값이 실수 전체일 때의 그래프를 좌표평면 위에 그리시오.

x	$\cdots$	-2	-1	0	1	2	$\cdots$
$y=-2x^2$	$\cdots$						$\cdots$
$y=-\dfrac{1}{2}x^2$	$\cdots$						$\cdots$

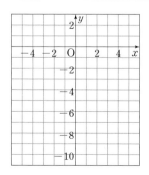

[03~07] 〈보기〉의 이차함수에 대하여 다음 물음에 답하시오.

┤ 보기 ├
ㄱ. $y=3x^2$　　ㄴ. $y=2x^2$　　ㄷ. $y=\dfrac{1}{2}x^2$

ㄹ. $y=-\dfrac{1}{3}x^2$　　ㅁ. $y=-\dfrac{1}{2}x^2$　　ㅂ. $y=-5x^2$

03 그래프가 아래로 볼록한 포물선인 것을 모두 고르시오.

04 이차함수 $y=\dfrac{1}{3}x^2$의 그래프와 x축에 대하여 서로 대칭인 것을 고르시오.

05 그래프가 x축에 대하여 서로 대칭인 것끼리 짝 지으시오.

06 그래프의 폭이 가장 좁은 것을 고르시오.

TIP　$y=ax^2$에서 a의 절댓값이 클수록 그래프의 폭이 좁아진다.

07 이차함수 $y=2x^2$의 그래프보다 폭이 넓은 것을 모두 고르시오.

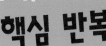
01 이차함수의 뜻

1 다음 중 y가 x에 대한 이차함수인 것은?

① $y=x-3$ ② $y=-x^2+2$
③ $y=-(x-1)^2+x^2$ ④ $-x^2+2x-1=0$
⑤ x^2+2x-1

02 이차함수의 함숫값

2 이차함수 $f(x)=2x^2-3x+1$에 대하여
$f(2)+f(-1)$의 값은?

① -1 ② 2 ③ 5
④ 8 ⑤ 9

3 이차함수 $f(x)=-3x^2+2x+a$에서
$f(-1)=4$일 때, 상수 a의 값은?

① 1 ② 3 ③ 6
④ 9 ⑤ 11

03 두 이차함수 $y=x^2$과 $y=-x^2$의 그래프

4 다음 중 이차함수 $y=x^2$의 그래프에 대한 설명으로
옳지 <u>않은</u> 것은?

① 원점을 지난다.
② x축에 대하여 대칭이다.
③ 아래로 볼록한 포물선이다.
④ 이차함수 $y=-x^2$의 그래프와 x축에 대하여
   대칭이다.
⑤ 점 $(2, 4)$와 점 $(-2, 4)$를 지난다.

5 다음 중 이차함수 $y=-x^2$의 그래프 위의 점이 <u>아</u>
<u>닌</u> 것은?

① $(-3, -9)$ ② $(-1, -1)$ ③ $(0, 0)$
④ $\left(\dfrac{1}{3}, -\dfrac{1}{6}\right)$ ⑤ $(2, -4)$

04 이차함수 $y=ax^2$의 그래프

[6~7] 〈보기〉의 이차함수에 대하여 다음 물음에 답하시오

┤ 보기 ├
ㄱ. $y=2x^2$ ㄴ. $y=-3x^2$ ㄷ. $y=4x^2$
ㄹ. $y=\dfrac{2}{3}x^2$ ㅁ. $y=-\dfrac{1}{2}x^2$

6 이차함수 $y=-2x^2$의 그래프와 x축에 대하여 서로
대칭인 것은?

① ㄱ   ② ㄴ   ③ ㄷ
④ ㄹ   ⑤ ㅁ

7 그래프의 폭이 좁은 것부터 차례대로 적은 것은?

① ㄷ, ㄱ, ㄹ, ㅁ, ㄴ   ② ㄷ, ㄴ, ㄱ, ㄹ, ㅁ
③ ㄹ, ㄱ, ㄷ, ㅁ, ㄴ   ④ ㄹ, ㅁ, ㄱ, ㄴ, ㄷ
⑤ ㅁ, ㄹ, ㄱ, ㄴ, ㄷ

꼭 알아야 할 개념

	1차	2차	시험 직전
이차함수의 뜻 알기			
이차함수의 함숫값 구하기			
이차함수 $y=ax^2$의 그래프의 성질 이해하기			

1 다음 중 y가 x에 대한 이차함수인 것을 모두 고르면? (정답 2개)

① 가로의 길이가 x cm, 세로의 길이가 $(x+2)$ cm인 직사각형의 넓이는 y cm²이다.

② 시속 60 km로 달리는 자동차가 x시간 동안 달린 거리가 y km이다.

③ 한 변의 길이가 x cm인 정사각형의 둘레의 길이는 y cm이다.

④ 반지름의 길이가 x cm인 원의 넓이는 y cm²이다.

⑤ 아랫변의 길이가 $2x$ cm, 윗변의 길이가 x cm, 높이가 6 cm인 사다리꼴의 넓이는 y cm²이다.

2 이차함수 $f(x)=x^2+ax-3$에서 $f(-1)=4$, $f(2)=b$일 때, $a-b$의 값은? (단, a, b는 상수)

① -17　　② -11　　③ -2

④ 3　　⑤ 5

3 이차함수 $y=ax^2$의 그래프가 두 점 $(-2, 3)$, $\left(k, \dfrac{1}{3}\right)$을 지날 때, 양수 k의 값은? (단, a는 상수)

① $\dfrac{1}{2}$　　② $\dfrac{2}{3}$　　③ $\dfrac{3}{4}$

④ 1　　⑤ 3

4 다음 중 이차함수 $y=-\dfrac{1}{2}x^2$의 그래프에 대한 설명으로 옳지 <u>않은</u> 것을 모두 고르면? (정답 2개)

① 꼭짓점의 좌표는 $(0, 0)$이다.

② 축의 방정식은 $x=0$이다.

③ 점 $(-2, -2)$를 지난다.

④ 이차함수 $y=\dfrac{1}{2}x^2$의 그래프와 y축에 대하여 대칭이다.

⑤ $x<0$일 때, x의 값이 증가하면 y의 값은 감소한다.

5 이차함수 $y=ax^2$의 그래프는 이차함수 $y=-3x^2$의 그래프보다 폭이 넓고, 이차함수 $y=-\dfrac{1}{3}x^2$의 그래프보다 폭이 좁다. 다음 중 상수 a의 값이 될 수 <u>없는</u> 것은?

① 2　　② $\dfrac{1}{2}$　　③ $-\dfrac{1}{4}$

④ -1　　⑤ $-\dfrac{3}{2}$

6 이차함수 $y=x^2$의 그래프와 x축에 대하여 대칭인 그래프가 점 $(3, k)$를 지날 때, k의 값은?

① -9　　② -3　　③ 0

④ 3　　⑤ 9

7 오른쪽 그림과 같이 원점을 꼭짓점으로 하는 이차함수의 그래프와 x축에 대하여 대칭인 이차함수의 그래프가 점 $(-2, k)$를 지날 때, k의 값은?

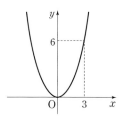

① $-\dfrac{8}{3}$　　② $-\dfrac{2}{3}$　　③ 0

④ $\dfrac{2}{3}$　　⑤ $\dfrac{8}{3}$

난 풀 수 있다. 고난도!!

도전 고난도

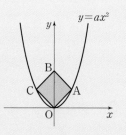

8 오른쪽 그림과 같이 세 점 A, O, C는 이차함수 $y=ax^2$의 그래프 위에 있고, 점 B는 y축 위에 있다. □ABCO가 정사각형이고 넓이가 50일 때, 상수 a의 값을 구하시오. (단, O는 원점이다.)

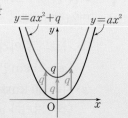

이차함수 $y=ax^2+q$의 그래프는

1. 이차함수 $y=ax^2$의 그래프를 y축의 방향으로 q만큼 <u>평행이동</u>한 것이다.

2. 점 $(0, q)$를 꼭짓점으로 하는 포물선이다.

3. y축을 축으로 한다.

→ 한 도형을 일정한 방향으로 일정한 거리만큼 이동하는 것

참고 • 이차함수 $y=ax^2$의 그래프를 y축의 방향으로 평행이동하여도 축은 변하지 않는다.
　　 • y축의 방정식은 $x=0$이다.

정답과 풀이 50쪽

[01~03] 두 이차함수 $y=x^2$과 $y=x^2+3$의 그래프에 대하여 다음 □ 안에 알맞은 것을 쓰시오.

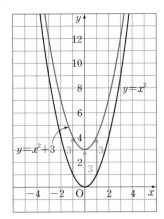

01 이차함수 $y=x^2$의 그래프의 꼭짓점은 (☐ , ☐)이고, 이차함수 $y=x^2+3$의 그래프의 꼭짓점은 (☐ , ☐)이다.

02 이차함수 $y=x^2+3$의 그래프는 이차함수 $y=x^2$의 그래프를 ☐ 의 방향으로 ☐ 만큼 평행이동한 것이다.

03 이차함수 $y=x^2+3$의 그래프는 ☐ 을 축으로 하는 ☐ 로 볼록한 포물선이다.

[04~08] 다음 □ 안에 알맞은 것을 쓰시오.

04 이차함수 $y=x^2-3$의 그래프는 이차함수 $y=x^2$의 그래프를 y축의 방향으로 ☐ 만큼 평행이동한 것이다.

05 이차함수 $y=-\dfrac{1}{2}x^2+7$의 그래프는 이차함수 $y=-\dfrac{1}{2}x^2$의 그래프를 y축의 방향으로 ☐ 만큼 평행이동한 것이다.

06 이차함수 $y=2x^2+4$의 그래프는 이차함수 $y=2x^2$의 그래프를 ☐ 축의 방향으로 4만큼 평행이동한 것이다.

07 이차함수 $y=-3x^2-5$의 그래프는 이차함수 ☐ 의 그래프를 y축의 방향으로 -5만큼 평행이동한 것이다.

08 이차함수 $y=2x^2$의 그래프를 y축의 방향으로 -1만큼 평행이동한 그래프의 식은 ☐ 이다.

[09~12] 다음 이차함수의 그래프에 대하여 □ 안에 알맞은 것을 쓰시오.

09 $y=-3x^2+7$

➡ 꼭짓점의 좌표: (□ , □)

축의 방정식: □

> **TIP** 이차함수 $y=ax^2+q$의 그래프의 꼭짓점의 좌표는 $(0, q)$이고 축의 방정식은 $x=0$이다.

10 $y=4x^2-2$

➡ 꼭짓점의 좌표: (□ , □)

축의 방정식: □

11 $y=\dfrac{2}{3}x^2-4$

➡ 꼭짓점의 좌표: (□ , □)

축의 방정식: □

12 $y=-\dfrac{1}{4}x^2+1$

➡ 꼭짓점의 좌표: (□ , □)

축의 방정식: □

[13~14] 두 이차함수 $y=2x^2$과 $y=-\dfrac{1}{2}x^2$의 그래프를 이용하여 다음 이차함수의 그래프를 좌표평면 위에 그리시오.

13 $y=2x^2+1$

14 $y=-\dfrac{1}{2}x^2-2$

[15~17] 다음 중 옳은 것에는 ○표, 옳지 않은 것에는 ×표를 하시오.

15 이차함수 $y=2x^2-3$의 그래프는 이차함수 $y=2x^2$의 그래프를 y축의 방향으로 3만큼 평행이동한 것이다. ( )

16 이차함수 $y=-x^2+4$의 그래프는 y축에 대하여 대칭이다. ( )

17 이차함수 $y=3x^2-2$의 그래프의 꼭짓점의 좌표는 $(3, -2)$이다. ( )

[18~21] 다음 조건을 만족시키는 상수 k의 값을 구하시오.

18 이차함수 $y=x^2$의 그래프를 y축의 방향으로 3만큼 평행이동하면 점 $(-2, k)$를 지난다.

> **TIP** 평행이동한 그래프의 식을 구한 다음 지나는 한 점을 대입한다.

19 이차함수 $y=-2x^2$의 그래프를 y축의 방향으로 -5만큼 평행이동하면 점 $(1, k)$를 지난다.

20 이차함수 $y=kx^2$의 그래프를 y축의 방향으로 4만큼 평행이동하면 점 $(-2, -12)$를 지난다.

21 이차함수 $y=kx^2$의 그래프를 y축의 방향으로 -2만큼 평행이동하면 점 $(3, 1)$을 지난다.

06 이차함수 $y=a(x-p)^2$의 그래프

학습날짜 :   월   일 / 학습결과 :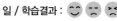

이차함수 $y=a(x-p)^2$의 그래프는

1. 이차함수 $y=ax^2$의 그래프를 x축의 방향으로 p만큼 평행이동한 것이다.

2. 점 $(p, 0)$을 꼭짓점으로 하는 포물선이다.

3. 직선 $x=p$를 축으로 한다.

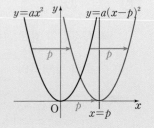

참고 • 이차함수 $y=ax^2$의 그래프를 x축의 방향으로 p만큼 평행이동하면 축도 p만큼 평행이동한다.

• 직선 $x=p$는 y축에 평행하다.

• $a>0$일 때의 이차함수 $y=a(x-p)^2$의 그래프는 $x>p$일 때 x의 값이 증가하면 y의 값도 증가하고, $x<p$일 때 x의 값이 증가하면 y의 값은 감소한다.

정답과 풀이 51쪽

[01~03] 두 이차함수 $y=x^2$과 $y=(x-2)^2$의 그래프에 대하여 다음 ☐ 안에 알맞은 것을 쓰시오.

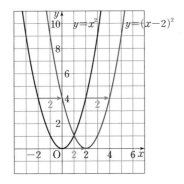

01 이차함수 $y=(x-2)^2$의 그래프는 이차함수 $y=x^2$의 그래프를 ☐의 방향으로 ☐만큼 평행이동한 것이다.

02 이차함수 $y=(x-2)^2$의 그래프는 점 (☐, ☐)을 꼭짓점으로 하고, 직선 ☐를 축으로 하는 ☐로 볼록한 포물선이다.

03 이차함수 $y=(x-2)^2$의 그래프는 제 ☐, ☐ 사분면을 지난다.

[04~08] 다음 ☐ 안에 알맞은 것을 쓰시오.

04 이차함수 $y=(x-3)^2$의 그래프는 이차함수 $y=x^2$의 그래프를 x축의 방향으로 ☐만큼 평행이동한 것이다.

05 이차함수 $y=-4(x+4)^2$의 그래프는 이차함수 $y=-4x^2$의 그래프를 x축의 방향으로 ☐만큼 평행이동한 것이다.

06 이차함수 $y=-(x+5)^2$의 그래프는 이차함수 $y=-x^2$의 그래프를 ☐축의 방향으로 -5만큼 평행이동한 것이다.

07 이차함수 $y=-\frac{1}{2}(x-1)^2$의 그래프는 이차함수 ☐의 그래프를 x축의 방향으로 1만큼 평행이동한 것이다.

08 이차함수 $y=3x^2$의 그래프를 x축의 방향으로 3만큼 평행이동한 그래프의 식은 ☐이다.

[09~12] 다음 이차함수의 그래프에 대하여 □ 안에 알맞은 것을 쓰시오.

09 $y=3(x-2)^2$

➡ 꼭짓점의 좌표: (□ , □)

   축의 방정식: □

> **TIP** 이차함수 $y=a(x-p)^2$의 그래프의 꼭짓점의 좌표는 $(p, 0)$이고, 축의 방정식은 $x=p$이다.

10 $y=4(x+1)^2$

➡ 꼭짓점의 좌표: (□ , □)

   축의 방정식: □

11 $y=-5(x-4)^2$

➡ 꼭짓점의 좌표: (□ , □)

   축의 방정식: □

12 $y=\dfrac{2}{3}(x+6)^2$

➡ 꼭짓점의 좌표: (□ , □)

   축의 방정식: □

[13~14] 두 이차함수 $y=2x^2$과 $y=-2x^2$의 그래프를 이용하여 다음 이차함수의 그래프를 좌표평면 위에 그리시오.

13 $y=2(x+3)^2$

14 $y=-2(x-2)^2$

[15~17] 다음 중 옳은 것에는 ○표, 옳지 않은 것에는 ×표를 하시오.

15 이차함수 $y=2(x-2)^2$의 그래프는 이차함수 $y=2x^2$의 그래프를 y축의 방향으로 2만큼 평행이동한 것이다. ( )

16 이차함수 $y=-(x+3)^2$의 그래프는 직선 $x=3$을 축으로 한다. ( )

17 이차함수 $y=4(x-1)^2$의 꼭짓점의 좌표는 $(1, 0)$이다. ( )

[18~21] 다음 조건을 만족시키는 상수 k의 값을 구하시오.

18 이차함수 $y=\dfrac{1}{2}x^2$의 그래프를 x축의 방향으로 1만큼 평행이동하면 점 $(-3, k)$를 지난다.

> **TIP** 평행이동한 그래프의 식을 구한 다음 지나는 한 점을 대입한다.

19 이차함수 $y=-\dfrac{3}{4}x^2$의 그래프를 x축의 방향으로 -2만큼 평행이동하면 점 $(2, k)$를 지난다.

20 이차함수 $y=kx^2$의 그래프를 x축의 방향으로 -3만큼 평행이동하면 점 $(-2, 5)$를 지난다.

21 이차함수 $y=kx^2$의 그래프를 x축의 방향으로 2만큼 평행이동하면 점 $(4, -4)$를 지난다.

07 이차함수 $y=a(x-p)^2+q$의 그래프

이차함수 $y=a(x-p)^2+q$의 그래프는

1. 이차함수 $y=ax^2$의 그래프를 x축의 방향으로 p만큼, y축의 방향으로 q만큼 평행이동한 것이다.

2. 점 (p, q)를 꼭짓점으로 하는 포물선이다.

3. 직선 $x=p$를 축으로 한다.

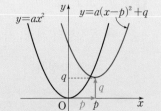

참고 축은 y축의 방향으로 평행이동할 때에는 바뀌지 않고, x축의 방향으로 평행이동할 때에만 바뀐다.

정답과 풀이 52쪽

[01~03] 두 이차함수 $y=x^2$과 $y=(x-3)^2+2$의 그래프에 대하여 다음 □ 안에 알맞은 것을 쓰시오.

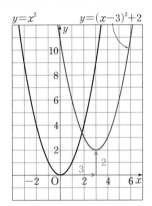

01 이차함수 $y=(x-3)^2+2$의 그래프는 이차함수 $y=x^2$의 그래프를 x축의 방향으로 □만큼, y축의 방향으로 □만큼 평행이동한 것이다.

02 이차함수 $y=(x-3)^2+2$의 그래프는 점 (□, □)를 꼭짓점으로 하고, 직선 □ 을 축으로 하는 □로 볼록한 포물선이다.

03 이차함수 $y=(x-3)^2+2$의 그래프는 제□, □사분면을 지난다.

[04~08] 다음 □ 안에 알맞은 것을 쓰시오.

04 이차함수 $y=(x-1)^2+3$의 그래프는 이차함수 $y=x^2$의 그래프를 x축의 방향으로 □만큼, y축의 방향으로 □만큼 평행이동한 것이다.

05 이차함수 $y=2(x+5)^2-1$의 그래프는 이차함수 $y=2x^2$의 그래프를 □축의 방향으로 -5만큼, □축의 방향으로 -1만큼 평행이동한 것이다.

06 이차함수 $y=-\dfrac{1}{2}(x-5)^2+2$의 그래프는 이차함수 □의 그래프를 x축의 방향으로 5만큼, y축의 방향으로 2만큼 평행이동한 것이다.

07 이차함수 $y=-\dfrac{2}{3}(x+1)^2-3$의 그래프는 이차함수 □의 그래프를 x축의 방향으로 -1만큼, y축의 방향으로 -3만큼 평행이동한 것이다.

08 이차함수 $y=-2x^2$의 그래프를 x축의 방향으로 3만큼, y축의 방향으로 -4만큼 평행이동한 그래프의 식은 □이다.

[09~12] 다음 이차함수의 그래프에 대하여 □ 안에 알맞은 것을 쓰시오.

09 $y=2(x-1)^2+1$

➡ 꼭짓점의 좌표: (☐ , ☐)

   축의 방정식: ☐

TIP 이차함수 $y=a(x-p)^2+q$의 그래프의 꼭짓점의 좌표는 (p, q)이고, 축의 방정식은 $x=p$이다.

10 $y=-(x+2)^2-3$

➡ 꼭짓점의 좌표: (☐ , ☐)

   축의 방정식: ☐

11 $y=3(x+5)^2+4$

➡ 꼭짓점의 좌표: (☐ , ☐)

   축의 방정식: ☐

12 $y=-\dfrac{2}{5}(x-3)^2+4$

➡ 꼭짓점의 좌표: (☐ , ☐)

   축의 방정식: ☐

[13~14] 두 이차함수 $y=2x^2$과 $y=-\dfrac{1}{2}x^2$의 그래프를 이용하여 다음 이차함수의 그래프를 좌표평면 위에 그리시오.

13 $y=2(x+1)^2+3$

14 $y=-\dfrac{1}{2}(x-2)^2-3$

[15~17] 다음 조건을 만족시키는 k의 값을 구하시오.

15 이차함수 $y=\dfrac{1}{2}x^2$의 그래프를 x축의 방향으로 3만큼, y축의 방향으로 4만큼 평행이동하면 점 $(5, k)$를 지난다.

TIP 평행이동한 그래프의 식을 구한 다음 지나는 한 점을 대입한다.

16 이차함수 $y=-3x^2$의 그래프를 x축의 방향으로 -2만큼, y축의 방향으로 -1만큼 평행이동하면 점 $(-4, k)$를 지난다.

17 이차함수 $y=\dfrac{2}{3}x^2$의 그래프를 x축의 방향으로 2만큼, y축의 방향으로 k만큼 평행이동하면 점 $(-1, -1)$을 지난다.

[18~20] 다음 조건을 만족시키는 두 상수 p, q의 값을 각각 구하시오.

18 이차함수 $y=2(x-p)^2+q$의 그래프의 축의 방정식은 $x=3$이고, 점 $(4, -3)$을 지난다.

TIP 축의 방정식이 $x=p$인 이차함수의 그래프의 식은 $y=a(x-p)^2+q$이다.

19 이차함수 $y=-\dfrac{1}{3}(x-p)^2+q$의 그래프의 축의 방정식은 $x=-2$이고, 점 $(1, 1)$을 지난다.

20 이차함수 $y=-4(x-p)^2+q$의 그래프의 축의 방정식은 $x=1$이고, 점 $(-1, 3)$을 지난다.

05 이차함수 $y=ax^2+q$의 그래프

1 이차함수 $y=-2x^2$의 그래프를 y축의 방향으로 3만큼 평행이동한 그래프의 식은?

① $y=3x^2$
② $y=-2(x-3)^2$
③ $y=-2(x+3)^2$
④ $y=-2x^2+3$
⑤ $y=-2x^2-3$

2 이차함수 $y=\dfrac{2}{3}x^2$의 그래프를 y축의 방향으로 k만큼 평행이동하면 점 $(-3, 2)$를 지난다. 이때 상수 k의 값은?

① -5
② -4
③ -3
④ -2
⑤ -1

06 이차함수 $y=a(x-p)^2$의 그래프

3 다음 □ 안에 들어갈 것을 차례대로 쓴 것은?

> 이차함수 $y=2(x-4)^2$의 그래프는 이차함수 $y=2x^2$의 그래프를 □축의 방향으로 □만큼 평행이동한 것이고, □로 볼록한 포물선이다.

① x, 4, 위
② x, -4, 위
③ x, 4, 아래
④ y, -4, 위
⑤ y, 4, 아래

4 다음 중 이차함수 $y=\dfrac{1}{2}(x-3)^2$의 그래프에 대한 설명으로 옳은 것은?

① 그래프는 위로 볼록한 포물선이다.
② 제1, 2, 3사분면을 지난다.
③ 꼭짓점의 좌표는 $(3, 0)$이다.
④ y축을 축으로 하는 포물선이다.
⑤ 이차함수 $y=2x^2$의 그래프를 y축의 방향으로 3만큼 평행이동한 것이다.

07 이차함수 $y=a(x-p)^2+q$의 그래프

5 이차함수 $y=3x^2$의 그래프를 x축의 방향으로 -2만큼, y축의 방향으로 4만큼 평행이동한 그래프의 식은?

① $y=-3(x-2)^2+4$
② $y=-3(x+2)^2-4$
③ $y=3(x-2)^2-4$
④ $y=3(x+2)^2-4$
⑤ $y=3(x+2)^2+4$

6 이차함수 $y=-4(x+1)^2+2$의 그래프의 축의 방정식과 꼭짓점의 좌표를 차례로 나타낸 것은?

① $x=-1$, $(-1, 2)$
② $x=1$, $(-1, 2)$
③ $x=-1$, $(1, 2)$
④ $x=1$, $(1, 2)$
⑤ $x=-3$, $(1, 2)$

7 이차함수 $y=\dfrac{1}{3}(x-3)^2-2$의 그래프가 지나지 않는 사분면은?

① 제1, 2사분면
② 제2사분면
③ 제3사분면
④ 제4사분면
⑤ 없다.

8 이차함수 $y=-\dfrac{3}{2}x^2$의 그래프를 x축의 방향으로 3만큼, y축의 방향으로 -1만큼 평행이동하면 점 $(-1, m)$을 지난다. 이때 m의 값은?

① -27
② -25
③ -15
④ 7
⑤ 12

꼭 알아야 할 **개념** 📝

	1차	2차	시험 직전
이차함수 $y=ax^2+q$의 그래프 이해하기			
이차함수 $y=a(x-p)^2$의 그래프 이해하기			
이차함수 $y=a(x-p)^2+q$의 그래프 이해하기			

1 이차함수 $y=-3x^2+q$의 그래프가 점 $(2, -7)$을 지날 때, 꼭짓점의 좌표는? (단, q는 상수)

① $(0, -5)$ ② $(0, -4)$ ③ $(0, -3)$

④ $(0, 4)$ ⑤ $(0, 5)$

2 오른쪽 그림에서 포물선 (가)는 이차함수 $y=x^2-4$ 의 그래프와 x축에 대하여 서로 대칭이다. 두 점 A, C 는 각각의 그래프의 꼭짓점 이고, 두 점 B, D는 x축과 의 교점일 때, □ABCD의 넓이는?

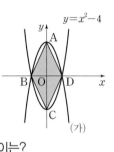

① 12   ② 16   ③ $4\sqrt{2}$

④ $10\sqrt{2}$ ⑤ 24

3 다음 중 이차함수 $y=5x^2$의 그래프를 x축의 방향으로 -2만큼 평행이동한 그래프에 대한 설명으로 옳은 것은?

① 꼭짓점은 y축 위에 있다.

② 제2, 3, 4사분면을 지난다.

③ y축과 만나는 점의 좌표는 $(0, -12)$이다.

④ $x>-2$일 때, x의 값이 증가하면 y의 값은 감소한다.

⑤ 이차함수 $y=5x^2+1$의 그래프를 평행이동하여 포갤 수 있다.

4 이차함수 $y=-\dfrac{3}{4}(x-p)^2$의 그래프의 꼭짓점이 일차함수 $y=-\dfrac{1}{2}x+3$의 그래프 위에 있을 때, 상수 p의 값은?

① -6 ② -3 ③ 0

④ 3 ⑤ 6

5 다음 중 이차함수 $y=\dfrac{1}{2}(x+3)^2-4$의 그래프에 대한 설명으로 옳은 것은?

① 꼭짓점의 좌표는 $(3, -4)$이다.

② 직선 $x=-3$을 축으로 한다.

③ 이차함수 $y=2(x+3)^2-4$의 그래프보다 폭이 좁다.

④ y축과 만나는 점의 좌표는 $(0, -4)$이다.

⑤ 이차함수 $y=\dfrac{1}{2}x^2$의 그래프를 x축의 방향으로 -3만큼 평행이동한 것이다.

6 이차함수 $y=-3(x+2)^2+1$의 그래프에서 x의 값이 증가하면 y의 값은 감소하는 x의 값의 범위는?

① $x>-2$ ② $x<-2$ ③ $x>-3$

④ $x<-3$ ⑤ $x<3$

7 오른쪽 그림은 일차함수 $y=ax+b$ 의 그래프이다. 다음 중 이차함수 $y=b(x+a)^2$의 그래프는?

(단, a, b는 상수)

①   ②   ③

④   ⑤

난 풀 수 있다. 고난도!!

도전 고난도

8 이차함수 $y=2(x+1)^2+q$의 그래프가 모든 사분면을 지나도록 하는 상수 q의 값의 범위를 구하시오.

08 이차함수 $y=ax^2+bx+c$의 그래프

학습날짜 : 　월　　일 / 학습결과 :

이차함수 $y=ax^2+bx+c$의 그래프는

1. 이차함수 $y=a(x-p)^2+q$의 꼴로 고쳐서 그린다. → 꼭짓점과 축의 방정식을 쉽게 알 수 있다.

2. $a>0$일 때는 아래로 볼록하고, $a<0$일 때는 위로 볼록한 포물선이다.

3. y축과 점 $(0,\ c)$에서 만난다.

예 이차함수 $y=x^2+6x+8$의 그래프는

$y=x^2+6x+8=(x^2+6x+9)-1=(x+3)^2-1$에서

① 꼭짓점의 좌표는 점 $(-3,\ -1)$이다.

② 축의 방정식은 $x=-3$이다.

③ y축과의 교점의 좌표는 점 $(0,\ 8)$이다.

④ 오른쪽 그림과 같이 아래로 볼록한 포물선이다.

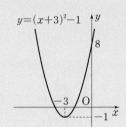

정답과 풀이 55쪽

[01~03] 다음은 이차함수를 $y=a(x-p)^2+q$의 꼴로 고치는 과정이다. □ 안에 알맞은 수를 쓰시오.

(단, a, p, q는 상수)

01
$$y=x^2-8x+18$$
$$=(x^2-8x+\boxed{}-\boxed{})+18$$
$$=(x^2-8x+\boxed{})+18-\boxed{}$$
$$=(x-\boxed{})^2+\boxed{}$$

TIP $x^2+2ax+a^2=(x+a)^2$임을 이용한다.

x의 계수의 $\frac{1}{2}$의 제곱

02
$$y=3x^2+6x+2$$
$$=3(x^2+2x+\boxed{}-\boxed{})+2$$
$$=3(x^2+2x+\boxed{})+2-\boxed{}$$
$$=3(x+\boxed{})^2-\boxed{}$$

03
$$y=-2x^2-12x+21$$
$$=-2(x^2+6x+\boxed{}-\boxed{})+21$$
$$=-2(x^2+6x+\boxed{})+21+\boxed{}$$
$$=-2(x+\boxed{})^2+\boxed{}$$

TIP 식을 전개할 때 이차항의 계수와 음의 부호 $(-)$에 주의한다.

[04~05] 다음 이차함수를 $y=a(x-p)^2+q$의 꼴로 고친 식을 완성하고, 그 그래프에 대하여 □ 안에 알맞은 것을 쓰시오. (단, a, p, q는 상수)

04 $y=x^2+4x-7=(x+\boxed{})^2-\boxed{}$

➡ 꼭짓점의 좌표 : $(\boxed{},\ \boxed{})$

축의 방정식 : $\boxed{}$

y축과의 교점의 좌표 : $(\boxed{},\ \boxed{})$

TIP 이차함수 $y=ax^2+bx+c$의 그래프와 y축과의 교점의 좌표는 $(0,\ c)$이다.

05 $y=-4x^2+8x+3=-4(x-\boxed{})^2+\boxed{}$

➡ 꼭짓점의 좌표 : $(\boxed{},\ \boxed{})$

축의 방정식 : $\boxed{}$

y축과의 교점의 좌표 : $(\boxed{},\ \boxed{})$

[06~11] 이차함수 $y=x^2+4x+1$에 대하여 □ 안에 알맞은 것을 쓰시오.

06 이차함수의 식을 $y=a(x-p)^2+q$의 꼴로 고치면
$y=x^2+4x+1=(x+\boxed{})^2-\boxed{}$ 이다.

(단, a, p, q는 상수)

07 이차함수 $y=x^2+4x+1$의 그래프는 이차함수 $y=x^2$의 그래프를 x축의 방향으로 $\boxed{}$만큼, y축의 방향으로 $\boxed{}$만큼 평행이동한 것이다.

08 꼭짓점의 좌표는 $(\boxed{}, \boxed{})$이고, 축의 방정식은 $\boxed{}$이다.

09 y축과의 교점의 좌표는 $(\boxed{}, \boxed{})$이다.

10 이차함수 $y=x^2+4x+1$의 그래프는 다음과 같다.

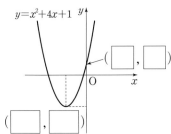

11 이차함수 $y=x^2+4x+1$의 그래프는 제$\boxed{}$사분면을 지나지 않는다.

[12~14] 이차함수 $y=x^2-6x+5$에 대하여 □ 안에 알맞은 수를 쓰고, 그 그래프를 좌표평면 위에 그리시오.

12 꼭짓점의 좌표는 $(\boxed{}, \boxed{})$이다.

13 y축과의 교점의 좌표는 $(\boxed{}, \boxed{})$이다.

14 이차함수 $y=x^2-6x+5$의 그래프를 그리시오.

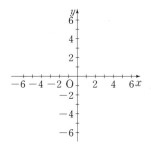

[15~17] 이차함수 $y=-2x^2-8x-4$에 대하여 □ 안에 알맞은 것을 쓰고, 그 그래프를 좌표평면 위에 그리시오.

15 꼭짓점의 좌표는 $\boxed{}$이고, 축의 방정식은 $\boxed{}$이다.

16 y축과의 교점의 좌표는 $\boxed{}$이다.

17 이차함수 $y=-2x^2-8x-4$의 그래프를 그리시오.

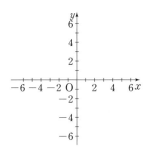

09 이차함수의 식 구하기(1)
– 꼭짓점과 한 점의 좌표를 알 때

학습날짜 :   월   일 / 학습결과 : 😊 😐 😣

이차함수의 그래프에서 꼭짓점의 좌표 (p, q)와 그래프 위의 한 점의 좌표를 알 때, 다음과 같은 순서로 이차함수의 식을 구할 수 있다.

❶ 이차함수 식을 $y=a(x-p)^2+q$로 놓는다. → 꼭짓점의 좌표를 이용해 식을 세운다.

❷ 한 점의 좌표를 ❶의 식에 대입하여 a의 값을 구한다.

예 꼭짓점의 좌표가 $(1, 5)$이고 점 $(0, 8)$을 지나는 포물선을 그래프로 하는 이차함수의 식을 구해 보자.

꼭짓점의 좌표가 $(1, 5)$이므로 $y=a(x-1)^2+5$로 놓고   ……❶ 과정

점 $(0, 8)$을 지나므로 $x=0$, $y=8$을 대입하면

$8=a+5$에서 $a=3$ ……❷ 과정

따라서 구하는 식은 $y=3(x-1)^2+5$이다. → 구한 식에 꼭짓점과 한 점의 좌표를 대입하여 확인해 본다.

참고 $y=3(x-1)^2+5$의 우변의 식을 전개하여 $y=3x^2-6x+8$로 나타낼 수도 있다.

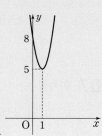

정답과 풀이 56쪽

[01~02] 다음과 같은 포물선을 그래프로 하는 이차함수의 식을 구하는 과정에 대하여 □ 안에 알맞은 것을 쓰시오.

01 꼭짓점의 좌표가 $(0, 3)$이고 점 $(1, 5)$를 지나는 포물선

> 꼭짓점의 좌표가 $(0, 3)$이므로 이차함수의 식을
> $y=a(x-\boxed{})^2+\boxed{}$으로 놓을 수 있다.
> 또, 점 $(1, 5)$를 지나므로
> $x=\boxed{}$, $y=\boxed{}$를 대입하면 $a=\boxed{}$
> 따라서 구하는 이차함수의 식은
> $\boxed{}$이다.

TIP 꼭짓점의 좌표가 (p, q)인 포물선을 그래프로 하는 이차함수의 식은 $y=a(x-p)^2+q$이다. (단, a는 상수)

02 꼭짓점의 좌표가 $(-3, 0)$이고 점 $(-1, -8)$을 지나는 포물선

> 꼭짓점의 좌표가 $(-3, 0)$이므로 이차함수의
> 식을 $y=a(x+\boxed{})^2$으로 놓을 수 있다.
> 또, 점 $(-1, -8)$을 지나므로
> $x=\boxed{}$, $y=\boxed{}$을 대입하면 $a=\boxed{}$
> 따라서 구하는 이차함수의 식은
> $y=\boxed{}(x+\boxed{})^2$이다.

[03~05] 다음 조건을 만족시키는 이차함수의 식을 $y=a(x-p)^2+q$의 꼴로 나타내시오. (단, a, p, q는 상수)

03 꼭짓점의 좌표가 $(4, -1)$이고 점 $(3, 1)$을 지나는 포물선 ➡ _____

04 꼭짓점의 좌표가 $(2, 0)$이고 점 $(3, 4)$를 지나는 포물선 ➡ _____

TIP 꼭짓점의 y좌표가 0인 이차함수의 그래프의 식은 $y=a(x-p)^2$의 꼴이다.

05 꼭짓점의 좌표가 $(0, 6)$이고 점 $(1, 5)$를 지나는 포물선 ➡ _____

TIP 꼭짓점의 x좌표가 0인 이차함수의 그래프의 식은 $y=ax^2+q$의 꼴이다.

[06~10] 다음 조건을 만족시키는 이차함수의 식을 $y=ax^2+bx+c$의 꼴로 나타내시오. (단, a, b, c는 상수)

06 꼭짓점의 좌표가 $(1, 2)$이고 점 $(-1, 6)$을 지나는 포물선 ➡ _____

> **TIP** 이차함수의 식을 $y=a(x-p)^2+q$의 꼴로 나타낸 후 우변을 전개한다.

07 꼭짓점의 좌표가 $(3, 0)$이고 점 $(0, 3)$을 지나는 포물선 ➡ _____

08 꼭짓점의 좌표가 $(0, -2)$이고 점 $(-2, 10)$을 지나는 포물선 ➡ _____

09 꼭짓점의 좌표가 $(-1, 3)$이고 점 $(1, 11)$을 지나는 포물선 ➡ _____

10 꼭짓점의 좌표가 $(4, -3)$이고 점 $\left(1, \dfrac{3}{2}\right)$을 지나는 포물선 ➡ _____

[11~13] 다음 이차함수의 그래프에 대하여 ☐ 안에 알맞은 수를 쓰시오.

11 꼭짓점의 좌표는

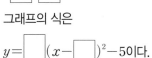

$(\ \boxed{}\ ,\ \boxed{}\ )$,

다른 한 점의 좌표는

$(\ \boxed{}\ ,\ \boxed{}\ )$이므로

그래프의 식은

$y=\boxed{}(x-\boxed{})^2-50$이다.

12 꼭짓점의 좌표는

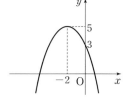

$(\ \boxed{}\ ,\ \boxed{}\ )$,

다른 한 점의 좌표는

$(\ \boxed{}\ ,\ \boxed{}\ )$이므로

그래프의 식은 $y=\boxed{}(x+2)^2+\boxed{}$이다.

13 꼭짓점의 좌표는

$(\ \boxed{}\ ,\ \boxed{}\ )$,

다른 한 점의 좌표는

$(\ \boxed{}\ ,\ \boxed{}\ )$이므로

그래프의 식은 $y=x^2+\boxed{}x+\boxed{}$이다.

10 이차함수의 식 구하기(2)
– 축과 두 점의 좌표를 알 때

학습날짜 :   월   일 / 학습결과 : 😊 😐 😣

이차함수의 그래프에서 축의 방정식 $x=p$와 그래프 위의 두 점의 좌표를 알 때, 다음과 같은 순서로 이차함수의 식을 구할 수 있다.

→ 꼭짓점의 x좌표가 p이다.

❶ 이차함수 식을 $y=a(x-p)^2+q$로 놓는다. → 축의 방정식만 알고, 꼭짓점의 y좌표는 모르므로 아직 q를 구할 수 없다.

❷ 두 점의 좌표를 ❶의 식에 대입하여 a와 q의 값을 각각 구한다.

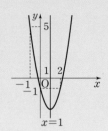

예 축의 방정식이 $x=1$이고 두 점 $(-1, 5)$, $(2, -1)$을 지나는 포물선을 그래프로 하는 이차함수의 식을 구해 보자.

축의 방정식이 $x=1$이므로 $y=a(x-1)^2+q$로 놓고   ……❶ 과정

점 $(-1, 5)$를 지나므로 $x=-1$, $y=5$를 대입하면 $5=4a+q$ …… ㉠

점 $(2, -1)$을 지나므로 $x=2$, $y=-1$을 대입하면 $-1=a+q$ …… ㉡

㉠, ㉡을 연립하여 풀면 $a=2$, $q=-3$ ……❷ 과정

따라서 구하는 식은 $y=2(x-1)^2-3$이다. → 구한 식에 두 점의 좌표를 대입하여 확인해 본다.

정답과 풀이 57쪽

01 다음은 축의 방정식이 $x=2$이고 두 점 $(-1, 14)$, $(1, 6)$을 지나는 포물선을 그래프로 하는 이차함수의 식을 구하는 과정이다. ☐ 안에 알맞은 것을 쓰시오.

> 축의 방정식이 $x=2$이므로 이차함수의 식을
> $y=a(x-\boxed{})^2+q$로 놓을 수 있다.
> 점 $(-1, 14)$를 지나므로
> $x=\boxed{}$, $y=\boxed{}$를 대입하면
> $\boxed{}=9a+q$ …… ㉠
> 또, 점 $(1, 6)$을 지나므로
> $x=\boxed{}$, $y=\boxed{}$을 대입하면
> $\boxed{}=a+q$ …… ㉡
> ㉠, ㉡을 연립하여 풀면
> $a=\boxed{}$, $q=\boxed{}$
> 따라서 구하는 이차함수의 식은
> $y=(\boxed{})^2+\boxed{}$이다.

TIP 축의 방정식을 이용하여 식을 세우고, 이 식에 두 점의 좌표를 각각 대입한다.

02 다음은 축의 방정식이 $x=-1$이고 두 점 $(0, 1)$, $(-3, -8)$을 지나는 포물선을 그래프로 하는 이차함수의 식을 구하는 과정이다. ☐ 안에 알맞은 수를 쓰시오.

> 축의 방정식이 $x=-1$이므로 이차함수의 식을
> $y=a(x+\boxed{})^2+q$로 놓을 수 있다.
> 점 $(0, 1)$을 지나므로
> $x=\boxed{}$, $y=\boxed{}$을 대입하면
> $\boxed{}=a+q$ …… ㉠
> 또, 점 $(-3, -8)$을 지나므로
> $x=\boxed{}$, $y=\boxed{}$을 대입하면
> $\boxed{}=4a+q$ …… ㉡
> ㉠, ㉡을 연립하여 풀면
> $a=\boxed{}$, $q=\boxed{}$
> 따라서 구하는 이차함수의 식은
> $y=\boxed{}(x+\boxed{})^2+\boxed{}$이다.

[03~05] 다음 조건을 만족시키는 이차함수의 식을 $y=a(x-p)^2+q$의 꼴로 나타내시오.

(단, a, p, q는 상수)

03 축의 방정식이 $x=3$이고 두 점 $(-1, 4)$, $(1, -2)$를 지나는 포물선 ➡ _____

04 축의 방정식이 $x=-2$이고 두 점 $(-2, -3)$, $(1, 15)$를 지나는 포물선 ➡ _____

05 축의 방정식이 $x=4$이고 두 점 $(2, 1)$, $(3, 4)$를 지나는 포물선 ➡ _____

[06~08] 다음 조건을 만족시키는 이차함수의 식을 $y=ax^2+bx+c$의 꼴로 나타내시오. (단, a, b, c는 상수)

06 축의 방정식이 $x=1$이고 두 점 $(0, 5)$, $(-1, 8)$을 지나는 포물선 ➡ _____

> **TIP** 주어진 조건을 만족하는 이차함수의 식을 $y=a(x-p)^2+q$로 나타낸 후 우변의 식을 전개한다.

07 축의 방정식이 $x=2$이고 두 점 $(-1, -18)$, $(1, -2)$를 지나는 포물선 ➡ _____

08 축의 방정식이 $x=0$이고 두 점 $(-1, -1)$, $(2, 11)$을 지나는 포물선 ➡ _____

[09~11] 다음 이차함수의 그래프에 대하여 ☐ 안에 알맞은 수를 쓰시오.

09 축의 방정식이 $x=0$이므로 $y=ax^2+q$ 그래프 위의 두 점의 좌표는 $(-4, \boxed{})$, $(2, \boxed{})$이므로 주어진 그래프의 식은 $y=\boxed{}x^2-\boxed{}$이다.

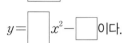

10 축의 방정식이 $x=\boxed{}$이므로 $y=a(x-\boxed{})^2+q$ 그래프 위의 두 점의 좌표는 $(0, \boxed{})$, $(3, \boxed{})$이므로 주어진 그래프의 식은 $y=x^2-\boxed{}x+\boxed{}$이다.

11 축의 방정식이 $x=\boxed{}$이므로 $y=a(x+\boxed{})^2+q$ 그래프 위의 두 점의 좌표는 $(0, \boxed{})$, $(1, \boxed{})$이므로 주어진 그래프의 식은 $y=\boxed{}x^2-\boxed{}x+\boxed{}$이다.

11 이차함수의 식 구하기(3) – 세 점의 좌표를 알 때

학습날짜 :   월   일 / 학습결과 : 😊 😕 😣

이차함수의 그래프에서 그래프 위의 세 점의 좌표를 알 때, 다음과 같은 순서로 이차함수의 식을 구할 수 있다.

❶ 이차함수 식을 $y=ax^2+bx+c$로 놓는다. ➡ y축과의 교점의 좌표를 먼저 대입하면 상수항 c를 쉽게 얻을 수 있다.

❷ 세 점의 좌표를 ❶의 식에 대입하여 a, b, c의 값을 각각 구한다.

예 세 점 $(0, 3)$, $(1, 4)$, $(-1, 6)$을 지나는 포물선을 그래프로 하는 이차함수의 식을 구해 보자.

구하는 이차함수의 식을 $y=ax^2+bx+c$로 놓고 ⋯⋯ ❶ 과정

점 $(0, 3)$을 지나므로 $x=0$, $y=3$을 대입하면 $c=3$

즉 $y=ax^2+bx+3$ ⋯⋯ ㉠

점 $(1, 4)$를 지나므로 ㉠에 $x=1$, $y=4$를 대입하면 $4=a+b+3$ ⋯⋯ ㉡

점 $(-1, 6)$을 지나므로 ㉠에 $x=-1$, $y=6$을 대입하면 $6=a-b+3$ ⋯⋯ ㉢

㉡, ㉢을 연립하여 풀면 $a=2$, $b=-1$ ⋯⋯ ❷ 과정

따라서 구하는 식은 $y=2x^2-x+3$이다. ➡ 구한 식에 세 점의 좌표를 대입하여 확인해 본다.

정답과 풀이 58쪽

---

01 다음은 세 점 $(0, 1)$, $(-1, -4)$, $(2, -1)$을 지나는 포물선을 그래프로 하는 이차함수의 식을 구하는 과정이다. ☐ 안에 알맞은 것을 쓰시오.

구하는 이차함수의 식을 $y=ax^2+bx+c$로 놓자.

이때 점 $(0, 1)$을 지나므로

$x=0$, $y=1$을 대입하면 $c=$☐

즉 $y=ax^2+bx+$☐ ⋯⋯ ㉠

또, 점 $(-1, -4)$를 지나므로 ㉠에

$x=-1$, $y=-4$를 대입하면

☐$=a-b+1$, 즉 $a-b=$☐ ⋯⋯ ㉡

또, 점 $(2, -1)$을 지나므로 ㉠에

$x=2$, $y=-1$을 대입하면

☐$=4a+2b+1$, 즉 $4a+2b=$☐ ⋯⋯ ㉢

㉡, ㉢을 연립하여 풀면

$a=$☐, $b=$☐

따라서 구하는 이차함수의 식은

$y=$☐ 이다.

---

02 다음은 세 점 $(0, 4)$, $(1, 1)$, $(2, 8)$을 지나는 포물선을 그래프로 하는 이차함수의 식을 구하는 과정이다. ☐ 안에 알맞은 것을 쓰시오.

구하는 이차함수의 식을 $y=ax^2+bx+c$로 놓자.

이때 점 $(0, 4)$를 지나므로

$x=$☐, $y=$☐를 대입하면 $c=$☐

즉 $y=ax^2+bx+$☐ ⋯⋯ ㉠

또, 점 $(1, 1)$을 지나므로 ㉠에

$x=$☐, $y=$☐을 대입하면

☐$=a+b+4$, 즉 $a+b=$☐ ⋯⋯ ㉡

또, 점 $(2, 8)$을 지나므로 ㉠에

$x=$☐, $y=$☐을 대입하면

☐$=4a+2b+4$, 즉 $4a+2b=$☐ ⋯⋯ ㉢

㉡, ㉢을 연립하여 풀면

$a=$☐, $b=$☐

따라서 구하는 이차함수의 식은

$y=$☐ 이다.

[03~06] 다음 조건을 만족시키는 이차함수의 식을
$y=ax^2+bx+c$의 꼴로 나타내시오. (단, a, b, c는 상수)

03 세 점 $(0, -2)$, $(-1, -1)$, $(1, 1)$을 지나는 포물선

➡ _____

> **TIP** 점 $(0, k)$가 이차함수 $y=ax^2+bx+c$의 그래프 위의 점이면 $c=k$이다.

04 세 점 $(0, -1)$, $(-2, 7)$, $(1, 4)$를 지나는 포물선

➡ _____

05 세 점 $(0, 5)$, $(-1, 1)$, $(3, 5)$를 지나는 포물선

➡ _____

06 세 점 $(0, -3)$, $(-2, -12)$, $(2, -10)$을 지나는 포물선

➡ _____

[07~09] 다음 이차함수의 그래프에 대하여 □ 안에 알맞은 것을 쓰시오.

07

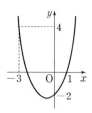

그래프가 세 점 $(0, \boxed{})$, $(1, \boxed{})$, $(-3, \boxed{})$를 지나는 포물선이므로 구하는 이차함수의 식은 $\boxed{}$이다.

08

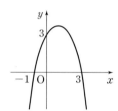

그래프가 세 점 $(0, \boxed{})$, $(-1, \boxed{})$, $(3, \boxed{})$을 지나는 포물선이므로 구하는 이차함수의 식은 $\boxed{}$이다.

09

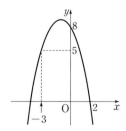

그래프가 세 점 $(0, \boxed{})$, $(2, \boxed{})$, $(-3, \boxed{})$를 지나는 포물선이므로 구하는 이차함수의 식은 $\boxed{}$이다.

08 이차함수 $y=ax^2+bx+c$의 그래프

1 이차함수 $y=3x^2-18x+26$을 $y=3(x-p)^2+q$의 꼴로 나타내었을 때, 상수 p, q에 대하여 $p+q$의 값은?

① -2　　　　② -1　　　　③ 0

④ 1　　　　⑤ 2

2 이차함수 $y=x^2+4x+5$의 그래프는 이차함수 $y=ax^2$의 그래프를 x축의 방향으로 m만큼, y축의 방향으로 n만큼 평행이동한 것이다. 이때 $a+m+n$의 값은? (단, a, m, n은 상수)

① -2　　　　② -1　　　　③ 0

④ 1　　　　⑤ 2

3 이차함수 $y=x^2-4x+b$의 그래프에서 꼭짓점의 좌표가 $(a, 2)$일 때, 상수 a, b에 대하여 $a+b$의 값은?

① 6　　　　② 7　　　　③ 8

④ 9　　　　⑤ 10

4 다음 중 이차함수 $y=-x^2+2x$의 그래프에 대한 설명으로 옳은 것은?

① 아래로 볼록한 포물선이다.

② 축의 방정식은 $x=1$이다.

③ 꼭짓점의 좌표는 $(-1, 1)$이다.

④ 모든 사분면을 지난다.

⑤ 이차함수 $y=-x^2$의 그래프를 x축의 방향으로 1만큼 평행이동한 것이다.

09 이차함수의 식 구하기(1)−꼭짓점과 한 점의 좌표를 알 때

5 이차함수의 그래프가 오른쪽 그림과 같을 때, 이차함수의 식을 $y=a(x-p)^2+q$의 꼴로 나타내면? (단, a, p, q는 상수)

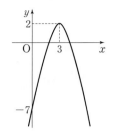

① $y=-(x+2)^2-7$

② $y=-(x+3)^2+2$

③ $y=(x+3)^2-7$

④ $y=-(x-3)^2+2$

⑤ $y=(x-3)^2+2$

6 꼭짓점의 좌표가 $(2, -2)$이고 점 $(3, 0)$을 지나는 이차함수의 그래프가 y축과 만나는 점의 좌표는?

① $(0, -3)$　　② $(0, 1)$　　③ $(0, 2)$

④ $(0, 5)$　　⑤ $(0, 6)$

10 이차함수의 식 구하기(2)−축과 두 점의 좌표를 알 때

7 오른쪽 그림은 이차함수 $y=ax^2+bx+c$의 그래프이다. 이때 $a+b+c$의 값은? (단, a, b, c는 상수)

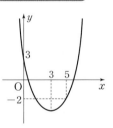

① -2　　② -1

③ 1　　④ 3

⑤ 5

11 이차함수의 식 구하기(3)−세 점의 좌표를 알 때

8 이차함수 $y=ax^2+bx+c$의 그래프가 세 점 $(0, 9)$, $(-1, 1)$, $(2, 13)$을 지날 때, 상수 b의 값은?

① -6　　　　② -4　　　　③ 2

④ 4　　　　⑤ 6

📝 **꼭** 알아야 할 개념 ✏️

	1차	2차	시험 직전
이차함수 $y=ax^2+bx+c$의 그래프 이해하기			
조건에 맞는 이차함수의 식 구하기			

1 다음 중 이차함수 $y=2x^2-8x+1$의 그래프에 대한 설명으로 옳은 것은?

① y축과 만나는 점의 좌표는 $(0, -7)$이다.
② 직선 $x=4$에 대하여 대칭이다.
③ 위로 볼록한 포물선이다.
④ 제1, 2, 3, 4사분면을 지난다.
⑤ $x<2$일 때, x의 값이 증가하면 y의 값은 감소한다.

2 두 이차함수 $y=3x^2-12x+5$와 $y=-2x^2+ax+b$의 그래프의 꼭짓점이 일치할 때, $a-b$의 값은? (단, a, b는 상수)

① 17   ② 19   ③ 21
④ 23   ⑤ 25

3 이차함수 $y=-2x^2+16x+k$의 그래프의 꼭짓점이 x축 위에 있을 때, 상수 k의 값은?

① -36 ② -32 ③ -28
④ -24 ⑤ -20

4 이차함수 $y=ax^2+12x+c$의 그래프가 이차함수 $y=3(x+b)^2+1$의 그래프와 일치할 때, $a+b+c$의 값은? (단, a, b, c는 상수)

① 10   ② 12   ③ 14
④ 16   ⑤ 18

5 이차함수 $y=-2x^2+4x$의 그래프를 x축의 방향으로 2만큼, y축의 방향으로 -3만큼 평행이동하면 점 $(6, a)$를 지날 때, 상수 a의 값은?

① -20 ② -19 ③ -18
④ -17 ⑤ -16

6 이차함수 $y=ax^2+bx+c$의 그래프가 오른쪽 그림과 같을 때, 다음 중 옳은 것은? (단, a, b, c는 상수)

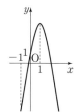

① $a>0$
② $b<0$
③ $bc>0$
④ $a+b+c<0$
⑤ $a-b+c>0$

7 이차함수 $y=ax^2+bx+c$의 그래프가 세 점 $(0, 3)$, $(-2, -1)$, $(1, 4)$를 지날 때, 꼭짓점의 좌표는? (단, a, b, c는 상수)

① $\left(2, \dfrac{10}{3}\right)$ ② $(2, 4)$ ③ $\left(2, \dfrac{13}{3}\right)$
④ $\left(\dfrac{7}{3}, \dfrac{13}{3}\right)$ ⑤ $\left(\dfrac{7}{3}, 5\right)$

난 풀 수 있다. 고난도!!

도전 고난도

8 오른쪽 그림은 이차함수 $y=-\dfrac{1}{2}x^2-4x-6$의 그래프이다. 꼭짓점을 A, x축과의 두 교점을 각각 B, C, y축과의 교점을 D 라고 할 때, □ABDC의 넓이를 구하시오.

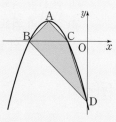

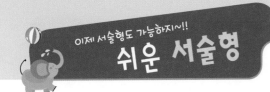
1 이차함수 $f(x)=2x^2-3x+a$에 대하여 $f(2)=3$일 때, 다음 물음에 답하시오.

(단, a는 상수)

(1) a의 값을 구하시오.
(2) $f(-1)$의 값을 구하시오.
(3) $f(3)$의 값을 구하시오.
(4) $a+f(-1)+f(3)$의 값을 구하시오.

풀이

2 이차함수 $y=-3x^2$의 그래프를 x축의 방향으로 -1만큼, y축의 방향으로 5만큼 평행이동한 그래프의 식을 $y=-3(x+p)^2+q$라고 할 때, 다음 물음에 답하시오.

(1) 상수 p, q의 값을 각각 구하시오.
(2) 꼭짓점의 좌표를 구하시오.
(3) y축과 만나는 점의 좌표를 구하시오.
(4) 이 이차함수의 그래프를 좌표평면 위에 그리시오.

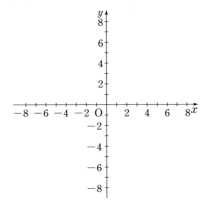

풀이

3 오른쪽 그림과 같이 이차함수 $y=-x^2+4x+12$의 그래프가 x축과 만나는 두 점을 각각 A, B, 꼭짓점을 C라고 할 때, 다음 물음에 답하시오.

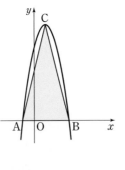

(1) 점 A의 좌표를 구하시오.
(2) 점 B의 좌표를 구하시오.
(3) 점 C의 좌표를 구하시오.
(4) △ABC의 넓이를 구하시오.

풀이

4 이차함수 $y=ax^2+bx+c$의 그래프가 오른쪽 그림과 같을 때, 다음 물음에 답하시오. (단, a, b, c는 상수)

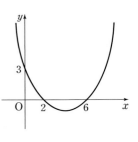

(1) c의 값을 구하시오.
(2) a, b의 값을 각각 구하시오.
(3) $a-b+c$의 값을 구하시오.

풀이

수	0	1	2	3	4	5	6	7	8	9
1.0	1.000	1.005	1.010	1.015	1.020	1.025	1.030	1.034	1.039	1.044
1.1	1.049	1.054	1.058	1.063	1.068	1.072	1.077	1.082	1.086	1.091
1.2	1.095	1.100	1.105	1.109	1.114	1.118	1.122	1.127	1.131	1.136
1.3	1.140	1.145	1.149	1.153	1.158	1.162	1.166	1.170	1.175	1.179
1.4	1.183	1.187	1.192	1.196	1.200	1.204	1.208	1.212	1.217	1.221
1.5	1.225	1.229	1.233	1.237	1.241	1.245	1.249	1.253	1.257	1.261
1.6	1.265	1.269	1.273	1.277	1.281	1.285	1.288	1.292	1.296	1.300
1.7	1.304	1.308	1.311	1.315	1.319	1.323	1.327	1.330	1.334	1.338
1.8	1.342	1.345	1.349	1.353	1.356	1.360	1.364	1.367	1.371	1.375
1.9	1.378	1.382	1.386	1.389	1.393	1.396	1.400	1.404	1.407	1.411
2.0	1.414	1.418	1.421	1.425	1.428	1.432	1.435	1.439	1.442	1.446
2.1	1.449	1.453	1.456	1.459	1.463	1.466	1.470	1.473	1.476	1.480
2.2	1.483	1.487	1.490	1.493	1.497	1.500	1.503	1.507	1.510	1.513
2.3	1.517	1.520	1.523	1.526	1.530	1.533	1.536	1.539	1.543	1.546
2.4	1.549	1.552	1.556	1.559	1.562	1.565	1.568	1.572	1.575	1.578
2.5	1.581	1.584	1.587	1.591	1.594	1.597	1.600	1.603	1.606	1.609
2.6	1.612	1.616	1.619	1.622	1.625	1.628	1.631	1.634	1.637	1.640
2.7	1.643	1.646	1.649	1.652	1.655	1.658	1.661	1.664	1.667	1.670
2.8	1.673	1.676	1.679	1.682	1.685	1.688	1.691	1.694	1.697	1.700
2.9	1.703	1.706	1.709	1.712	1.715	1.718	1.720	1.723	1.726	1.729
3.0	1.732	1.735	1.738	1.741	1.744	1.746	1.749	1.752	1.755	1.758
3.1	1.761	1.764	1.766	1.769	1.772	1.775	1.778	1.780	1.783	1.786
3.2	1.789	1.792	1.794	1.797	1.800	1.803	1.806	1.808	1.811	1.814
3.3	1.817	1.819	1.822	1.825	1.828	1.830	1.833	1.836	1.838	1.841
3.4	1.844	1.847	1.849	1.852	1.855	1.857	1.860	1.863	1.865	1.868
3.5	1.871	1.873	1.876	1.879	1.881	1.884	1.887	1.889	1.892	1.895
3.6	1.897	1.900	1.903	1.905	1.908	1.910	1.913	1.916	1.918	1.921
3.7	1.924	1.926	1.929	1.931	1.934	1.936	1.939	1.942	1.944	1.947
3.8	1.949	1.952	1.954	1.957	1.960	1.962	1.965	1.967	1.970	1.972
3.9	1.975	1.977	1.980	1.982	1.985	1.987	1.990	1.992	1.995	1.997
4.0	2.000	2.002	2.005	2.007	2.010	2.012	2.015	2.017	2.020	2.022
4.1	2.025	2.027	2.030	2.032	2.035	2.037	2.040	2.042	2.045	2.047
4.2	2.049	2.052	2.054	2.057	2.059	2.062	2.064	2.066	2.069	2.071
4.3	2.074	2.076	2.078	2.081	2.083	2.086	2.088	2.090	2.093	2.095
4.4	2.098	2.100	2.102	2.105	2.107	2.110	2.112	2.114	2.117	2.119
4.5	2.121	2.124	2.126	2.128	2.131	2.133	2.135	2.138	2.140	2.142
4.6	2.145	2.147	2.149	2.152	2.154	2.156	2.159	2.161	2.163	2.166
4.7	2.168	2.170	2.173	2.175	2.177	2.179	2.182	2.184	2.186	2.189
4.8	2.191	2.193	2.195	2.198	2.200	2.202	2.205	2.207	2.209	2.211
4.9	2.214	2.216	2.218	2.220	2.223	2.225	2.227	2.229	2.232	2.234
5.0	2.236	2.238	2.241	2.243	2.245	2.247	2.249	2.252	2.254	2.256
5.1	2.258	2.261	2.263	2.265	2.267	2.269	2.272	2.274	2.276	2.278
5.2	2.280	2.283	2.285	2.287	2.289	2.291	2.293	2.296	2.298	2.300
5.3	2.302	2.304	2.307	2.309	2.311	2.313	2.315	2.317	2.319	2.322
5.4	2.324	2.326	2.328	2.330	2.332	2.335	2.337	2.339	2.341	2.343

제곱근표 ❷

수	0	1	2	3	4	5	6	7	8	9
5.5	2.345	2.347	2.349	2.352	2.354	2.356	2.358	2.360	2.362	2.364
5.6	2.366	2.369	2.371	2.373	2.375	2.377	2.379	2.381	2.383	2.385
5.7	2.387	2.390	2.392	2.394	2.396	2.398	2.400	2.402	2.404	2.406
5.8	2.408	2.410	2.412	2.415	2.417	2.419	2.421	2.423	2.425	2.427
5.9	2.429	2.431	2.433	2.435	2.437	2.439	2.441	2.443	2.445	2.447
6.0	2.449	2.452	2.454	2.456	2.458	2.460	2.462	2.464	2.466	2.468
6.1	2.470	2.472	2.474	2.476	2.478	2.480	2.482	2.484	2.486	2.488
6.2	2.490	2.492	2.494	2.496	2.498	2.500	2.502	2.504	2.506	2.508
6.3	2.510	2.512	2.514	2.516	2.518	2.520	2.522	2.524	2.526	2.528
6.4	2.530	2.532	2.534	2.536	2.538	2.540	2.542	2.544	2.546	2.548
6.5	2.550	2.551	2.553	2.555	2.557	2.559	2.561	2.563	2.565	2.567
6.6	2.569	2.571	2.573	2.575	2.577	2.579	2.581	2.583	2.585	2.587
6.7	2.588	2.590	2.592	2.594	2.596	2.598	2.600	2.602	2.604	2.606
6.8	2.608	2.610	2.612	2.613	2.615	2.617	2.619	2.621	2.623	2.625
6.9	2.627	2.629	2.631	2.632	2.634	2.636	2.638	2.640	2.642	2.644
7.0	2.646	2.648	2.650	2.651	2.653	2.655	2.657	2.659	2.661	2.663
7.1	2.665	2.666	2.668	2.670	2.672	2.674	2.676	2.678	2.680	2.681
7.2	2.683	2.685	2.687	2.689	2.691	2.693	2.694	2.696	2.698	2.700
7.3	2.702	2.704	2.706	2.707	2.709	2.711	2.713	2.715	2.717	2.718
7.4	2.720	2.722	2.724	2.726	2.728	2.729	2.731	2.733	2.735	2.737
7.5	2.739	2.740	2.742	2.744	2.746	2.748	2.750	2.751	2.753	2.755
7.6	2.757	2.759	2.760	2.762	2.764	2.766	2.768	2.769	2.771	2.773
7.7	2.775	2.777	2.778	2.780	2.782	2.784	2.786	2.787	2.789	2.791
7.8	2.793	2.795	2.796	2.798	2.800	2.802	2.804	2.805	2.807	2.809
7.9	2.811	2.812	2.814	2.816	2.818	2.820	2.821	2.823	2.825	2.827
8.0	2.828	2.830	2.832	2.834	2.835	2.837	2.839	2.841	2.843	2.844
8.1	2.846	2.848	2.850	2.851	2.853	2.855	2.857	2.858	2.860	2.862
8.2	2.864	2.865	2.867	2.869	2.871	2.872	2.874	2.876	2.877	2.879
8.3	2.881	2.883	2.884	2.886	2.888	2.890	2.891	2.893	2.895	2.897
8.4	2.898	2.900	2.902	2.903	2.905	2.907	2.909	2.910	2.912	2.914
8.5	2.915	2.917	2.919	2.921	2.922	2.924	2.926	2.927	2.929	2.931
8.6	2.933	2.934	2.936	2.938	2.939	2.941	2.943	2.944	2.946	2.948
8.7	2.950	2.951	2.953	2.955	2.956	2.958	2.960	2.961	2.963	2.965
8.8	2.966	2.968	2.970	2.972	2.973	2.975	2.977	2.978	2.980	2.982
8.9	2.983	2.985	2.987	2.988	2.990	2.992	2.993	2.995	2.997	2.998
9.0	3.000	3.002	3.003	3.005	3.007	3.008	3.010	3.012	3.013	3.015
9.1	3.017	3.018	3.020	3.022	3.023	3.025	3.027	3.028	3.030	3.032
9.2	3.033	3.035	3.036	3.038	3.040	3.041	3.043	3.045	3.046	3.048
9.3	3.050	3.051	3.053	3.055	3.056	3.058	3.059	3.061	3.063	3.064
9.4	3.066	3.068	3.069	3.071	3.072	3.074	3.076	3.077	3.079	3.081
9.5	3.082	3.084	3.085	3.087	3.089	3.090	3.092	3.094	3.095	3.097
9.6	3.098	3.100	3.102	3.103	3.105	3.106	3.108	3.110	3.111	3.113
9.7	3.114	3.116	3.118	3.119	3.121	3.122	3.124	3.126	3.127	3.129
9.8	3.130	3.132	3.134	3.135	3.137	3.138	3.140	3.142	3.143	3.145
9.9	3.146	3.148	3.150	3.151	3.153	3.154	3.156	3.158	3.159	3.161

제곱근표 ③

수	0	1	2	3	4	5	6	7	8	9
10	3.162	3.178	3.194	3.209	3.225	3.240	3.256	3.271	3.286	3.302
11	3.317	3.332	3.347	3.362	3.376	3.391	3.406	3.421	3.435	3.450
12	3.464	3.479	3.493	3.507	3.521	3.536	3.550	3.564	3.578	3.592
13	3.606	3.619	3.633	3.647	3.661	3.674	3.688	3.701	3.715	3.728
14	3.742	3.755	3.768	3.782	3.795	3.808	3.821	3.834	3.847	3.860
15	3.873	3.886	3.899	3.912	3.924	3.937	3.950	3.962	3.975	3.987
16	4.000	4.012	4.025	4.037	4.050	4.062	4.074	4.087	4.099	4.111
17	4.123	4.135	4.147	4.159	4.171	4.183	4.195	4.207	4.219	4.231
18	4.243	4.254	4.266	4.278	4.290	4.301	4.313	4.324	4.336	4.347
19	4.359	4.370	4.382	4.393	4.405	4.416	4.427	4.438	4.450	4.461
20	4.472	4.483	4.494	4.506	4.517	4.528	4.539	4.550	4.561	4.572
21	4.583	4.593	4.604	4.615	4.626	4.637	4.648	4.658	4.669	4.680
22	4.690	4.701	4.712	4.722	4.733	4.743	4.754	4.764	4.775	4.785
23	4.796	4.806	4.817	4.827	4.837	4.848	4.858	4.868	4.879	4.889
24	4.899	4.909	4.919	4.930	4.940	4.950	4.960	4.970	4.980	4.990
25	5.000	5.010	5.020	5.030	5.040	5.050	5.060	5.070	5.079	5.089
26	5.099	5.109	5.119	5.128	5.138	5.148	5.158	5.167	5.177	5.187
27	5.196	5.206	5.215	5.225	5.235	5.244	5.254	5.263	5.273	5.282
28	5.292	5.301	5.310	5.320	5.329	5.339	5.348	5.357	5.367	5.376
29	5.385	5.394	5.404	5.413	5.422	5.431	5.441	5.450	5.459	5.468
30	5.477	5.486	5.495	5.505	5.514	5.523	5.532	5.541	5.550	5.559
31	5.568	5.577	5.586	5.595	5.604	5.612	5.621	5.630	5.639	5.648
32	5.657	5.666	5.675	5.683	5.692	5.701	5.710	5.718	5.727	5.736
33	5.745	5.753	5.762	5.771	5.779	5.788	5.797	5.805	5.814	5.822
34	5.831	5.840	5.848	5.857	5.865	5.874	5.882	5.891	5.899	5.908
35	5.916	5.925	5.933	5.941	5.950	5.958	5.967	5.975	5.983	5.992
36	6.000	6.008	6.017	6.025	6.033	6.042	6.050	6.058	6.066	6.075
37	6.083	6.091	6.099	6.107	6.116	6.124	6.132	6.140	6.148	6.156
38	6.164	6.173	6.181	6.189	6.197	6.205	6.213	6.221	6.229	6.237
39	6.245	6.253	6.261	6.269	6.277	6.285	6.293	6.301	6.309	6.317
40	6.325	6.332	6.340	6.348	6.356	6.364	6.372	6.380	6.387	6.395
41	6.403	6.411	6.419	6.427	6.434	6.442	6.450	6.458	6.465	6.473
42	6.481	6.488	6.496	6.504	6.512	6.519	6.527	6.535	6.542	6.550
43	6.557	6.565	6.573	6.580	6.588	6.595	6.603	6.611	6.618	6.626
44	6.633	6.641	6.648	6.656	6.663	6.671	6.678	6.686	6.693	6.701
45	6.708	6.716	6.723	6.731	6.738	6.745	6.753	6.760	6.768	6.775
46	6.782	6.790	6.797	6.804	6.812	6.819	6.826	6.834	6.841	6.848
47	6.856	6.863	6.870	6.877	6.885	6.892	6.899	6.907	6.914	6.921
48	6.928	6.935	6.943	6.950	6.957	6.964	6.971	6.979	6.986	6.993
49	7.000	7.007	7.014	7.021	7.029	7.036	7.043	7.050	7.057	7.064
50	7.071	7.078	7.085	7.092	7.099	7.106	7.113	7.120	7.127	7.134
51	7.141	7.148	7.155	7.162	7.169	7.176	7.183	7.190	7.197	7.204
52	7.211	7.218	7.225	7.232	7.239	7.246	7.253	7.259	7.266	7.273
53	7.280	7.287	7.294	7.301	7.308	7.314	7.321	7.328	7.335	7.342
54	7.348	7.355	7.362	7.369	7.376	7.382	7.389	7.396	7.403	7.409

수	0	1	2	3	4	5	6	7	8	9
55	7.416	7.423	7.430	7.436	7.443	7.450	7.457	7.463	7.470	7.477
56	7.483	7.490	7.497	7.503	7.510	7.517	7.523	7.530	7.537	7.543
57	7.550	7.556	7.563	7.570	7.576	7.583	7.589	7.596	7.603	7.609
58	7.616	7.622	7.629	7.635	7.642	7.649	7.655	7.662	7.668	7.675
59	7.681	7.688	7.694	7.701	7.707	7.714	7.720	7.727	7.733	7.740
60	7.746	7.752	7.759	7.765	7.772	7.778	7.785	7.791	7.797	7.804
61	7.810	7.817	7.823	7.829	7.836	7.842	7.849	7.855	7.861	7.868
62	7.874	7.880	7.887	7.893	7.899	7.906	7.912	7.918	7.925	7.931
63	7.937	7.944	7.950	7.956	7.962	7.969	7.975	7.981	7.987	7.994
64	8.000	8.006	8.012	8.019	8.025	8.031	8.037	8.044	8.050	8.056
65	8.062	8.068	8.075	8.081	8.087	8.093	8.099	8.106	8.112	8.118
66	8.124	8.130	8.136	8.142	8.149	8.155	8.161	8.167	8.173	8.179
67	8.185	8.191	8.198	8.204	8.210	8.216	8.222	8.228	8.234	8.240
68	8.246	8.252	8.258	8.264	8.270	8.276	8.283	8.289	8.295	8.301
69	8.307	8.313	8.319	8.325	8.331	8.337	8.343	8.349	8.355	8.361
70	8.367	8.373	8.379	8.385	8.390	8.396	8.402	8.408	8.414	8.420
71	8.426	8.432	8.438	8.444	8.450	8.456	8.462	8.468	8.473	8.479
72	8.485	8.491	8.497	8.503	8.509	8.515	8.521	8.526	8.532	8.538
73	8.544	8.550	8.556	8.562	8.567	8.573	8.579	8.585	8.591	8.597
74	8.602	8.608	8.614	8.620	8.626	8.631	8.637	8.643	8.649	8.654
75	8.660	8.666	8.672	8.678	8.683	8.689	8.695	8.701	8.706	8.712
76	8.718	8.724	8.729	8.735	8.741	8.746	8.752	8.758	8.764	8.769
77	8.775	8.781	8.786	8.792	8.798	8.803	8.809	8.815	8.820	8.826
78	8.832	8.837	8.843	8.849	8.854	8.860	8.866	8.871	8.877	8.883
79	8.888	8.894	8.899	8.905	8.911	8.916	8.922	8.927	8.933	8.939
80	8.944	8.950	8.955	8.961	8.967	8.972	8.978	8.983	8.989	8.994
81	9.000	9.006	9.011	9.017	9.022	9.028	9.033	9.039	9.044	9.050
82	9.055	9.061	9.066	9.072	9.077	9.083	9.088	9.094	9.099	9.105
83	9.110	9.116	9.121	9.127	9.132	9.138	9.143	9.149	9.154	9.160
84	9.165	9.171	9.176	9.182	9.187	9.192	9.198	9.203	9.209	9.214
85	9.220	9.225	9.230	9.236	9.241	9.247	9.252	9.257	9.263	9.268
86	9.274	9.279	9.284	9.290	9.295	9.301	9.306	9.311	9.317	9.322
87	9.327	9.333	9.338	9.343	9.349	9.354	9.359	9.365	9.370	9.375
88	9.381	9.386	9.391	9.397	9.402	9.407	9.413	9.418	9.423	9.429
89	9.434	9.439	9.445	9.450	9.455	9.460	9.466	9.471	9.476	9.482
90	9.487	9.492	9.497	9.503	9.508	9.513	9.518	9.524	9.529	9.534
91	9.539	9.545	9.550	9.555	9.560	9.566	9.571	9.576	9.581	9.586
92	9.592	9.597	9.602	9.607	9.612	9.618	9.623	9.628	9.633	9.638
93	9.644	9.649	9.654	9.659	9.664	9.670	9.675	9.680	9.685	9.690
94	9.695	9.701	9.706	9.711	9.716	9.721	9.726	9.731	9.737	9.742
95	9.747	9.752	9.757	9.762	9.767	9.772	9.778	9.783	9.788	9.793
96	9.798	9.803	9.808	9.813	9.818	9.823	9.829	9.834	9.839	9.844
97	9.849	9.854	9.859	9.864	9.869	9.874	9.879	9.884	9.889	9.894
98	9.899	9.905	9.910	9.915	9.920	9.925	9.930	9.935	9.940	9.945
99	9.950	9.955	9.960	9.965	9.970	9.975	9.980	9.985	9.990	9.995

MEMO

MEMO

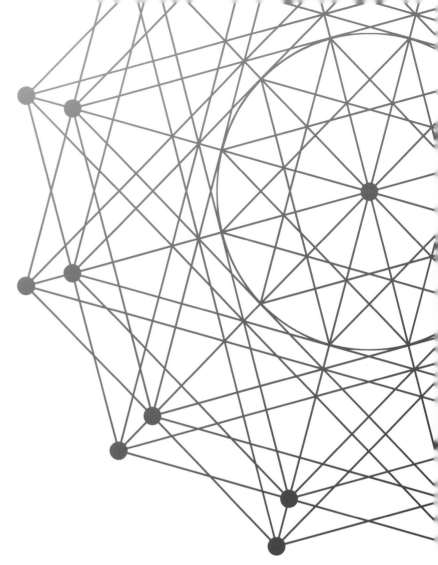

고등
예비
과정

개정 교육과정
새 교과서 반영

중3 겨울방학,
고교 입학전에 꼭 봐야 하는
EBS 필수 아이템!

−고등학교 새 학년에 배우는 **주요 개념들을 일목요연하게 정리**

−**단기간에 쉽게** 학습할 수 있도록 구성

−학교 시험에 쉽게 적응할 수 있는 필수 유형

−내신 대비 서술형·주관식 문항 강화

국어 / 수학 / 영어 / 사회 / 과학 / 한국사

필독

중학 국어로 수능 잡기

✦ **필독** 중학 국어로 수능 잡기 시리즈

| 문학 | 비문학 독해 | 문법 | 교과서 시 | 교과서 소설 |

EBS

중학도 역시 EBS

하루 한 장으로
규칙적인 수학 습관을 기르자!

한장
수학

중학 수학 3(상)

전체 단원 100% 무료 강의 제공
mid.ebs.co.kr(인터넷)

정답과 풀이

정답과 풀이

Ⅰ 실수와 그 연산

본문 8쪽

01 제곱근의 뜻

01 16, 16, 4, −4	**02** 제곱근, $\dfrac{1}{9}$, $\dfrac{1}{3}$, $-\dfrac{1}{3}$
03 2, −2　**04** 0	**05** 9, −9　**06** $\dfrac{2}{5}$, $-\dfrac{2}{5}$
07 $\dfrac{7}{10}$, $-\dfrac{7}{10}$	**08** 0.6, −0.6
09 0.8, −0.8	**10** ○　　**11** ×
12 ×　　**13** ○	**14** ○

01 16의 제곱근
　➡ 제곱하여 $\boxed{16}$ 이 되는 수
　➡ $x^2=\boxed{16}$ 을 만족시키는 x의 값
　➡ $x=\boxed{4}$, $x=\boxed{-4}$

02 제곱하여 $\dfrac{1}{9}$이 되는 수
　➡ $\dfrac{1}{9}$ 의 $\boxed{제곱근}$
　➡ $x^2=\boxed{\dfrac{1}{9}}$ 을 만족시키는 x의 값
　➡ $x=\boxed{\dfrac{1}{3}}$, $x=\boxed{-\dfrac{1}{3}}$

03 $2^2=(-2)^2=4$이므로 4의 제곱근은 2와 −2이다.

04 $0^2=0$이므로 0의 제곱근은 0이다.

05 $9^2=(-9)^2=81$이므로 81의 제곱근은 9와 −9이다.

06 $\left(\dfrac{2}{5}\right)^2=\left(-\dfrac{2}{5}\right)^2=\dfrac{4}{25}$이므로 $\dfrac{4}{25}$의 제곱근은 $\dfrac{2}{5}$와 $-\dfrac{2}{5}$이다.

07 $\left(\dfrac{7}{10}\right)^2=\left(-\dfrac{7}{10}\right)^2=\dfrac{49}{100}$ 이므로 $\dfrac{49}{100}$ 의 제곱근은 $\dfrac{7}{10}$ 과 $-\dfrac{7}{10}$이다.

08 $0.6^2=(-0.6)^2=0.36$이므로 0.36의 제곱근은 0.6과 −0.6이다.

09 $0.8^2=(-0.8)^2=0.64$이므로 0.64의 제곱근은 0.8과 −0.8이다.

10 $12^2=(-12)^2=144$이므로 144의 제곱근은 12와 −12이다.

11 양수의 제곱근은 2개, 0의 제곱근은 1개, 음수의 제곱근은 생각하지 않는다.

12 음수의 제곱근은 생각하지 않는다.

13 0의 제곱근은 0으로 1개이다.

14 $(-4)^2=16=4^2$이므로 $(-4)^2$의 제곱근은 4와 −4이다.

본문 9쪽

02 제곱근의 표현

01 $\pm\sqrt{7}$	**02** $\pm\sqrt{12}$	**03** $\pm\sqrt{21}$	**04** $\pm\sqrt{\dfrac{2}{3}}$
05 $\pm\sqrt{\dfrac{1}{20}}$	**06** $\pm\sqrt{0.2}$	**07** $\pm\sqrt{0.03}$	**08** $\pm\sqrt{8}$
09 $\pm\sqrt{\dfrac{7}{6}}$	**10** $\sqrt{24}$	**11** $-\sqrt{\dfrac{1}{15}}$	**12** $\sqrt{8}$
13 $\sqrt{\dfrac{5}{4}}$	**14** 9	**15** $\dfrac{7}{4}$	**16** −0.2

01 7의 제곱근은 $\pm\sqrt{7}$이다.

02 12의 제곱근은 $\pm\sqrt{12}$이다.

03 21의 제곱근은 $\pm\sqrt{21}$이다.

04 $\dfrac{2}{3}$의 제곱근은 $\pm\sqrt{\dfrac{2}{3}}$ 이다.

05 $\dfrac{1}{20}$의 제곱근은 $\pm\sqrt{\dfrac{1}{20}}$이다.

06 0.2의 제곱근은 $\pm\sqrt{0.2}$이다.

07 0.03의 제곱근은 $\pm\sqrt{0.03}$이다.

08 8의 제곱근은 $\pm\sqrt{8}$이다.

09 $\dfrac{7}{6}$의 제곱근은 $\pm\sqrt{\dfrac{7}{6}}$이다.

10 24의 양의 제곱근은 $\sqrt{24}$이다.

11 $\dfrac{1}{15}$의 음의 제곱근은 $-\sqrt{\dfrac{1}{15}}$이다.

12 제곱근 8은 8의 양의 제곱근이므로 $\sqrt{8}$이다.

13 제곱근 $\dfrac{5}{4}$는 $\dfrac{5}{4}$의 양의 제곱근이므로 $\sqrt{\dfrac{5}{4}}$이다.

14 81의 제곱근은 ± 9이고, $\sqrt{81}$은 81의 양의 제곱근이므로 $\sqrt{81}=9$

15 $\dfrac{49}{16}$의 제곱근은 $\pm\dfrac{7}{4}$이고, $\sqrt{\dfrac{49}{16}}$는 $\dfrac{49}{16}$의 양의 제곱근이므로 $\sqrt{\dfrac{49}{16}}=\dfrac{7}{4}$

16 0.04의 제곱근은 ± 0.2이고, $-\sqrt{0.04}$는 0.04의 음의 제곱근이므로 $-\sqrt{0.04}=-0.2$

본문 10쪽

03 제곱근의 성질

01 2, 2, 2	**02** 5, 5, 5	**03** 3	**04** 6
05 -11	**06** $\dfrac{8}{3}$	**07** 0.4	**08** 13
09 10	**10** -8	**11** $\dfrac{2}{5}$	**12** 0.7
13 13	**14** 6	**15** 4	**16** 15
17 3			

01 $\sqrt{2}$, $-\sqrt{2}$는 $\boxed{2}$의 제곱근이므로
$(\sqrt{2})^2=\boxed{2}$, $(-\sqrt{2})^2=\boxed{2}$

02 $5^2=25$, $(-5)^2=25$이고, 25의 양의 제곱근은 $\boxed{5}$이므로
$\sqrt{5^2}=\boxed{5}$, $\sqrt{(-5)^2}=\boxed{5}$

03 $(\sqrt{3})^2=3$

04 $(-\sqrt{6})^2=6$

05 $-(\sqrt{11})^2=-11$

06 $\left(-\sqrt{\dfrac{8}{3}}\right)^2=\dfrac{8}{3}$

07 $(\sqrt{0.4})^2=0.4$

08 $\sqrt{13^2}=13$

09 $\sqrt{(-10)^2}=10$

10 $-\sqrt{8^2}=-8$

11 $\sqrt{\left(\dfrac{2}{5}\right)^2}=\dfrac{2}{5}$

12 $\sqrt{(-0.7)^2}=0.7$

13 $(\sqrt{2})^2+(-\sqrt{11})^2=2+11=13$

14 $\sqrt{15^2}-\sqrt{(-9)^2}=15-9=6$

15 $\sqrt{(-6)^2}\times\left(-\sqrt{\dfrac{2}{3}}\right)^2=6\times\dfrac{2}{3}=4$

16 $\sqrt{12^2}\div\sqrt{\left(-\dfrac{4}{5}\right)^2}=12\div\dfrac{4}{5}=12\times\dfrac{5}{4}=15$

17 $(-\sqrt{2})^2-\sqrt{49}+\sqrt{(-8)^2}=2-7+8=3$

본문 11쪽

04 제곱근의 성질을 이용한 식의 계산

01 $>$, a	**02** $>$, $2a$	**03** $<$, a	**04** $<$, $3a$
05 $<$, $-a$	**06** $<$, $-3a$	**07** $>$, $-a$	**08** $>$, $-2a$
09 $>$, $<$, $5a$		**10** $<$, $>$, $-a$	
11 $<$, $>$, $-7a$		**12** $<$, $>$, $-3a$	
13 $x-1$	**14** $-x+1$		

01 $a\boxed{>}0$이므로 $\sqrt{a^2}=a$

02 $2a\boxed{>}0$이므로 $\sqrt{(2a)^2}=2a$

03 $-a\boxed{<}0$이므로 $\sqrt{(-a)^2}=-(-a)=a$

04 $-3a\boxed{<}0$이므로 $\sqrt{(-3a)^2}=-(-3a)=3a$

05 $a\boxed{<}0$이므로 $\sqrt{a^2}=-a$

06 $3a\boxed{<}0$이므로 $\sqrt{(3a)^2}=-3a$

07 $-a\boxed{>}0$이므로 $\sqrt{(-a)^2}=-a$

08 $-2a\boxed{>}0$이므로 $\sqrt{(-2a)^2}=-2a$

09 $4a\boxed{>}0$, $-a\boxed{<}0$이므로

$\sqrt{(4a)^2}+\sqrt{(-a)^2}=4a-(-a)=4a+a=5a$

10 $-2a\boxed{<}0$, $3a\boxed{>}0$이므로

$\sqrt{(-2a)^2}-\sqrt{(3a)^2}=-(-2a)-3a$
$=2a-3a=-a$

11 $2a\boxed{<}0$, $-5a\boxed{>}0$이므로

$\sqrt{(2a)^2}+\sqrt{(-5a)^2}=-2a-5a=-7a$

12 $6a\boxed{<}0$, $-3a\boxed{>}0$이므로

$\sqrt{(6a)^2}-\sqrt{(-3a)^2}=-6a-(-3a)$
$=-6a+3a=-3a$

13 $x>1$일 때 $x-1>0$이므로

$\sqrt{(x-1)^2}=x-1$

14 $x<1$일 때 $x-1<0$이므로

$\sqrt{(x-1)^2}=-(x-1)=-x+1$

본문 12쪽

05 $\sqrt{ax}$, $\sqrt{\dfrac{a}{x}}$, $\sqrt{a\pm x}$가 자연수가 될 조건

01 2, 2, 2	02 3	03 5	04 3, 3
05 7	06 5	07 16, 16, 5, 5	
08 7	09 9, 9, 3, 3	10 5	

01 $18x$를 소인수분해하면 $18x=\boxed{2}\times3^2\times x$이고 소인수의 지수가 모두 짝수가 되게 하는 자연수 x는 $\boxed{2}\times$(자연수)^{2}의 꼴이다. 따라서 가장 작은 자연수 x의 값은 $\boxed{2}$이다.

02 $12x$를 소인수분해하면 $12x=2^2\times3\times x$이고 소인수의 지수가 모두 짝수가 되게 하는 자연수 x는 $3\times$(자연수)^{2}의 꼴이다. 따라서 가장 작은 자연수 x의 값은 3이다.

03 $20x$를 소인수분해하면 $20x=2^2\times5\times x$이고 소인수의 지수가 모두 짝수가 되게 하는 자연수 x는 $5\times$(자연수)^{2}의 꼴이다. 따라서 가장 작은 자연수 x의 값은 5이다.

04 $\dfrac{12}{x}=\dfrac{2^2\times\boxed{3}}{x}$이므로 $\sqrt{\dfrac{12}{x}}$를 자연수가 되게 하는 가장 작은 자연수 x의 값은 $\boxed{3}$이다.

---

05 $\dfrac{28}{x}=\dfrac{2^2\times7}{x}$이므로 $\sqrt{\dfrac{28}{x}}$을 자연수가 되게 하는 가장 작은 자연수 x의 값은 7이다.

06 $\dfrac{45}{x}=\dfrac{3^2\times5}{x}$이므로 $\sqrt{\dfrac{45}{x}}$를 자연수가 되게 하는 가장 작은 자연수 x의 값은 5이다.

07 11보다 큰 자연수의 제곱인 수는 $\boxed{16}$, 25, 36, …이므로 $11+x$는 $\boxed{16}$, 25, 36, …이다. 따라서 x는 $\boxed{5}$, 14, 25, … 이므로 가장 작은 자연수 x의 값은 $\boxed{5}$이다.

08 18보다 큰 자연수의 제곱인 수는 25, 36, 49, …이므로 $18+x$는 25, 36, 49, …이다. 따라서 x는 7, 18, 31, …이므로 가장 작은 자연수 x의 값은 7이다.

09 12보다 작은 자연수의 제곱인 수는 1, 4, $\boxed{9}$이므로 $12-x$는 1, 4, $\boxed{9}$이다. 따라서 x는 11, 8, $\boxed{3}$이므로 가장 작은 자연수 x의 값은 $\boxed{3}$이다.

10 21보다 작은 자연수의 제곱인 수는 1, 4, 9, 16이므로 $21-x$는 1, 4, 9, 16이다. 따라서 x는 20, 17, 12, 5이므로 가장 작은 자연수 x의 값은 5이다.

본문 13쪽

06 제곱근의 대소 관계

01 <	02 <	03 >	04 >
05 >	06 >	07 9, >, >	08 25, <
09 <	10 <	11 <	12 >
13 >	14 <, 4	15 4, 4	16 ≤, 6, 6
17 <, 9, 8			

01 $7<11$이므로 $\sqrt{7}\boxed{<}\sqrt{11}$

02 $14<17$이므로 $\sqrt{14}\boxed{<}\sqrt{17}$

03 $3<5$이므로 $\sqrt{3}<\sqrt{5}$ ∴ $-\sqrt{3}\boxed{>}-\sqrt{5}$

04 $0.6>0.5$이므로 $\sqrt{0.6}\boxed{>}\sqrt{0.5}$

05 $\sqrt{\dfrac{1}{2}}=\sqrt{\dfrac{3}{6}}$, $\sqrt{\dfrac{1}{3}}=\sqrt{\dfrac{2}{6}}$이므로

$\sqrt{\dfrac{1}{2}}\boxed{>}\sqrt{\dfrac{1}{3}}$

06 $-\sqrt{\dfrac{2}{3}}=-\sqrt{\dfrac{8}{12}}$, $-\sqrt{\dfrac{3}{4}}=-\sqrt{\dfrac{9}{12}}$이므로

$-\sqrt{\dfrac{2}{3}}\boxed{>}-\sqrt{\dfrac{3}{4}}$

07 $3=\sqrt{\boxed{9}}$이고 $9\boxed{>}8$이므로 $3\boxed{>}\sqrt{8}$

08 $-5=-\sqrt{\boxed{25}}$이므로 $-5\boxed{<}-\sqrt{23}$

09 $6=\sqrt{36}$이므로 $6\boxed{<}\sqrt{38}$

10 $-4=-\sqrt{16}$이므로 $-\sqrt{18}\boxed{<}-4$

11 $\dfrac{1}{2}=\sqrt{\dfrac{1}{4}}$이므로 $\dfrac{1}{2}\boxed{<}\sqrt{\dfrac{3}{4}}$

12 $0.2=\sqrt{0.04}$이므로 $\sqrt{0.2}\boxed{>}0.2$

13 $-0.3=-\sqrt{0.09}$이므로 $-0.3\boxed{>}-\sqrt{0.9}$

14 $\sqrt{x}<\sqrt{5}$ ➡ $x\boxed{<}5$

이때 자연수 x로 가능한 값은 1, 2, 3, 4이므로 자연수 x의 개수는 $\boxed{4}$이다.

15 $\sqrt{x}\leq2$ ➡ $x\leq\boxed{4}$

이때 자연수 x로 가능한 값은 1, 2, 3, 4이므로 자연수 x의 개수는 $\boxed{4}$이다.

16 $-\sqrt{x}\geq-\sqrt{6}$ ➡ $\sqrt{x}\boxed{\leq}\sqrt{6}$ ➡ $x\leq\boxed{6}$

이때 자연수 x로 가능한 값은 1, 2, 3, 4, 5, 6이므로 자연수 x의 개수는 $\boxed{6}$이다.

17 $-\sqrt{x}>-3$ ➡ $\sqrt{x}\boxed{<}3$ ➡ $x<\boxed{9}$

이때 자연수 x로 가능한 값은 1, 2, 3, 4, 5, 6, 7, 8이므로 자연수 x의 개수는 $\boxed{8}$이다.

🐳 핵심 반복
본문 14쪽

1 ②	**2** ③	**3** ③	**4** ④
5 ⑤	**6** ②	**7** ⑤	**8** ②

1 49의 양의 제곱근은 7이므로 $a=7$

64의 음의 제곱근은 -8이므로 $b=-8$

∴ $a+b=7+(-8)=-1$

2 ③ $\sqrt{16}=4$의 제곱근은 ±2이다.

---

3 ① $\sqrt{2^2}=2$

② $\sqrt{(-2)^2}=2$

③ $-\sqrt{(-2)^2}=-2$

④ $\sqrt{4}=2$

⑤ $(\sqrt{2})^2=2$

따라서 그 값이 나머지 넷과 다른 하나는 ③이다.

4 $\sqrt{(-24)^2}\div(-\sqrt{4})^2+\sqrt{6^2}-(-\sqrt{2})^2$

$=24\div4+6-2=6+6-2=10$

5 $x>0$일 때 $3x>0$, $-x<0$이므로

$\sqrt{(3x)^2}+\sqrt{(-x)^2}=3x-(-x)=4x$

6 $\sqrt{5^2\times3\times x}$가 자연수가 되도록 하는 자연수 x는

$3\times$ (자연수)^{2}의 꼴이므로 가장 작은 자연수 x의 값은 3이다.

7 ① $3=\sqrt{9}<\sqrt{10}$

② $-\sqrt{18}<-\sqrt{12}$

③ $0.1=\sqrt{0.01}<\sqrt{0.1}$

④ $-\sqrt{\dfrac{5}{4}}=-\sqrt{\dfrac{15}{12}}>-\sqrt{\dfrac{16}{12}}=-\sqrt{\dfrac{4}{3}}$

⑤ $\sqrt{\dfrac{1}{3}}>\sqrt{\dfrac{1}{4}}=\dfrac{1}{2}$

따라서 옳은 것은 ⑤이다.

8 $\sqrt{x}\leq3$에서 $\sqrt{x}\leq\sqrt{9}$이므로 $x\leq9$이다.

따라서 조건을 만족시키는 자연수 x는 1, 2, 3, 4, 5, 6, 7, 8, 9이므로 자연수 x의 개수는 9이다.

🐙 형성 평가
본문 15쪽

1 ⑤	**2** ③	**3** 9	**4** ④
5 ①	**6** ②	**7** ④	**8** ③

1 $(-6)^2=36$의 양의 제곱근은 6이므로 $a=6$

제곱근 100은 $\sqrt{100}=10$이므로 $b=10$

$\sqrt{81}=9$의 음의 제곱근은 -3이므로 $c=-3$

∴ $a+b+c=6+10-3=13$

2 ① 음수의 제곱근은 생각하지 않는다.

② -12의 제곱근은 생각하지 않는다.

③ x의 제곱근은 $\pm\sqrt{x}$이므로 $a+b=\sqrt{x}+(-\sqrt{x})=0$이다.

④ 제곱근 a는 $\sqrt{a}$이고 a의 제곱근은 $\pm\sqrt{a}$이므로 같지 않다.

⑤ 0의 제곱근은 0이다.

따라서 바르게 말한 학생은 ③ 유리이다.

정답과 풀이 **5**

3

$$A = \sqrt{\frac{25}{81}} \times (-\sqrt{9})^2$$
$$= \sqrt{\left(\frac{5}{9}\right)^2} \times (-\sqrt{9})^2$$
$$= \frac{5}{9} \times 9 = 5$$
$$B = \sqrt{16} \div \sqrt{\left(-\frac{2}{7}\right)^2}$$
$$= \sqrt{4^2} \div \sqrt{\left(-\frac{2}{7}\right)^2}$$
$$= 4 \div \frac{2}{7}$$
$$= 4 \times \frac{7}{2} = 14$$
$$\therefore B - A = 14 - 5 = 9$$

4 $a < 5$일 때 $a - 5 < 0$, $5 - a > 0$이므로
$$\sqrt{(a-5)^2} - \sqrt{(5-a)^2} = -(a-5)-(5-a)$$
$$= -a + 5 - 5 + a = 0$$

5 $\sqrt{\dfrac{72}{x}}$가 가장 큰 자연수가 되려면 x의 값은 가장 작은 자연수가 되어야 한다.

따라서 $\sqrt{\dfrac{72}{x}} = \sqrt{\dfrac{2^2 \times 3^2 \times 2}{x}}$가 자연수가 되도록 하는 가장 작은 자연수 x의 값은 2이다.

6 $\sqrt{27-x}$가 자연수가 되려면 $27-x$는 27보다 작은 (자연수)^2 꼴인 수가 되어야 한다.

즉 $27-x$의 값이 1, 4, 9, 16, 25이므로 x의 값은 26, 23, 18, 11, 2이다.

따라서 자연수 x의 값 중에서 가장 큰 값은 $M = 26$, 가장 작은 값은 $m = 2$이므로
$$M - m = 26 - 2 = 24$$

7 넓이가 $8a$인 정사각형의 한 변의 길이는 $\sqrt{8a}$이므로
$$\sqrt{8a} < 7, \ \sqrt{8a} < \sqrt{49}$$
$$8a < 49 \quad \therefore a < \frac{49}{8}$$

따라서 조건을 만족시키는 자연수 a는 1, 2, 3, 4, 5, 6이므로 자연수 a의 개수는 6이다.

8 $f(150) = (\sqrt{150}$ 이하의 자연수의 개수$)$이므로
$$\sqrt{144} < \sqrt{150} < \sqrt{169}$$에서
$$12 < \sqrt{150} < 13 \quad \therefore f(150) = 12$$
$f(63) = (\sqrt{63}$ 이하의 자연수의 개수$)$이므로
$$\sqrt{49} < \sqrt{63} < \sqrt{64}$$에서
$$7 < \sqrt{63} < 8 \quad \therefore f(63) = 7$$
$$\therefore f(150) - f(63) = 12 - 7 = 5$$

---

07 무리수와 실수

01 유	02 유	03 무	04 유
05 무	06 유	07 유	08 무
09 ○	10 ○	11 ×	12 ×
13 ○	14 ×	15 ×	

01 -3은 유리수이다.

02 $\sqrt{16} = 4$는 유리수이다.

03 $\sqrt{5}$는 무리수이다.

04 $\dfrac{2}{5}$는 유리수이다.

05 $3.5678\cdots$은 순환하지 않는 무한소수이므로 무리수이다.

06 $-\sqrt{\dfrac{1}{4}} = -\dfrac{1}{2}$은 유리수이다.

07 $1.2\dot{5}\dot{3}$은 순환소수이므로 유리수이다.

08 π는 순환하지 않는 무한소수이므로 무리수이다.

09 유한소수는 모두 유리수이다.

10 순환소수는 모두 유리수이다.

11 무한소수 중 순환하지 않는 무한소수만 무리수이다.

12 근호를 사용하여 나타낸 수 중 근호를 없앨 수 없는 수만 무리수이다.

13 근호를 사용하여 나타내지 않은 수 π도 무리수이다.

14 유한소수는 모두 유리수이다.

15 무리수는 분모가 자연수이고, 분자가 정수인 분수로 나타낼 수 없다.

08 수직선에서 무리수 읽기(1)

01 (1) 2, 5, $\sqrt{5}$ (2) $\sqrt{5}$, $\sqrt{5}$ (3) $\sqrt{5}$, $2+\sqrt{5}$
02 $-1-\sqrt{2}$, $-1+\sqrt{2}$
03 $1-\sqrt{5}$, $1+\sqrt{5}$
04 $-2-\sqrt{10}$, $-2+\sqrt{10}$

01 (1) 직각삼각형 ABC에서 피타고라스 정리에 의하면
$\overline{AC}^2=1^2+\boxed{2}^2=5$이므로 $\overline{AC}=\boxed{\sqrt{5}}$ ($\overline{AC}>0$)이다.
(2) 점 P는 점 A(2)에서 왼쪽으로 $\boxed{\sqrt{5}}$만큼 떨어진 점이므로 점 P에 대응하는 수는 $2-\boxed{\sqrt{5}}$이다.
(3) 점 Q는 점 A(2)에서 오른쪽으로 $\boxed{\sqrt{5}}$만큼 떨어진 점이므로 점 Q에 대응하는 수는 $\boxed{2+\sqrt{5}}$이다.

02 직각삼각형 ABC에서 피타고라스 정리에 의하면
$\overline{AC}^2=1^2+1^2=2$이므로 $\overline{AC}=\sqrt{2}$ ($\overline{AC}>0$)이다.
점 P는 점 A(-1)에서 왼쪽으로 $\sqrt{2}$만큼 떨어진 점이므로 점 P에 대응하는 수는 $-1-\sqrt{2}$이다.
또, 점 Q는 점 A(-1)에서 오른쪽으로 $\sqrt{2}$만큼 떨어진 점이므로 점 Q에 대응하는 수는 $-1+\sqrt{2}$이다.

03 직각삼각형 ABC에서 피타고라스 정리에 의하면
$\overline{AC}^2=1^2+2^2=5$이므로 $\overline{AC}=\sqrt{5}$ ($\overline{AC}>0$)이다.
점 P는 점 A(1)에서 왼쪽으로 $\sqrt{5}$만큼 떨어진 점이므로 점 P에 대응하는 수는 $1-\sqrt{5}$이다.
또, 점 Q는 점 A(1)에서 오른쪽으로 $\sqrt{5}$만큼 떨어진 점이므로 점 Q에 대응하는 수는 $1+\sqrt{5}$이다.

04 직각삼각형 ABC에서 피타고라스 정리에 의하면
$\overline{AC}^2=3^2+1^2=10$이므로 $\overline{AC}=\sqrt{10}$ ($\overline{AC}>0$)이다.
점 P는 점 A(-2)에서 왼쪽으로 $\sqrt{10}$만큼 떨어진 점이므로 점 P에 대응하는 수는 $-2-\sqrt{10}$이다.
또, 점 Q는 점 A(-2)에서 오른쪽으로 $\sqrt{10}$만큼 떨어진 점이므로 점 Q에 대응하는 수는 $-2+\sqrt{10}$이다.

09 수직선에서 무리수 읽기(2)

01 (1) 2, $\sqrt{2}$ (2) $-\sqrt{2}$, $\sqrt{2}$
02 (1) 2, $\sqrt{2}$ (2) $4-\sqrt{2}$, $4+\sqrt{2}$
03 $-1-\sqrt{2}$, $-1+\sqrt{2}$
04 $3-\sqrt{2}$, $2+\sqrt{2}$
05 $-1-\sqrt{2}$, $-2+\sqrt{2}$
06 $1-\sqrt{5}$, $1+\sqrt{5}$

01 (1) $\square ABCD=4\times\left(\dfrac{1}{2}\times1\times1\right)=2$
즉 정사각형 ABCD의 넓이가 $\boxed{2}$이므로 $\square ABCD$의 한 변의 길이는 $\boxed{\sqrt{2}}$이다.
(2) $\overline{AB}=\sqrt{2}$이고 점 P는 점 A(0)에서 왼쪽으로 $\sqrt{2}$만큼 떨어진 점이므로 점 P에 대응하는 수는 $\boxed{-\sqrt{2}}$이다.
또, 점 Q는 점 A(0)에서 오른쪽으로 $\sqrt{2}$만큼 떨어진 점이므로 점 Q에 대응하는 수는 $\boxed{\sqrt{2}}$이다.

02 (1) $\square ABCD=4\times\left(\dfrac{1}{2}\times1\times1\right)=2$
즉 정사각형 ABCD의 넓이가 $\boxed{2}$이므로 $\square ABCD$의 한 변의 길이는 $\boxed{\sqrt{2}}$이다.
(2) $\overline{AB}=\sqrt{2}$이고 점 P는 점 A(4)에서 왼쪽으로 $\sqrt{2}$만큼 떨어진 점이므로 점 P에 대응하는 수는 $\boxed{4-\sqrt{2}}$이다.
또, 점 Q는 점 A(4)에서 오른쪽으로 $\sqrt{2}$만큼 떨어진 점이므로 점 Q에 대응하는 수는 $\boxed{4+\sqrt{2}}$이다.

03 $\square ABCD=4\times\left(\dfrac{1}{2}\times1\times1\right)=2$이므로
$\overline{AB}=\sqrt{2}$ ($\overline{AB}>0$)이다.
점 P는 점 A(-1)에서 왼쪽으로 $\sqrt{2}$만큼 떨어진 점이므로 점 P에 대응하는 수는 $\boxed{-1-\sqrt{2}}$이다.
또, 점 Q는 점 A(-1)에서 오른쪽으로 $\sqrt{2}$만큼 떨어진 점이므로 점 Q에 대응하는 수는 $\boxed{-1+\sqrt{2}}$이다.

04 피타고라스 정리에 의하면 $\overline{AC}^2=1^2+1^2=2$이므로
$\overline{AC}=\sqrt{2}$ ($\overline{AC}>0$)이다.
이때 $\overline{BD}=\overline{AC}=\sqrt{2}$이고 점 P는 점 B(3)에서 왼쪽으로 $\sqrt{2}$만큼 떨어진 점이므로 점 P에 대응하는 수는 $3-\sqrt{2}$이다.
또, 점 Q는 점 A(2)에서 오른쪽으로 $\sqrt{2}$만큼 떨어진 점이므로 점 Q에 대응하는 수는 $2+\sqrt{2}$이다.

05 피타고라스 정리에 의하면 $\overline{AC}^2=1^2+1^2=2$이므로
$\overline{AC}=\sqrt{2}$ ($\overline{AC}>0$)이다.
이때 $\overline{BD}=\overline{AC}=\sqrt{2}$이고 점 P는 점 B($-1$)에서 왼쪽으로 $\sqrt{2}$만큼 떨어진 점이므로 점 P에 대응하는 수는 $-1-\sqrt{2}$이다.
또, 점 Q는 점 A(-2)에서 오른쪽으로 $\sqrt{2}$만큼 떨어진 점이므로 점 Q에 대응하는 수는 $-2+\sqrt{2}$이다.

06 피타고라스 정리에 의하면 $\overline{AB}^2=1^2+2^2=5$이므로
$\overline{AB}=\sqrt{5}(\overline{AB}>0)$이다.
이때 $\overline{AD}=\overline{AB}=\sqrt{5}$이고 점 P는 점 A(1)에서 왼쪽으로 $\sqrt{5}$
만큼 떨어진 점이므로 점 P에 대응하는 수는 $1-\sqrt{5}$이다.
또, 점 Q는 점 A(1)에서 오른쪽으로 $\sqrt{5}$만큼 떨어진 점이므
로 점 Q에 대응하는 수는 $1+\sqrt{5}$이다.

본문 19쪽

10 실수와 수직선

01 실수	**02** 있다	**03** 없다	**04** 있다
05 있다	**06** >, >	**07** <, <	**08** <
09 >	**10** <	**11** >	**12** <
13 >	**14** >	**15** >	

01 수직선은 (유리수, 실수)에 대응하는 점들로 완전히 메울 수 있다고 알려져 있다.

02 $\sqrt{3}$과 $\sqrt{5}$ 사이에는 무수히 많은 무리수가 (있다, 없다).

03 3과 4 사이에는 정수가 (있다, 없다).

04 두 무리수 사이에는 유리수가 (있다, 없다).

05 수직선 위에는 $-\sqrt{13}$에 대응하는 한 점이 (있다, 없다).

06 $5-(\sqrt{7}+2)=3-\sqrt{7}=\sqrt{9}-\sqrt{7}\boxed{>}0$이므로
$5\boxed{>}\sqrt{7}+2$

07 $\sqrt{12}-1-(\sqrt{14}-1)=\sqrt{12}-\sqrt{14}\boxed{<}0$이므로
$\sqrt{12}-1\boxed{<}\sqrt{14}-1$

08 $2+\sqrt{3}-5=\sqrt{3}-3<0$이므로
$2+\sqrt{3}\boxed{<}5$

09 $4-\sqrt{2}-2=2-\sqrt{2}>0$이므로
$4-\sqrt{2}\boxed{>}2$

10 $\sqrt{8}-2-3=\sqrt{8}-5<0$이므로
$\sqrt{8}-2\boxed{<}3$

11 $\sqrt{10}-1-2=\sqrt{10}-3>0$이므로
$\sqrt{10}-1\boxed{>}2$

12 $\sqrt{3}-2-(\sqrt{3}-1)=-1<0$이므로
$\sqrt{3}-2\boxed{<}\sqrt{3}-1$

13 $\sqrt{6}-2-(\sqrt{6}-3)=1>0$이므로
$\sqrt{6}-2\boxed{>}\sqrt{6}-3$

14 $\sqrt{2}+3-(\sqrt{2}+\sqrt{8})=3-\sqrt{8}>0$이므로
$\sqrt{2}+3\boxed{>}\sqrt{2}+\sqrt{8}$

15 $\sqrt{10}-\sqrt{3}-(\sqrt{10}-2)=-\sqrt{3}+2>0$이므로
$\sqrt{10}-\sqrt{3}\boxed{>}\sqrt{10}-2$

핵심 반복

본문 20쪽

1 ③	**2** ④	**3** ④	**4** ③
5 ②	**6** ④	**7** ②	

1 ③ $\sqrt{25}=5$이므로 $\sqrt{25}$는 유리수이다.

2 소수로 나타내었을 때 순환하지 않는 무한소수가 되는 것은 무리수이다.
① $\dfrac{5}{7}=0.\dot{7}1428\dot{5}$
② $\sqrt{64}=8$
③ $\sqrt{0.16}=0.4$
⑤ $\dfrac{5}{9}=0.\dot{5}$
따라서 무리수인 것은 ④ $\sqrt{14}$이다.

3 ④ 근호를 사용하여 나타낸 수 중 근호 안의 수가 유리수의 제곱인 수는 유리수이다.

4 직각삼각형 ABC에서 피타고라스 정리에 의하면
$\overline{AC}^2=1^2+3^2=10$이므로 $\overline{AC}=\sqrt{10}(\overline{AC}>0)$이다.
점 P는 점 A(2)에서 왼쪽으로 $\sqrt{10}$만큼 떨어진 점이므로 점 P에 대응하는 수는 $2-\sqrt{10}$이다.

5 피타고라스 정리에 의하면 $\overline{AB}^2=1^2+2^2=5$이므로
$\overline{AB}=\sqrt{5}(\overline{AB}>0)$이다.
점 P는 점 A(-1)에서 오른쪽으로 $\sqrt{5}$만큼 떨어진 점이므로
점 P에 대응하는 수는 $-1+\sqrt{5}$이다.
따라서 $a=-1$, $b=5$이므로 $a+b=4$이다.

6 $3<\sqrt{15}<4$이므로 $\sqrt{15}$에 대응하는 점은 D이다.

7 ① $\sqrt{3}+1-(\sqrt{5}+1)=\sqrt{3}-\sqrt{5}<0$이므로
$\sqrt{3}+1<\sqrt{5}+1$

② $7-(4+\sqrt{13})=3-\sqrt{13}<0$이므로
$7<4+\sqrt{13}$

③ $\sqrt{6}-3-(\sqrt{5}-3)=\sqrt{6}-\sqrt{5}>0$이므로
$\sqrt{6}-3>\sqrt{5}-3$

④ $5-\sqrt{10}-2=3-\sqrt{10}<0$이므로
$5-\sqrt{10}<2$

⑤ $8-(\sqrt{24}+3)=5-\sqrt{24}>0$이므로
$8>\sqrt{24}+3$

따라서 옳은 것은 ②이다.

🐙 형성 평가

1 ③	**2** ③	**3** ②	**4** ②
5 ③	**6** ④	**7** ④	**8** 3

1 $\sqrt{32}$: 무리수, $\sqrt{16}=4$: 유리수, $-\sqrt{10}$: 무리수,

$3.\dot{7}$: 유리수, $\sqrt{\dfrac{16}{25}}=\dfrac{4}{5}$: 유리수, $\sqrt{\dfrac{2}{49}}$: 무리수

따라서 무리수는 $\sqrt{32}$, $-\sqrt{10}$, $\sqrt{\dfrac{2}{49}}$ 로 3개이다.

2 a가 15보다 작은 자연수일 때, $\sqrt{a}$가 무리수가 되게 하는 자연수 a는 2, 3, 5, 6, 7, 8, 10, 11, 12, 13, 14이다.
따라서 자연수 a의 개수는 11이다.

3 직각삼각형 ABC에서 피타고라스 정리에 의하면
$\overline{AC}^2=1^2+3^2=10$이므로 $\overline{AC}=\sqrt{10}(\overline{AC}>0)$이다.
점 A에 대응하는 수를 a라 하면 점 Q는 점 A에서 오른쪽으로 $\sqrt{10}$만큼 떨어진 점이므로 점 Q에 대응하는 수는 $a+\sqrt{10}$이다.
이때 점 Q에 대응하는 수가 $-3+\sqrt{10}$이므로 $a=-3$이다.
따라서 점 P는 점 A(-3)에서 왼쪽으로 $\sqrt{10}$만큼 떨어진 점이므로 점 P에 대응하는 수는 $-3-\sqrt{10}$이다.

4 직각삼각형 ABC에서 피타고라스 정리에 의하면
$\overline{AC}^2=1^2+1^2=2$이므로 $\overline{AC}=\sqrt{2}$ $(\overline{AC}>0)$이다.
이때 점 Q는 점 A에서 오른쪽으로 $\sqrt{2}$만큼 떨어진 점이고 점 Q에 대응하는 수가 $3+\sqrt{2}$이므로 점 A에 대응하는 수는 3이다.
따라서 점 B에 대응하는 수는 4, $\overline{BD}=\overline{AC}=\sqrt{2}$이고 점 P는 점 B에서 왼쪽으로 $\sqrt{2}$만큼 떨어진 점이므로 점 P에 대응하는 수는 $4-\sqrt{2}$이다.

5 ③ 수직선은 실수에 대응하는 점으로 완전히 메울 수 있다고 알려져 있다.

6 $-2<-\sqrt{3}<-1$이고 $3<\sqrt{11}<4$이므로 $-\sqrt{3}$과 $\sqrt{11}$ 사이에 있는 정수는 -1, 0, 1, 2, 3으로 5개이다.

7 $a-b=2+\sqrt{7}-(\sqrt{5}+\sqrt{7})=2-\sqrt{5}<0$
$\therefore a<b$ ...... ㉠
$a-c=(2+\sqrt{7})-(2+\sqrt{5})=\sqrt{7}-\sqrt{5}>0$
$\therefore a>c$ ...... ㉡
㉠, ㉡에서 $c<a<b$

8 직각삼각형 ABC에서 피타고라스 정리에 의하면
$\overline{AC}^2=1^2+1^2=2$이므로 $\overline{AC}=\sqrt{2}$ $(\overline{AC}>0)$이다.
이때 점 P는 점 A(1)에서 왼쪽으로 $\sqrt{2}$만큼 떨어진 점이므로 점 P에 대응하는 수는 $a=1-\sqrt{2}$
점 Q는 점 A(1)에서 오른쪽으로 $\sqrt{2}$만큼 떨어진 점이므로 점 Q에 대응하는 수는 $b=1+\sqrt{2}$
$\therefore (a+\sqrt{2})^2+(b-1)^2=(1-\sqrt{2}+\sqrt{2})^2+(1+\sqrt{2}-1)^2$
$=1+2=3$

🐌 11 제곱근의 곱셈

01 7, 14	**02** $\sqrt{30}$	**03** $\sqrt{3}$	**04** $\sqrt{5}$
5 2, 5, 8, 30	**6** $15\sqrt{14}$	**7** $10\sqrt{2}$	**08** $6\sqrt{6}$
9 2, 2	**10** $2\sqrt{2}$	**11** $-3\sqrt{7}$	**12** $-6\sqrt{2}$
13 $6\sqrt{3}$	**14** 2, 28	**15** 4, 32	**16** $\sqrt{75}$
17 $-\sqrt{54}$			

01 $\sqrt{2}\sqrt{7}=\sqrt{2\times\boxed{7}}=\sqrt{\boxed{14}}$

02 $\sqrt{6}\sqrt{5}=\sqrt{6\times5}=\sqrt{30}$

03 $\sqrt{12}\sqrt{\dfrac{1}{4}}=\sqrt{12\times\dfrac{1}{4}}=\sqrt{3}$

04 $\sqrt{\dfrac{2}{5}}\sqrt{\dfrac{25}{2}}=\sqrt{\dfrac{2}{5}\times\dfrac{25}{2}}=\sqrt{5}$

05 $4\sqrt{6}\times2\sqrt{5}=(4\times\boxed{2})\sqrt{6\times\boxed{5}}=\boxed{8}\sqrt{\boxed{30}}$

06 $5\sqrt{2}\times3\sqrt{7}=(5\times3)\sqrt{2\times7}=15\sqrt{14}$

07 $2\sqrt{6}\times5\sqrt{\dfrac{1}{3}}=(2\times5)\sqrt{6\times\dfrac{1}{3}}=10\sqrt{2}$

08 $3\sqrt{10}\times2\sqrt{\dfrac{3}{5}}=(3\times2)\sqrt{10\times\dfrac{3}{5}}=6\sqrt{6}$

09 $\sqrt{20}=\sqrt{\boxed{2}^2\times5}=\boxed{2}\sqrt{5}$

10 $\sqrt{8}=\sqrt{2^2\times 2}=2\sqrt{2}$

11 $-\sqrt{63}=-\sqrt{3^2\times 7}=-3\sqrt{7}$

12 $-\sqrt{72}=-\sqrt{6^2\times 2}=-6\sqrt{2}$

13 $\sqrt{108}=\sqrt{6^2\times 3}=6\sqrt{3}$

14 $2\sqrt{7}=\sqrt{\boxed{2}^2\times 7}=\sqrt{\boxed{28}}$

15 $-4\sqrt{2}=-\sqrt{\boxed{4}^2\times 2}=-\sqrt{\boxed{32}}$

16 $5\sqrt{3}=\sqrt{5^2\times 3}=\sqrt{75}$

17 $-3\sqrt{6}=-\sqrt{3^2\times 6}=-\sqrt{54}$

본문 23쪽

12 제곱근의 나눗셈

01 6, 5   **02** 55, 55, 11   **03** $\sqrt{5}$
04 $-\sqrt{7}$ **05** $\sqrt{6}$ **06** $-\sqrt{10}$
07 2, 35, 3, 7   **08** $5\sqrt{3}$ **09** $\dfrac{2\sqrt{2}}{3}$
10 $-3\sqrt{5}$ **11** 7, 7   **12** $\dfrac{\sqrt{3}}{8}$ **13** $\dfrac{\sqrt{7}}{11}$
14 $\dfrac{\sqrt{11}}{10}$ **15** $-\dfrac{\sqrt{6}}{10}$

01 $\dfrac{\sqrt{30}}{\sqrt{6}}=\sqrt{\dfrac{30}{\boxed{6}}}=\sqrt{\boxed{5}}$

02 $\sqrt{55}\div\sqrt{5}=\dfrac{\sqrt{55}}{\sqrt{5}}=\sqrt{\dfrac{55}{5}}=\sqrt{\boxed{11}}$

03 $\dfrac{\sqrt{35}}{\sqrt{7}}=\sqrt{\dfrac{35}{7}}=\sqrt{5}$

04 $-\dfrac{\sqrt{14}}{\sqrt{2}}=-\sqrt{\dfrac{14}{2}}=-\sqrt{7}$

05 $\sqrt{48}\div\sqrt{8}=\dfrac{\sqrt{48}}{\sqrt{8}}=\sqrt{\dfrac{48}{8}}=\sqrt{6}$

06 $-\sqrt{50}\div\sqrt{5}=-\dfrac{\sqrt{50}}{\sqrt{5}}=-\sqrt{\dfrac{50}{5}}=-\sqrt{10}$

07 $6\sqrt{35}\div 2\sqrt{5}=\dfrac{6\sqrt{35}}{2\sqrt{5}}=\dfrac{6}{\boxed{2}}\sqrt{\dfrac{\boxed{35}}{5}}=\boxed{3}\sqrt{\boxed{7}}$

08 $5\sqrt{21}\div\sqrt{7}=\dfrac{5\sqrt{21}}{\sqrt{7}}=5\sqrt{\dfrac{21}{7}}=5\sqrt{3}$

09 $2\sqrt{10}\div 3\sqrt{5}=\dfrac{2\sqrt{10}}{3\sqrt{5}}=\dfrac{2}{3}\sqrt{\dfrac{10}{5}}=\dfrac{2\sqrt{2}}{3}$

10 $-6\sqrt{15}\div 2\sqrt{3}=\dfrac{-6\sqrt{15}}{2\sqrt{3}}=-3\sqrt{\dfrac{15}{3}}=-3\sqrt{5}$

11 $\sqrt{\dfrac{5}{49}}=\dfrac{\sqrt{5}}{\sqrt{49}}=\dfrac{\sqrt{5}}{\sqrt{\boxed{7}^2}}=\dfrac{\sqrt{5}}{\boxed{7}}$

12 $\sqrt{\dfrac{3}{64}}=\dfrac{\sqrt{3}}{\sqrt{64}}=\dfrac{\sqrt{3}}{\sqrt{8^2}}=\dfrac{\sqrt{3}}{8}$

13 $\sqrt{\dfrac{7}{121}}=\dfrac{\sqrt{7}}{\sqrt{121}}=\dfrac{\sqrt{7}}{\sqrt{11^2}}=\dfrac{\sqrt{7}}{11}$

14 $\sqrt{0.11}=\sqrt{\dfrac{11}{100}}=\dfrac{\sqrt{11}}{\sqrt{100}}=\dfrac{\sqrt{11}}{\sqrt{10^2}}=\dfrac{\sqrt{11}}{10}$

15 $-\sqrt{0.06}=-\sqrt{\dfrac{6}{100}}=-\dfrac{\sqrt{6}}{\sqrt{100}}=-\dfrac{\sqrt{6}}{\sqrt{10^2}}=-\dfrac{\sqrt{6}}{10}$

본문 24쪽

13 분모의 유리화

01 $\sqrt{7},\sqrt{7},\dfrac{2\sqrt{7}}{7}$ **02** $\dfrac{\sqrt{5}}{5}$ **03** $3\sqrt{2}$
04 $\dfrac{\sqrt{6}}{2}$ **5** $\sqrt{3},\sqrt{3},\dfrac{2\sqrt{3}}{15}$ **6** $\dfrac{3\sqrt{5}}{10}$
07 $\dfrac{7\sqrt{3}}{12}$ **08** $\dfrac{\sqrt{2}}{3}$ **09** $\sqrt{3},\sqrt{3},\dfrac{\sqrt{15}}{3}$
10 $\dfrac{\sqrt{21}}{7}$ **11** $\dfrac{\sqrt{22}}{11}$ **12** $\dfrac{\sqrt{42}}{6}$
13 2, $\sqrt{2}$, 2, $\sqrt{2}$, $\dfrac{3\sqrt{2}}{4}$ **14** $\dfrac{\sqrt{5}}{2}$ **15** $\dfrac{\sqrt{6}}{8}$
16 $\dfrac{\sqrt{15}}{3}$

01 $\dfrac{2}{\sqrt{7}}=\dfrac{2\times\boxed{\sqrt{7}}}{\sqrt{7}\times\boxed{\sqrt{7}}}=\boxed{\dfrac{2\sqrt{7}}{7}}$

02 $\dfrac{1}{\sqrt{5}}=\dfrac{1\times\sqrt{5}}{\sqrt{5}\times\sqrt{5}}=\dfrac{\sqrt{5}}{5}$

03 $\dfrac{6}{\sqrt{2}}=\dfrac{6\times\sqrt{2}}{\sqrt{2}\times\sqrt{2}}=\dfrac{6\sqrt{2}}{2}=3\sqrt{2}$

04 $\dfrac{3}{\sqrt{6}}=\dfrac{3\times\sqrt{6}}{\sqrt{6}\times\sqrt{6}}=\dfrac{3\sqrt{6}}{6}=\dfrac{\sqrt{6}}{2}$

05 $\dfrac{2}{5\sqrt{3}}=\dfrac{2\times\boxed{\sqrt{3}}}{5\sqrt{3}\times\boxed{\sqrt{3}}}=\boxed{\dfrac{2\sqrt{3}}{15}}$

06 $\dfrac{3}{2\sqrt{5}}=\dfrac{3\times\sqrt{5}}{2\sqrt{5}\times\sqrt{5}}=\dfrac{3\sqrt{5}}{10}$

07 $\dfrac{7}{4\sqrt{3}}=\dfrac{7\times\sqrt{3}}{4\sqrt{3}\times\sqrt{3}}=\dfrac{7\sqrt{3}}{12}$

08 $\dfrac{2}{3\sqrt{2}}=\dfrac{2\times\sqrt{2}}{3\sqrt{2}\times\sqrt{2}}=\dfrac{2\sqrt{2}}{6}=\dfrac{\sqrt{2}}{3}$

09 $\dfrac{\sqrt{5}}{\sqrt{3}}=\dfrac{\sqrt{5}\times\boxed{\sqrt{3}}}{\sqrt{3}\times\boxed{\sqrt{3}}}=\boxed{\dfrac{\sqrt{15}}{3}}$

10 $\dfrac{\sqrt{3}}{\sqrt{7}}=\dfrac{\sqrt{3}\times\sqrt{7}}{\sqrt{7}\times\sqrt{7}}=\dfrac{\sqrt{21}}{7}$

11 $\dfrac{\sqrt{2}}{\sqrt{11}}=\dfrac{\sqrt{2}\times\sqrt{11}}{\sqrt{11}\times\sqrt{11}}=\dfrac{\sqrt{22}}{11}$

12 $\dfrac{\sqrt{7}}{\sqrt{6}}=\dfrac{\sqrt{7}\times\sqrt{6}}{\sqrt{6}\times\sqrt{6}}=\dfrac{\sqrt{42}}{6}$

13 $\dfrac{3}{\sqrt{8}}=\dfrac{3}{2\boxed{\sqrt{2}}}=\dfrac{3\times\boxed{\sqrt{2}}}{2\boxed{\sqrt{2}}\times\boxed{\sqrt{2}}}=\boxed{\dfrac{3\sqrt{2}}{4}}$

14 $\dfrac{5}{\sqrt{20}}=\dfrac{5}{2\sqrt{5}}=\dfrac{5\times\sqrt{5}}{2\sqrt{5}\times\sqrt{5}}=\dfrac{5\sqrt{5}}{10}=\dfrac{\sqrt{5}}{2}$

15 $\dfrac{\sqrt{3}}{\sqrt{32}}=\dfrac{\sqrt{3}}{4\sqrt{2}}=\dfrac{\sqrt{3}\times\sqrt{2}}{4\sqrt{2}\times\sqrt{2}}=\dfrac{\sqrt{6}}{8}$

16 $\dfrac{2\sqrt{5}}{\sqrt{12}}=\dfrac{2\sqrt{5}}{2\sqrt{3}}=\dfrac{\sqrt{5}}{\sqrt{3}}=\dfrac{\sqrt{5}\times\sqrt{3}}{\sqrt{3}\times\sqrt{3}}=\dfrac{\sqrt{15}}{3}$

본문 25쪽

14 제곱근의 곱셈, 나눗셈의 혼합 계산

01 $\sqrt{7}$, $\sqrt{5}$, $\sqrt{15}$	**02** $\sqrt{15}$	**03** 15
04 $2\sqrt{2}$	**05** 6	**06** 30	**07** -6
08 30, 5, 2, $60\sqrt{3}$	**09** 60	**10** $\dfrac{\sqrt{5}}{10}$
11 $-3\sqrt{3}$	**12** $\sqrt{2}$	

01 $\sqrt{35}\div\sqrt{7}\times\sqrt{3}=\sqrt{35}\times\dfrac{1}{\boxed{\sqrt{7}}}\times\sqrt{3}$

$\qquad=\boxed{\sqrt{5}}\times\sqrt{3}=\boxed{\sqrt{15}}$

02 $\sqrt{5}\times\sqrt{24}\div\sqrt{8}=\sqrt{120}\div\sqrt{8}$

$\qquad=\sqrt{\dfrac{120}{8}}=\sqrt{15}$

03 $5\sqrt{2}\times3\sqrt{6}\div2\sqrt{3}=15\sqrt{12}\div2\sqrt{3}$

$\qquad=\dfrac{15\sqrt{12}}{2\sqrt{3}}=\dfrac{15\sqrt{4}}{2}=15$

04 $\sqrt{27}\times\sqrt{32}\div\sqrt{108}=3\sqrt{3}\times4\sqrt{2}\div6\sqrt{3}$

$\qquad=12\sqrt{6}\div6\sqrt{3}$

$\qquad=\dfrac{12\sqrt{6}}{6\sqrt{3}}=2\sqrt{2}$

05 $\sqrt{18}\div\sqrt{48}\times\sqrt{96}=3\sqrt{2}\div4\sqrt{3}\times4\sqrt{6}$

$\qquad=\dfrac{3\sqrt{2}}{4\sqrt{3}}\times4\sqrt{6}$

$\qquad=3\sqrt{2}\times\sqrt{2}=6$

06 $8\sqrt{15}\div4\sqrt{3}\times3\sqrt{5}=\dfrac{8\sqrt{15}}{4\sqrt{3}}\times3\sqrt{5}$

$\qquad=2\sqrt{5}\times3\sqrt{5}$

$\qquad=30$

07 $\sqrt{72}\div\sqrt{12}\times(-\sqrt{6})=\sqrt{6}\times(-\sqrt{6})=-6$

08 $4\sqrt{2}\times3\sqrt{15}\div\dfrac{\sqrt{2}}{\sqrt{5}}=12\boxed{\sqrt{30}}\times\dfrac{\boxed{\sqrt{5}}}{\boxed{\sqrt{2}}}$

$\qquad=12\sqrt{15}\times\sqrt{5}$

$\qquad=12\sqrt{75}=12\times5\sqrt{3}$

$\qquad=\boxed{60\sqrt{3}}$

09 $6\sqrt{3}\times2\sqrt{10}\div\dfrac{\sqrt{6}}{\sqrt{5}}=12\sqrt{30}\times\dfrac{\sqrt{5}}{\sqrt{6}}$

$\qquad=12\sqrt{5}\times\sqrt{5}=60$

10 $\dfrac{4}{\sqrt{15}}\times\sqrt{6}\div8\sqrt{2}=\dfrac{4\sqrt{2}}{\sqrt{5}}\times\dfrac{1}{8\sqrt{2}}$

$\qquad=\dfrac{1}{2\sqrt{5}}$

$\qquad=\dfrac{1\times\sqrt{5}}{2\sqrt{5}\times\sqrt{5}}=\dfrac{\sqrt{5}}{10}$

11 $3\sqrt{18}\div\dfrac{6}{\sqrt{3}}\times(-\sqrt{2})=9\sqrt{2}\times\dfrac{\sqrt{3}}{6}\times(-\sqrt{2})$

$\qquad=-\dfrac{18\sqrt{3}}{6}=-3\sqrt{3}$

12 $\dfrac{\sqrt{2}}{5} \div \sqrt{\dfrac{2}{15}} \times \dfrac{\sqrt{10}}{\sqrt{3}} = \dfrac{\sqrt{2}}{5} \times \dfrac{\sqrt{15}}{\sqrt{2}} \times \dfrac{\sqrt{10}}{\sqrt{3}}$

$\qquad\qquad\qquad\qquad = \dfrac{\sqrt{50}}{5} = \dfrac{5\sqrt{2}}{5} = \sqrt{2}$

본문 26쪽

15 제곱근표를 이용한 제곱근의 어림값

01 1.449	**02** 1.493	**03** 2.40	**04** 2.32
05 5.727	**06** 5.967	**07** 33.9	**08** 34.7
09 3, 3, 1.732, 17.32		**10** 30, 30, 5.477, 54.77	
11 3, 3, 1.732, 173.2			
12 3, 30, 30, 5.477, 0.5477			
13 3, 3, 1.732, 0.1732			
14 3, 30, 30, 5.477, 0.05477		**15** 26.83	
16 84.85	**17** 268.3	**18** 0.8485	**19** 0.2683
20 0.08485			

01~02

수	0	1	2	3	⋯
⋮	⋮	⋮	⋮	⋮	⋮
2.1	1.449	1.453	1.456	1.459	⋯
2.2	1.483	1.487	1.490	1.493	⋯
2.3	1.517	1.520	1.523	1.526	⋯
2.4	1.549	1.552	1.556	1.559	⋯

03 $\sqrt{2.40}$의 어림한 값이 1.549이므로 $x=2.40$

04 $\sqrt{2.32}$의 어림한 값이 1.523이므로 $x=2.32$

05~06

수	⋯	5	6	7	8	9
32	⋯	5.701	5.710	5.718	5.727	5.736
33	⋯	5.788	5.797	5.805	5.814	5.822
34	⋯	5.874	5.882	5.891	5.899	5.908
35	⋯	5.958	5.967	5.975	5.983	5.992
⋮	⋮	⋮	⋮	⋮	⋮	⋮

07 $\sqrt{33.9}$의 어림한 값이 5.822이므로 $x=33.9$

08 $\sqrt{34.7}$의 어림한 값이 5.891이므로 $x=34.7$

09 $\sqrt{300} = \sqrt{\boxed{3} \times 100} = 10\sqrt{\boxed{3}}$이므로

$\sqrt{300}$의 어림값은 $10 \times \boxed{1.732} = \boxed{17.32}$

10 $\sqrt{3000} = \sqrt{\boxed{30} \times 100} = 10\sqrt{\boxed{30}}$이므로

$\sqrt{3000}$의 어림값은 $10 \times \boxed{5.477} = \boxed{54.77}$

11 $\sqrt{30000} = \sqrt{\boxed{3} \times 10000} = 100\sqrt{\boxed{3}}$이므로

$\sqrt{30000}$의 어림값은 $100 \times \boxed{1.732} = \boxed{173.2}$

12 $\sqrt{0.3} = \sqrt{\dfrac{\boxed{3}}{10}} = \sqrt{\dfrac{\boxed{30}}{100}} = \dfrac{\sqrt{\boxed{30}}}{10}$이므로

$\sqrt{0.3}$의 어림값은 $\dfrac{\boxed{5.477}}{10} = \boxed{0.5477}$

13 $\sqrt{0.03} = \sqrt{\dfrac{\boxed{3}}{100}} = \dfrac{\sqrt{\boxed{3}}}{10}$이므로

$\sqrt{0.03}$의 어림값은 $\dfrac{\boxed{1.732}}{10} = \boxed{0.1732}$

14 $\sqrt{0.003} = \sqrt{\dfrac{\boxed{3}}{1000}} = \sqrt{\dfrac{\boxed{30}}{10000}} = \dfrac{\sqrt{\boxed{30}}}{100}$이므로

$\sqrt{0.003}$의 어림값은 $\dfrac{\boxed{5.477}}{100} = \boxed{0.05477}$

15 $\sqrt{720} = \sqrt{7.2 \times 100} = 10\sqrt{7.2}$이므로

$\sqrt{720}$의 어림값은 $10 \times 2.683 = 26.83$

16 $\sqrt{7200} = \sqrt{72 \times 100} = 10\sqrt{72}$이므로

$\sqrt{7200}$의 어림값은 $10 \times 8.485 = 84.85$

17 $\sqrt{72000} = \sqrt{7.2 \times 10000} = 100\sqrt{7.2}$이므로

$\sqrt{72000}$의 어림값은 $100 \times 2.683 = 268.3$

18 $\sqrt{0.72} = \sqrt{\dfrac{72}{100}} = \dfrac{\sqrt{72}}{10}$이므로

$\sqrt{0.72}$의 어림값은 $\dfrac{8.485}{10} = 0.8485$

19 $\sqrt{0.072} = \sqrt{\dfrac{7.2}{100}} = \dfrac{\sqrt{7.2}}{10}$이므로

$\sqrt{0.072}$의 어림값은 $\dfrac{2.683}{10} = 0.2683$

20 $\sqrt{0.0072} = \sqrt{\dfrac{72}{10000}} = \dfrac{\sqrt{72}}{100}$이므로

$\sqrt{0.0072}$의 어림값은 $\dfrac{8.485}{100} = 0.08485$

핵심 반복

| **1** ② | **2** ③ | **3** ④ | **4** ④ |
| **5** ③ | **6** ③ | **7** ① | **8** ② |

1 $\sqrt{3}\sqrt{7}=\sqrt{3\times7}=\sqrt{21}$이므로 $a=21$

$\sqrt{30}\sqrt{\dfrac{1}{5}}=\sqrt{30\times\dfrac{1}{5}}=\sqrt{6}$이므로 $b=6$

$\therefore a+b=21+6=27$

2 $\sqrt{75}=\sqrt{5^2\times3}=5\sqrt{3}=a\sqrt{3}$이므로 $a=5$

$4\sqrt{5}=\sqrt{4^2\times5}=\sqrt{80}=\sqrt{b}$이므로 $b=80$

$\therefore \dfrac{b}{a}=\dfrac{80}{5}=16$

3 ④ $\sqrt{12}\div\sqrt{3}=\dfrac{\sqrt{12}}{\sqrt{3}}=\sqrt{\dfrac{12}{3}}=\sqrt{4}=2$

4 $\dfrac{\sqrt{5}}{\sqrt{6}}=\dfrac{\sqrt{5}\times\sqrt{6}}{\sqrt{6}\times\sqrt{6}}=\dfrac{\sqrt{30}}{6}$

이므로 분모와 분자에 곱해야 할 수는 $\sqrt{6}$이다.

5 $\dfrac{3}{\sqrt{12}}=\dfrac{3}{2\sqrt{3}}=\dfrac{3\times\sqrt{3}}{2\sqrt{3}\times\sqrt{3}}=\dfrac{3\sqrt{3}}{6}=\dfrac{\sqrt{3}}{2}$이므로 $a=\dfrac{1}{2}$

6 $\sqrt{3}\times\sqrt{35}\div\sqrt{5}=\sqrt{105}\times\dfrac{1}{\sqrt{5}}=\sqrt{21}$

7 $3\sqrt{15}\div4\sqrt{6}\times\sqrt{32}=\dfrac{3\sqrt{15}}{4\sqrt{6}}\times4\sqrt{2}=3\sqrt{5}=a\sqrt{5}$

$\therefore a=3$

8 $\sqrt{8000}=\sqrt{80\times10^2}=10\sqrt{80}=10\times8.944=89.44$

형성 평가

| **1** ② | **2** ① | **3** $8\sqrt{3}\,\text{cm}^2$ | **4** ⑤ |
| **5** ② | **6** ③ | **7** ② | **8** ④ |

1 ① $3\sqrt{2}=\sqrt{3^2\times2}=\sqrt{18}$이므로 $\square=18$

② $-\sqrt{76}=-\sqrt{2^2\times19}=-2\sqrt{19}$이므로 $\square=19$

③ $\sqrt{450}=\sqrt{15^2\times2}=15\sqrt{2}$이므로 $\square=15$

④ $\sqrt{384}=\sqrt{8^2\times6}=8\sqrt{6}$이므로 $\square=8$

⑤ $2\sqrt{3}\times7\sqrt{5}=14\sqrt{15}$이므로 $\square=14$

따라서 $\square$ 안에 들어갈 수 중 가장 큰 것은 ②이다.

2 $\sqrt{20}=2\sqrt{5}=(\sqrt{2})^2\times\sqrt{5}=a^2b$

3 두 정사각형 EADF, DCHG의 넓이가 각각 $24\,\text{cm}^2$, $8\,\text{cm}^2$
이므로

$\overline{\text{AD}}=\sqrt{24}=2\sqrt{6}\,(\text{cm})$, $\overline{\text{CD}}=\sqrt{8}=2\sqrt{2}\,(\text{cm})$

따라서 직사각형 ABCD의 넓이는

$\overline{\text{AD}}\times\overline{\text{CD}}=2\sqrt{6}\times2\sqrt{2}=4\sqrt{12}=8\sqrt{3}\,(\text{cm}^2)$

4 $\dfrac{2}{\sqrt{32}}=\dfrac{2}{4\sqrt{2}}=\dfrac{2\times\sqrt{2}}{4\sqrt{2}\times\sqrt{2}}=\dfrac{2\sqrt{2}}{8}=\dfrac{\sqrt{2}}{4}=A\sqrt{2}$

이므로 $A=\dfrac{1}{4}$

$\dfrac{8\sqrt{15}}{\sqrt{6}}=\dfrac{8\sqrt{5}}{\sqrt{2}}=\dfrac{8\sqrt{5}\times\sqrt{2}}{\sqrt{2}\times\sqrt{2}}=\dfrac{8\sqrt{10}}{2}=4\sqrt{10}=B\sqrt{10}$

이므로 $B=4$

$\therefore AB=\dfrac{1}{4}\times4=1$

5 (삼각형의 넓이)$=\dfrac{1}{2}\times\sqrt{15}\times\sqrt{8}=\dfrac{1}{2}\times\sqrt{15}\times2\sqrt{2}=\sqrt{30}$

직사각형의 가로의 길이를 x라고 하면

(직사각형의 넓이)$=\sqrt{10}x$

이때 삼각형의 넓이와 직사각형의 넓이가 서로 같으므로

$\sqrt{10}x=\sqrt{30}$

$\therefore x=\dfrac{\sqrt{30}}{\sqrt{10}}=\sqrt{3}$

6 $6\sqrt{3}\times4\sqrt{21}\div\square=3\sqrt{2}$에서

$24\sqrt{63}\div\square=3\sqrt{2}$

$\therefore \square=\dfrac{24\sqrt{63}}{3\sqrt{2}}=\dfrac{24\times3\sqrt{7}}{3\sqrt{2}}=\dfrac{24\sqrt{7}}{\sqrt{2}}$

$=\dfrac{24\sqrt{7}\times\sqrt{2}}{\sqrt{2}\times\sqrt{2}}=\dfrac{24\sqrt{14}}{2}=12\sqrt{14}$

7 $\sqrt{1008}=2\sqrt{252}=2\sqrt{2.52\times100}$

$=20\sqrt{2.52}=20\times1.587$

$=31.74$

8 $\sqrt{108}\times\dfrac{2\sqrt{5}}{\sqrt{12}}\div3\sqrt{a}=6\sqrt{3}\times\dfrac{2\sqrt{5}}{2\sqrt{3}}\div3\sqrt{a}$

$=6\sqrt{5}\div3\sqrt{a}$

$=\dfrac{6\sqrt{5}}{3\sqrt{a}}$

$=\dfrac{2\sqrt{5}}{\sqrt{a}}=2\sqrt{\dfrac{5}{a}}$

a는 자연수이고, $a<10$이므로 $\dfrac{5}{a}>\dfrac{5}{10}=\dfrac{1}{2}$이다.

즉 $2\sqrt{\dfrac{5}{a}}$가 자연수가 되려면 $\dfrac{5}{a}=1^2,\ 2^2,\ 3^2,\ \cdots$

이때 a는 자연수이므로 $\dfrac{5}{a}=1$

$\therefore a=5$

16 제곱근의 덧셈과 뺄셈

01 5, 8	**02** 5, 2	**03** $10\sqrt{5}$	**04** $-6\sqrt{11}$
05 $7\sqrt{5}$	**06** $-\sqrt{7}$	**07** $-2\sqrt{2}$	**08** $3\sqrt{5}$
09 5, 4, 8, 10		**10** $\sqrt{6}+5\sqrt{7}$	
11 $-3\sqrt{3}+\sqrt{5}$		**12** $3\sqrt{5}+\sqrt{7}$	
13 $2\sqrt{6}-4\sqrt{10}$		**14** $-5\sqrt{3}-12\sqrt{2}$	
15 5, 3, 8	**16** $\sqrt{6}$	**17** $5\sqrt{3}$	**18** $2\sqrt{5}$
19 $9\sqrt{6}$	**20** 0	**21** $24\sqrt{3}$	
22 $4\sqrt{7}$	**23** 4, 2, 5, 3, 8, 2, 5, 9, 13, 11		
24 $10\sqrt{3}$	**25** $\sqrt{5}$	**26** $2\sqrt{2}+3\sqrt{7}$	
27 $\sqrt{2}-2\sqrt{3}$		**28** $-5\sqrt{2}+2\sqrt{3}$	
29 $-2\sqrt{3}+5\sqrt{7}$			

01 $3\sqrt{2}+5\sqrt{2}=(3+\boxed{5})\sqrt{2}=\boxed{8}\sqrt{2}$

02 $7\sqrt{3}-5\sqrt{3}=(7-\boxed{5})\sqrt{3}=\boxed{2}\sqrt{3}$

03 $6\sqrt{5}+4\sqrt{5}=(6+4)\sqrt{5}=10\sqrt{5}$

04 $3\sqrt{11}-9\sqrt{11}=(3-9)\sqrt{11}=-6\sqrt{11}$

05 $2\sqrt{5}+4\sqrt{5}+\sqrt{5}=(2+4+1)\sqrt{5}=7\sqrt{5}$

06 $\sqrt{7}-4\sqrt{7}+2\sqrt{7}=(1-4+2)\sqrt{7}=-\sqrt{7}$

07 $5\sqrt{2}+3\sqrt{2}-10\sqrt{2}=(5+3-10)\sqrt{2}=-2\sqrt{2}$

08 $-2\sqrt{5}+8\sqrt{5}-3\sqrt{5}=(-2+8-3)\sqrt{5}=3\sqrt{5}$

09 $3\sqrt{2}+4\sqrt{3}+5\sqrt{2}+6\sqrt{3}=(3+\boxed{5})\sqrt{2}+(\boxed{4}+6)\sqrt{3}$
$\phantom{3\sqrt{2}+4\sqrt{3}+5\sqrt{2}+6\sqrt{3}}=\boxed{8}\sqrt{2}+\boxed{10}\sqrt{3}$

10 $5\sqrt{6}+2\sqrt{7}-4\sqrt{6}+3\sqrt{7}=5\sqrt{6}-4\sqrt{6}+2\sqrt{7}+3\sqrt{7}$
$\phantom{5\sqrt{6}+2\sqrt{7}-4\sqrt{6}+3\sqrt{7}}=\sqrt{6}+5\sqrt{7}$

11 $\sqrt{3}-\sqrt{5}-4\sqrt{3}+2\sqrt{5}=\sqrt{3}-4\sqrt{3}-\sqrt{5}+2\sqrt{5}$
$\phantom{\sqrt{3}-\sqrt{5}-4\sqrt{3}+2\sqrt{5}}=-3\sqrt{3}+\sqrt{5}$

12 $\sqrt{5}+4\sqrt{7}-3\sqrt{7}+2\sqrt{5}=\sqrt{5}+2\sqrt{5}+4\sqrt{7}-3\sqrt{7}$
$\phantom{\sqrt{5}+4\sqrt{7}-3\sqrt{7}+2\sqrt{5}}=3\sqrt{5}+\sqrt{7}$

13 $5\sqrt{6}+4\sqrt{10}-3\sqrt{6}-8\sqrt{10}=5\sqrt{6}-3\sqrt{6}+4\sqrt{10}-8\sqrt{10}$
$\phantom{5\sqrt{6}+4\sqrt{10}-3\sqrt{6}-8\sqrt{10}}=2\sqrt{6}-4\sqrt{10}$

14 $4\sqrt{3}-10\sqrt{2}-9\sqrt{3}-2\sqrt{2}=4\sqrt{3}-9\sqrt{3}-10\sqrt{2}-2\sqrt{2}$
$\phantom{4\sqrt{3}-10\sqrt{2}-9\sqrt{3}-2\sqrt{2}}=-5\sqrt{3}-12\sqrt{2}$

15 $\sqrt{50}+\sqrt{18}=\boxed{5}\sqrt{2}+\boxed{3}\sqrt{2}=\boxed{8}\sqrt{2}$

16 $\sqrt{54}-\sqrt{24}=3\sqrt{6}-2\sqrt{6}=\sqrt{6}$

17 $\sqrt{12}+\sqrt{27}=2\sqrt{3}+3\sqrt{3}=5\sqrt{3}$

18 $\sqrt{80}-\sqrt{20}=4\sqrt{5}-2\sqrt{5}=2\sqrt{5}$

19 $\sqrt{54}+3\sqrt{24}=3\sqrt{6}+3\times2\sqrt{6}$
$\phantom{\sqrt{54}+3\sqrt{24}}=3\sqrt{6}+6\sqrt{6}=9\sqrt{6}$

20 $2\sqrt{18}-\sqrt{72}=2\times3\sqrt{2}-6\sqrt{2}$
$\phantom{2\sqrt{18}-\sqrt{72}}=6\sqrt{2}-6\sqrt{2}=0$

21 $3\sqrt{48}+4\sqrt{27}=3\times4\sqrt{3}+4\times3\sqrt{3}$
$\phantom{3\sqrt{48}+4\sqrt{27}}=12\sqrt{3}+12\sqrt{3}=24\sqrt{3}$

22 $2\sqrt{175}-3\sqrt{28}=2\times5\sqrt{7}-3\times2\sqrt{7}$
$\phantom{2\sqrt{175}-3\sqrt{28}}=10\sqrt{7}-6\sqrt{7}=4\sqrt{7}$

23 $2\sqrt{32}-\sqrt{20}+\sqrt{50}-3\sqrt{45}$
$=2\times\boxed{4}\sqrt{2}-\boxed{2}\sqrt{5}+\boxed{5}\sqrt{2}-3\times\boxed{3}\sqrt{5}$
$=\boxed{8}\sqrt{2}-\boxed{2}\sqrt{5}+\boxed{5}\sqrt{2}-\boxed{9}\sqrt{5}$
$=\boxed{13}\sqrt{2}-\boxed{11}\sqrt{5}$

24 $\sqrt{75}+\sqrt{12}+\sqrt{27}=5\sqrt{3}+2\sqrt{3}+3\sqrt{3}=10\sqrt{3}$

25 $2\sqrt{5}+\sqrt{45}-\sqrt{80}=2\sqrt{5}+3\sqrt{5}-4\sqrt{5}=\sqrt{5}$

26 $\sqrt{7}-\sqrt{8}+\sqrt{28}+\sqrt{32}=\sqrt{7}-2\sqrt{2}+2\sqrt{7}+4\sqrt{2}$
$\phantom{\sqrt{7}-\sqrt{8}+\sqrt{28}+\sqrt{32}}=2\sqrt{2}+3\sqrt{7}$

27 $\sqrt{12}-\sqrt{18}+\sqrt{32}-\sqrt{48}=2\sqrt{3}-3\sqrt{2}+4\sqrt{2}-4\sqrt{3}$
$\phantom{\sqrt{12}-\sqrt{18}+\sqrt{32}-\sqrt{48}}=-3\sqrt{2}+4\sqrt{2}+2\sqrt{3}-4\sqrt{3}$
$\phantom{\sqrt{12}-\sqrt{18}+\sqrt{32}-\sqrt{48}}=\sqrt{2}-2\sqrt{3}$

28 $\sqrt{48}-3\sqrt{18}-2\sqrt{3}+2\sqrt{8}=4\sqrt{3}-3\times3\sqrt{2}-2\sqrt{3}+2\times2\sqrt{2}$
$\phantom{\sqrt{48}-3\sqrt{18}-2\sqrt{3}+2\sqrt{8}}=4\sqrt{3}-9\sqrt{2}-2\sqrt{3}+4\sqrt{2}$
$\phantom{\sqrt{48}-3\sqrt{18}-2\sqrt{3}+2\sqrt{8}}=-5\sqrt{2}+2\sqrt{3}$

29 $\sqrt{27}+\sqrt{28}-\sqrt{75}+\sqrt{63}=3\sqrt{3}+2\sqrt{7}-5\sqrt{3}+3\sqrt{7}$
$\phantom{\sqrt{27}+\sqrt{28}-\sqrt{75}+\sqrt{63}}=3\sqrt{3}-5\sqrt{3}+2\sqrt{7}+3\sqrt{7}$
$\phantom{\sqrt{27}+\sqrt{28}-\sqrt{75}+\sqrt{63}}=-2\sqrt{3}+5\sqrt{7}$

17 근호를 포함한 식의 분배법칙

01 $\sqrt{2}$, $\sqrt{5}$, $\sqrt{10}$, $\sqrt{15}$ 02 $\sqrt{21}+3$
03 $3\sqrt{2}+2\sqrt{30}$ 04 $3\sqrt{15}+2\sqrt{33}$
05 $\sqrt{30}-\sqrt{6}$ 06 $6\sqrt{2}-2\sqrt{3}$
07 $10\sqrt{3}-15$ 08 $\sqrt{7}$, $\sqrt{6}$, $\sqrt{70}$, $\sqrt{42}$
09 $\sqrt{65}+5$ 10 $6\sqrt{2}+3\sqrt{7}$
11 $6\sqrt{5}+9\sqrt{2}$ 12 $3\sqrt{2}-3$
13 $2\sqrt{6}-4\sqrt{10}$ 14 $21\sqrt{2}-14\sqrt{3}$

01 $\sqrt{5}(\sqrt{2}+\sqrt{3})=\sqrt{5}\times\boxed{\sqrt{2}}+\boxed{\sqrt{5}}\times\sqrt{3}=\boxed{\sqrt{10}}+\boxed{\sqrt{15}}$

02 $\sqrt{3}(\sqrt{7}+\sqrt{3})=\sqrt{3}\sqrt{7}+\sqrt{3}\sqrt{3}=\sqrt{21}+3$

03 $\sqrt{6}(\sqrt{3}+2\sqrt{5})=\sqrt{6}\sqrt{3}+\sqrt{6}\times2\sqrt{5}$
$=\sqrt{18}+2\sqrt{30}=3\sqrt{2}+2\sqrt{30}$

04 $\sqrt{3}(3\sqrt{5}+2\sqrt{11})=\sqrt{3}\times3\sqrt{5}+\sqrt{3}\times2\sqrt{11}$
$=3\sqrt{15}+2\sqrt{33}$

05 $\sqrt{3}(\sqrt{10}-\sqrt{2})=\sqrt{3}\sqrt{10}-\sqrt{3}\sqrt{2}=\sqrt{30}-\sqrt{6}$

06 $\sqrt{6}(2\sqrt{3}-\sqrt{2})=\sqrt{6}\times2\sqrt{3}-\sqrt{6}\sqrt{2}$
$=2\sqrt{18}-\sqrt{12}=6\sqrt{2}-2\sqrt{3}$

07 $\sqrt{5}(2\sqrt{15}-3\sqrt{5})=\sqrt{5}\times2\sqrt{15}-\sqrt{5}\times3\sqrt{5}$
$=2\sqrt{75}-15=10\sqrt{3}-15$

08 $(\sqrt{10}+\sqrt{6})\sqrt{7}=\sqrt{10}\times\boxed{\sqrt{7}}+\boxed{\sqrt{6}}\times\sqrt{7}$
$=\boxed{\sqrt{70}}+\boxed{\sqrt{42}}$

09 $(\sqrt{13}+\sqrt{5})\sqrt{5}=\sqrt{13}\sqrt{5}+\sqrt{5}\sqrt{5}=\sqrt{65}+5$

10 $(2\sqrt{6}+\sqrt{21})\sqrt{3}=2\sqrt{6}\sqrt{3}+\sqrt{21}\sqrt{3}$
$=2\sqrt{18}+\sqrt{63}=6\sqrt{2}+3\sqrt{7}$

11 $(2\sqrt{15}+3\sqrt{6})\sqrt{3}=2\sqrt{15}\sqrt{3}+3\sqrt{6}\sqrt{3}$
$=2\sqrt{45}+3\sqrt{18}=6\sqrt{5}+9\sqrt{2}$

12 $(\sqrt{6}-\sqrt{3})\sqrt{3}=\sqrt{6}\sqrt{3}-\sqrt{3}\sqrt{3}$
$=\sqrt{18}-3=3\sqrt{2}-3$

13 $(\sqrt{12}-4\sqrt{5})\sqrt{2}=\sqrt{12}\sqrt{2}-4\sqrt{5}\sqrt{2}$
$=\sqrt{24}-4\sqrt{10}=2\sqrt{6}-4\sqrt{10}$

14 $(3\sqrt{14}-2\sqrt{21})\sqrt{7}=3\sqrt{14}\sqrt{7}-2\sqrt{21}\sqrt{7}$
$=3\sqrt{98}-2\sqrt{147}=21\sqrt{2}-14\sqrt{3}$

18 근호를 포함한 복잡한 식의 계산

01 $4\sqrt{6}+8$ 02 $8\sqrt{2}-3$ 03 $2\sqrt{2}-2\sqrt{5}$
04 $8\sqrt{2}$ 05 $-3\sqrt{3}$ 06 $3\sqrt{5}$ 07 $-\sqrt{3}$
08 $4\sqrt{2}$ 09 $4\sqrt{5}$ 10 $4\sqrt{6}-4\sqrt{2}$
11 $2\sqrt{3}-2$

01 $\sqrt{2}(\sqrt{3}+4\sqrt{2})+3\sqrt{6}=\sqrt{2}\sqrt{3}+\sqrt{2}\times4\sqrt{2}+3\sqrt{6}$
$=\sqrt{6}+8+3\sqrt{6}=4\sqrt{6}+8$

02 $\sqrt{3}(\sqrt{6}-\sqrt{3})+5\sqrt{2}=\sqrt{3}\sqrt{6}-3+5\sqrt{2}$
$=3\sqrt{2}-3+5\sqrt{2}=8\sqrt{2}-3$

03 $(2+\sqrt{10})\sqrt{2}-4\sqrt{5}=2\sqrt{2}+\sqrt{20}-4\sqrt{5}$
$=2\sqrt{2}+2\sqrt{5}-4\sqrt{5}$
$=2\sqrt{2}-2\sqrt{5}$

04 $\sqrt{3}\times\sqrt{6}+\sqrt{50}=\sqrt{18}+\sqrt{50}$
$=3\sqrt{2}+5\sqrt{2}=8\sqrt{2}$

05 $\sqrt{21}\div\sqrt{7}-4\sqrt{3}=\sqrt{3}-4\sqrt{3}=-3\sqrt{3}$

06 $\sqrt{8}\times\sqrt{10}-\sqrt{30}\div\sqrt{6}=\sqrt{80}-\sqrt{5}$
$=4\sqrt{5}-\sqrt{5}=3\sqrt{5}$

07 $9\sqrt{6}\div3\sqrt{2}-\sqrt{24}\times\sqrt{2}=\dfrac{9\sqrt{6}}{3\sqrt{2}}-\sqrt{48}$
$=3\sqrt{3}-4\sqrt{3}=-\sqrt{3}$

08 $\sqrt{18}+\dfrac{4}{\sqrt{2}}-\sqrt{2}=3\sqrt{2}+\dfrac{4}{\sqrt{2}}-\sqrt{2}$
$=3\sqrt{2}+\dfrac{4\times\sqrt{2}}{\sqrt{2}\times\sqrt{2}}-\sqrt{2}$
$=3\sqrt{2}+\dfrac{4\sqrt{2}}{2}-\sqrt{2}$
$=3\sqrt{2}+2\sqrt{2}-\sqrt{2}$
$=4\sqrt{2}$

09 $\sqrt{15}\times\dfrac{2}{\sqrt{3}}+10\div\sqrt{5}=2\sqrt{5}+\dfrac{10}{\sqrt{5}}$
$=2\sqrt{5}+\dfrac{10\times\sqrt{5}}{\sqrt{5}\times\sqrt{5}}$
$=2\sqrt{5}+\dfrac{10\sqrt{5}}{5}$
$=2\sqrt{5}+2\sqrt{5}$
$=4\sqrt{5}$

10 $\sqrt{6} \times (4-\sqrt{3}) - \dfrac{\sqrt{6}}{\sqrt{3}} = 4\sqrt{6} - \sqrt{18} - \sqrt{2}$

$\qquad\qquad\qquad\quad = 4\sqrt{6} - 3\sqrt{2} - \sqrt{2}$

$\qquad\qquad\qquad\quad = 4\sqrt{6} - 4\sqrt{2}$

11 $\dfrac{3-\sqrt{3}}{\sqrt{3}} + \dfrac{\sqrt{6}-\sqrt{2}}{\sqrt{2}}$

$= \dfrac{(3-\sqrt{3})\times\sqrt{3}}{\sqrt{3}\times\sqrt{3}} + \dfrac{(\sqrt{6}-\sqrt{2})\times\sqrt{2}}{\sqrt{2}\times\sqrt{2}}$

$= \dfrac{3\sqrt{3}-3}{3} + \dfrac{2\sqrt{3}-2}{2}$

$= \sqrt{3}-1 + \sqrt{3}-1$

$= 2\sqrt{3}-2$

🐋 **핵심 반복**   본문 34쪽

1 ③	**2** ②	**3** ①	**4** ④
5 $4-\sqrt{10}$	**6** ③	**7** ②	**8** ①

1 $5\sqrt{2}-4\sqrt{2}+3\sqrt{2} = (5-4+3)\sqrt{2} = 4\sqrt{2}$

2 $4\sqrt{3}-2\sqrt{7}+\sqrt{3}-5\sqrt{7}$

$= 4\sqrt{3}+\sqrt{3}-2\sqrt{7}-5\sqrt{7}$

$= (4+1)\sqrt{3}+(-2-5)\sqrt{7}$

$= 5\sqrt{3}-7\sqrt{7}$

따라서 $a=5$, $b=-7$이므로

$a+b = 5+(-7) = -2$

3 $4\sqrt{5}+3\sqrt{20} = 4\sqrt{5}+3\times2\sqrt{5}$

$\qquad\qquad\quad = 4\sqrt{5}+6\sqrt{5} = 10\sqrt{5} = a\sqrt{5}$

$\therefore a=10$

4 $\sqrt{18}-\sqrt{12}-\sqrt{32}-4\sqrt{3}$

$= 3\sqrt{2}-2\sqrt{3}-4\sqrt{2}-4\sqrt{3}$

$= 3\sqrt{2}-4\sqrt{2}-2\sqrt{3}-4\sqrt{3}$

$= -\sqrt{2}-6\sqrt{3}$

5 $(2\sqrt{2}-\sqrt{5})\sqrt{2}$

$= 2\sqrt{2}\times\sqrt{2}-\sqrt{5}\times\sqrt{2}$

$= 4-\sqrt{10}$

6 $A=\sqrt{10}+\sqrt{2}$, $B=\sqrt{10}-\sqrt{2}$이므로

$\sqrt{2}A+\sqrt{10}B = \sqrt{2}(\sqrt{10}+\sqrt{2})+\sqrt{10}(\sqrt{10}-\sqrt{2})$

$\qquad\qquad\quad = \sqrt{20}+2+10-\sqrt{20} = 12$

7 $\sqrt{72} \div \sqrt{3} + \sqrt{2} \times \sqrt{27}$

$= \dfrac{\sqrt{72}}{\sqrt{3}} + \sqrt{54}$

$= \sqrt{24}+\sqrt{54}$

$= 2\sqrt{6}+3\sqrt{6} = 5\sqrt{6}$

8 $\dfrac{4}{\sqrt{2}} - \sqrt{6}(\sqrt{3}-\sqrt{2})$

$= \dfrac{4\times\sqrt{2}}{\sqrt{2}\times\sqrt{2}} - \sqrt{6}(\sqrt{3}-\sqrt{2})$

$= \dfrac{4\sqrt{2}}{2} - \sqrt{18}+\sqrt{12}$

$= 2\sqrt{2}-3\sqrt{2}+2\sqrt{3}$

$= -\sqrt{2}+2\sqrt{3}$

따라서 $a=-1$, $b=2$이므로

$ab = (-1)\times2 = -2$

🐙 **형성 평가**   본문 35쪽

1 ③	**2** ④	**3** ⑤	**4** ①
5 ①	**6** ③	**7** ②	**8** ④

1 $\sqrt{20}-a\sqrt{5}+\sqrt{125} = 2\sqrt{5}-a\sqrt{5}+5\sqrt{5}$

$\qquad\qquad\qquad\qquad = (7-a)\sqrt{5}$

$\qquad\qquad\qquad\qquad = \sqrt{5}$

$7-a=1 \quad \therefore a=6$

2 $2\sqrt{5}+3\sqrt{12}-4\sqrt{20}-\sqrt{27}$

$= 2\sqrt{5}+3\times2\sqrt{3}-4\times2\sqrt{5}-3\sqrt{3}$

$= 2\sqrt{5}+6\sqrt{3}-8\sqrt{5}-3\sqrt{3}$

$= 3\sqrt{3}-6\sqrt{5}$

3 넓이가 각각 $2\,\text{cm}^2$, $18\,\text{cm}^2$, $8\,\text{cm}^2$인 세 정사각형의 한 변의 길이는 각각 $\sqrt{2}\,\text{cm}$, $\sqrt{18}=3\sqrt{2}\,\text{cm}$, $\sqrt{8}=2\sqrt{2}\,\text{cm}$이므로

$\overline{AB}+\overline{BC} = (\sqrt{2}+3\sqrt{2})+(3\sqrt{2}+2\sqrt{2})$

$\qquad\qquad\quad = 4\sqrt{2}+5\sqrt{2}$

$\qquad\qquad\quad = 9\sqrt{2}(\text{cm})$

4 $\sqrt{72}-\sqrt{75}-\dfrac{6}{\sqrt{2}}+\sqrt{27}$

$= 6\sqrt{2}-5\sqrt{3}-\dfrac{6\times\sqrt{2}}{\sqrt{2}\times\sqrt{2}}+3\sqrt{3}$

$= 6\sqrt{2}-5\sqrt{3}-\dfrac{6\sqrt{2}}{2}+3\sqrt{3}$

$= 6\sqrt{2}-5\sqrt{3}-3\sqrt{2}+3\sqrt{3}$

$= 3\sqrt{2}-2\sqrt{3}$

따라서 $a=3$, $b=-2$이므로

$ab = 3\times(-2) = -6$

5

$$\sqrt{7}(2\sqrt{7}-a)-\sqrt{28}(4-3\sqrt{7})$$
$$=\sqrt{7}(2\sqrt{7}-a)-2\sqrt{7}(4-3\sqrt{7})$$
$$=14-\sqrt{7}a-8\sqrt{7}+42$$
$$=56-\sqrt{7}(a+8)$$

이 값이 유리수가 되려면 $a+8=0$이어야 한다.

$$\therefore a=-8$$

6

$$x+\frac{1}{x+1}=\sqrt{2}-1+\frac{1}{\sqrt{2}-1+1}$$
$$=\sqrt{2}-1+\frac{1\times\sqrt{2}}{\sqrt{2}\times\sqrt{2}}$$
$$=\sqrt{2}-1+\frac{\sqrt{2}}{2}=\frac{3\sqrt{2}}{2}-1$$

7

$$\sqrt{5}(3-2\sqrt{15})-\frac{\sqrt{30}-3\sqrt{2}}{\sqrt{6}}$$
$$=3\sqrt{5}-2\sqrt{75}-\sqrt{5}+\frac{3\sqrt{2}}{\sqrt{6}}$$
$$=3\sqrt{5}-2\times5\sqrt{3}-\sqrt{5}+\frac{3\sqrt{2}\times\sqrt{6}}{\sqrt{6}\times\sqrt{6}}$$
$$=3\sqrt{5}-10\sqrt{3}-\sqrt{5}+\frac{6\sqrt{3}}{6}$$
$$=3\sqrt{5}-10\sqrt{3}-\sqrt{5}+\sqrt{3}$$
$$=-9\sqrt{3}+2\sqrt{5}$$

따라서 $a=-9$, $b=2$이므로

$$a+b=-9+2=-7$$

8

$$f(1)+f(2)+f(3)+\cdots+f(24)$$
$$=(\sqrt{4}-\sqrt{3})+(\sqrt{5}-\sqrt{4})+(\sqrt{6}-\sqrt{5})+\cdots$$
$$\qquad\qquad\qquad+(\sqrt{26}-\sqrt{25})+(\sqrt{27}-\sqrt{26})$$
$$=-\sqrt{3}+\sqrt{27}$$
$$=-\sqrt{3}+3\sqrt{3}=2\sqrt{3}$$

쉬운 서술형

본문 36쪽

1 17

2 (1) $2^2\times7$　(2) 7　(3) 14　(4) 21

3 $\dfrac{\sqrt{6}}{12}$

4 (1) $\sqrt{2}$　(2) $2-\sqrt{2}$　(3) $1+\sqrt{2}$　(4) $-1+2\sqrt{2}$

1

ㄱ. $(-7)^2=49$의 제곱근은 ±7이고, 양의 제곱근은 7이므로

　　$a=7$　　　　　　　　　　　　　　　　　…… (가)

ㄴ. 제곱근 64는 64의 양의 제곱근이고, $\sqrt{64}=8$이므로

　　$b=8$　　　　　　　　　　　　　　　　　…… (나)

ㄷ. $\sqrt{16}=4$의 제곱근은 ±2이고, 음의 제곱근은 -2이므로

　　$c=-2$　　　　　　　　　　　　　　　　…… (다)

따라서 $a+b-c=7+8-(-2)=17$　　　　　…… (라)

채점 기준표

단계	채점 기준	비율
(가)	a의 값을 구한 경우	30 %
(나)	b의 값을 구한 경우	30 %
(다)	c의 값을 구한 경우	30 %
(라)	$a+b-c$의 값을 구한 경우	10 %

2

(1) 28을 소인수분해하면 $28=2^2\times7$　　　…… (가)

(2) $\sqrt{28a}=\sqrt{2^2\times7\times a}$가 자연수가 되도록 하는 가장 작은 자연수 a는 7이므로 $a=7$　　…… (나)

(3) $\sqrt{2^2\times7\times7}=14$이므로 $b=14$　　…… (다)

(4) 따라서 $a+b=7+14=21$　　　　　　…… (라)

채점 기준표

단계	채점 기준	비율
(가)	28을 소인수분해한 경우	20 %
(나)	a의 값을 구한 경우	40 %
(다)	b의 값을 구한 경우	30 %
(라)	$a+b$의 값을 구한 경우	10 %

3

$\sqrt{20}=\sqrt{2^2\times5}=2\sqrt{5}=a\sqrt{5}$이므로 $a=2$　…… (가)

$4\sqrt{3}=\sqrt{4^2\times3}=\sqrt{48}=\sqrt{b}$이므로 $b=48$　…… (나)

따라서 $\sqrt{\dfrac{a}{b}}=\sqrt{\dfrac{2}{48}}=\dfrac{1}{\sqrt{24}}$

$$=\frac{1}{2\sqrt{6}}=\frac{\sqrt{6}}{2\sqrt{6}\times\sqrt{6}}=\frac{\sqrt{6}}{12}\qquad\text{…… (다)}$$

채점 기준표

단계	채점 기준	비율
(가)	a의 값을 구한 경우	30 %
(나)	b의 값을 구한 경우	30 %
(다)	$\sqrt{\dfrac{a}{b}}$의 값을 구한 경우	40 %

4

(1) 직각삼각형 BCD에서 피타고라스 정리에 의하면

$$\overline{\text{BD}}^2=1^2+1^2=2$$

이때 $\overline{\text{BD}}>0$이므로 $\overline{\text{BD}}=\sqrt{2}$　　…… (가)

(2) $\overline{\text{AC}}=\overline{\text{BD}}=\sqrt{2}$이고, 점 P는 점 C(2)에서 왼쪽으로 $\sqrt{2}$만큼 떨어진 점이므로 점 P에 대응하는 수는 $2-\sqrt{2}$이다.
　　　　　　　　　　　　　　　　　…… (나)

(3) 점 Q는 점 B(1)에서 오른쪽으로 $\sqrt{2}$만큼 떨어진 점이므로 점 Q에 대응하는 수는 $1+\sqrt{2}$이다.　…… (다)

(4) 따라서 $\overline{\text{PQ}}$의 길이는

$$(1+\sqrt{2})-(2-\sqrt{2})=1+\sqrt{2}-2+\sqrt{2}=-1+2\sqrt{2}$$
　　　　　　　　　　　　　　　　　…… (라)

채점 기준표

단계	채점 기준	비율
(가)	$\overline{\text{BD}}$의 길이를 구한 경우	10 %
(나)	점 P에 대응하는 수를 구한 경우	30 %
(다)	점 Q에 대응하는 수를 구한 경우	30 %
(라)	$\overline{\text{PQ}}$의 길이를 구한 경우	30 %

Ⅱ 다항식의 곱셈과 인수분해

본문 38쪽

01 다항식과 다항식의 곱셈

01 $4x$, 20 **02** $2x$, 6, x^2+x-6
03 $ab+3a-6b-18$ **04** a^2+2a-8
05 $2x^2-7x-15$ **06** $15x^2-26x+8$
07 $a^2+ab-6b^2$ **08** $2x^2-7xy-4y^2$
09 xy, x, 2, $x^2+xy-x+y-2$
10 $a^2+2ab-a-4b-2$ **11** $2x^2-6xy+3x+3y-2$
12 $x^2+xy-4x-2y^2-8y$
13 $3a^2-14ab+9a-5b^2+3b$
14 $2a^2-5ab-10a+3b^2+15b$
15 $a^2+2ab-7a-6b+12$
16 $6a^2+11a-3ab+2b-10$

01 $(x-5)(y+4)=xy+\boxed{4x}-5y-\boxed{20}$

02 $(x+3)(x-2)=x^2-\boxed{2x}+3x-\boxed{6}=\boxed{x^2+x-6}$

03 $(a-6)(b+3)=ab+3a-6b-18$

04 $(a-2)(a+4)=a^2+4a-2a-8=a^2+2a-8$

05 $(2x+3)(x-5)=2x^2-10x+3x-15=2x^2-7x-15$

06 $(3x-4)(5x-2)=15x^2-6x-20x+8$
$\qquad =15x^2-26x+8$

07 $(a+3b)(a-2b)=a^2-2ab+3ab-6b^2=a^2+ab-6b^2$

08 $(2x+y)(x-4y)=2x^2-8xy+xy-4y^2=2x^2-7xy-4y^2$

09 $(x+1)(x+y-2)=x^2+\boxed{xy}-2x+\boxed{x}+y-\boxed{2}$
$\qquad =\boxed{x^2+xy-x+y-2}$

10 $(a-2)(a+2b+1)=a^2+2ab+a-2a-4b-2$
$\qquad =a^2+2ab-a-4b-2$

11 $(2x-1)(x-3y+2)=2x^2-6xy+4x-x+3y-2$
$\qquad =2x^2-6xy+3x+3y-2$

12 $(x+2y)(x-y-4)=x^2-xy-4x+2xy-2y^2-8y$
$\qquad =x^2+xy-4x-2y^2-8y$

13 $(3a+b)(a-5b+3)=3a^2-15ab+9a+ab-5b^2+3b$
$\qquad =3a^2-14ab+9a-5b^2+3b$

14 $(2a-3b)(a-b-5)=2a^2-2ab-10a-3ab+3b^2+15b$
$\qquad =2a^2-5ab-10a+3b^2+15b$

15 $(a+2b-4)(a-3)=a^2-3a+2ab-6b-4a+12$
$\qquad =a^2+2ab-7a-6b+12$

16 $(2a-b+5)(3a-2)=6a^2-4a-3ab+2b+15a-10$
$\qquad =6a^2+11a-3ab+2b-10$

본문 39쪽

02 곱셈 공식(1)

01 3, 3, 6, 9 **02** $2x$, $2x$, 1, $4x^2+4x+1$
03 a^2+4a+4 **04** $a^2+8a+16$
05 $x^2+10x+25$ **06** $9x^2+12x+4$
07 $4x^2+12xy+9y^2$ **08** $16a^2+16ab+4b^2$
09 3, 3, 6, 9 **10** $3x$, $3x$, 2, $9x^2-12x+4$
11 $x^2-12x+36$ **12** $a^2-14a+49$
13 $16a^2-8a+1$ **14** $25x^2-30x+9$
15 $16x^2-24xy+9y^2$ **16** $25a^2-20ab+4b^2$

01 $(x+3)^2=x^2+2\times x\times\boxed{3}+\boxed{3}^2$
$\qquad =x^2+\boxed{6}x+\boxed{9}$

02 $(2x+1)^2=(\boxed{2x})^2+2\times\boxed{2x}\times1+\boxed{1}^2$
$\qquad =\boxed{4x^2+4x+1}$

03 $(a+2)^2=a^2+2\times a\times2+2^2$
$\qquad =a^2+4a+4$

04 $(a+4)^2=a^2+2\times a\times4+4^2$
$\qquad =a^2+8a+16$

05 $(x+5)^2=x^2+2\times x\times5+5^2$
$\qquad =x^2+10x+25$

06 $(3x+2)^2=(3x)^2+2\times3x\times2+2^2$
$\qquad =9x^2+12x+4$

07 $(2x+3y)^2=(2x)^2+2\times2x\times3y+(3y)^2$
$\qquad =4x^2+12xy+9y^2$

08 $(4a+2b)^2=(4a)^2+2\times 4a\times 2b+(2b)^2$
$\qquad =16a^2+16ab+4b^2$

09 $(x-3)^2=x^2-2\times x\times \boxed{3}+\boxed{3}^2$
$\qquad =x^2-\boxed{6}x+\boxed{9}$

10 $(3x-2)^2=(\boxed{3x})^2-2\times \boxed{3x}\times 2+\boxed{2}^2$
$\qquad =\boxed{9x^2-12x+4}$

11 $(x-6)^2=x^2-2\times x\times 6+6^2$
$\qquad =x^2-12x+36$

12 $(a-7)^2=a^2-2\times a\times 7+7^2$
$\qquad =a^2-14a+49$

13 $(4a-1)^2=(4a)^2-2\times 4a\times 1+1^2$
$\qquad =16a^2-8a+1$

14 $(5x-3)^2=(5x)^2-2\times 5x\times 3+3^2$
$\qquad =25x^2-30x+9$

15 $(4x-3y)^2=(4x)^2-2\times 4x\times 3y+(3y)^2$
$\qquad =16x^2-24xy+9y^2$

16 $(5a-2b)^2=(5a)^2-2\times 5a\times 2b+(2b)^2$
$\qquad =25a^2-20ab+4b^2$

---

03 곱셈 공식 (2)

본문 40쪽

01 3, 9	**02** 1, 4, 1	**03** a^2-16
04 $9x^2-4$	**05** $25x^2-9$	**06** $49-x^2$
07 a^2-100	**08** $25-36x^2$	**09** $16x^2-9$
10 $-,-,-.\sqrt{3}$, $2-\sqrt{3}$		**11** $\dfrac{2+\sqrt{2}}{2}$
12 $\sqrt{5}-\sqrt{3}$	**13** $\sqrt{15}+2\sqrt{3}$	
14 $3-2\sqrt{2}$	**15** $2+\sqrt{3}$	

01 $(x+3)(x-3)=x^2-\boxed{3}^2=x^2-\boxed{9}$

02 $(2x+1)(2x-1)=(2x)^2-\boxed{1}^2=\boxed{4}x^2-\boxed{1}$

03 $(a+4)(a-4)=a^2-4^2=a^2-16$

04 $(3x+2)(3x-2)=(3x)^2-2^2=9x^2-4$

05 $(5x+3)(5x-3)=(5x)^2-3^2=25x^2-9$

06 $(7+x)(7-x)=7^2-x^2=49-x^2$

07 $(-a+10)(-a-10)=(-a)^2-10^2=a^2-100$

08 $(5+6x)(5-6x)=5^2-(6x)^2=25-36x^2$

09 $(-4x+3)(-4x-3)=(-4x)^2-3^2=16x^2-9$

10 $\dfrac{1}{2+\sqrt{3}}=\dfrac{1\times(2\boxed{-}\sqrt{3})}{(2+\sqrt{3})(2\boxed{-}\sqrt{3})}$
$\qquad =\dfrac{2\boxed{-}\sqrt{3}}{2^2-(\boxed{\sqrt{3}})^2}=\boxed{2-\sqrt{3}}$

11 $\dfrac{1}{2-\sqrt{2}}=\dfrac{1\times(2+\sqrt{2})}{(2-\sqrt{2})(2+\sqrt{2})}=\dfrac{2+\sqrt{2}}{2^2-(\sqrt{2})^2}$
$\qquad =\dfrac{2+\sqrt{2}}{4-2}=\dfrac{2+\sqrt{2}}{2}$

12 $\dfrac{2}{\sqrt{5}+\sqrt{3}}=\dfrac{2\times(\sqrt{5}-\sqrt{3})}{(\sqrt{5}+\sqrt{3})(\sqrt{5}-\sqrt{3})}$
$\qquad =\dfrac{2\times(\sqrt{5}-\sqrt{3})}{(\sqrt{5})^2-(\sqrt{3})^2}$
$\qquad =\dfrac{2\times(\sqrt{5}-\sqrt{3})}{5-3}=\sqrt{5}-\sqrt{3}$

13 $\dfrac{\sqrt{3}}{\sqrt{5}-2}=\dfrac{\sqrt{3}\times(\sqrt{5}+2)}{(\sqrt{5}-2)(\sqrt{5}+2)}$
$\qquad =\dfrac{\sqrt{15}+2\sqrt{3}}{(\sqrt{5})^2-2^2}$
$\qquad =\dfrac{\sqrt{15}+2\sqrt{3}}{5-4}=\sqrt{15}+2\sqrt{3}$

14 $\dfrac{\sqrt{2}-1}{\sqrt{2}+1}=\dfrac{(\sqrt{2}-1)^2}{(\sqrt{2}+1)(\sqrt{2}-1)}$
$\qquad =\dfrac{2-2\sqrt{2}+1}{(\sqrt{2})^2-1^2}$
$\qquad =3-2\sqrt{2}$

15 $\dfrac{\sqrt{6}+\sqrt{2}}{\sqrt{6}-\sqrt{2}}=\dfrac{(\sqrt{6}+\sqrt{2})^2}{(\sqrt{6}-\sqrt{2})(\sqrt{6}+\sqrt{2})}$
$\qquad =\dfrac{6+2\sqrt{12}+2}{(\sqrt{6})^2-(\sqrt{2})^2}$
$\qquad =\dfrac{8+4\sqrt{3}}{4}$
$\qquad =2+\sqrt{3}$

04 곱셈 공식(3)

01 2, 2, 3 **02** $x^2+3x-10$

03 x^2-x-12 **04** $x^2-9x+18$

05 $x^2+6xy+8y^2$ **06** $x^2+xy-30y^2$

07 $x^2+4xy-21y^2$ **08** $x^2-7xy+10y^2$

09 2, 2, 7 **10** $12x^2+10x-8$

11 $10x^2-13x-3$ **12** $20x^2-13x+2$

13 $8x^2+14xy+3y^2$ **14** $6x^2+19xy-7y^2$

15 $12x^2-xy-20y^2$ **16** $12x^2-17xy+6y^2$

01 $(x+1)(x+2)=x^2+(1+\boxed{2})x+1\times\boxed{2}$
$=x^2+\boxed{3}x+2$

02 $(x+5)(x-2)=x^2+(5-2)x+5\times(-2)$
$=x^2+3x-10$

03 $(x-4)(x+3)=x^2+(-4+3)x-4\times3$
$=x^2-x-12$

04 $(x-6)(x-3)=x^2+(-6-3)x-6\times(-3)$
$=x^2-9x+18$

05 $(x+2y)(x+4y)=x^2+(2y+4y)x+2y\times4y$
$=x^2+6xy+8y^2$

06 $(x+6y)(x-5y)=x^2+(6y-5y)x+6y\times(-5y)$
$=x^2+xy-30y^2$

07 $(x-3y)(x+7y)=x^2+(-3y+7y)x-3y\times7y$
$=x^2+4xy-21y^2$

08 $(x-2y)(x-5y)$
$=x^2+(-2y-5y)x+(-2y)\times(-5y)$
$=x^2-7xy+10y^2$

09 $(2x+1)(3x+2)$
$=(2\times3)x^2+(2\times\boxed{2}+1\times3)x+1\times\boxed{2}$
$=6x^2+\boxed{7}x+2$

10 $(3x+4)(4x-2)$
$=(3\times4)x^2+\{3\times(-2)+4\times4\}x+4\times(-2)$
$=12x^2+10x-8$

11 $(2x-3)(5x+1)$
$=(2\times5)x^2+\{2\times1+(-3)\times5\}x+(-3)\times1$
$=10x^2-13x-3$

12 $(5x-2)(4x-1)$
$=(5\times4)x^2+\{5\times(-1)+(-2)\times4\}x+(-2)\times(-1)$
$=20x^2-13x+2$

13 $(2x+3y)(4x+y)$
$=(2\times4)x^2+(2\times y+3y\times4)x+3y\times y$
$=8x^2+14xy+3y^2$

14 $(2x+7y)(3x-y)$
$=(2\times3)x^2+\{2\times(-y)+7y\times3\}x+7y\times(-y)$
$=6x^2+19xy-7y^2$

15 $(3x-4y)(4x+5y)$
$=(3\times4)x^2+\{3\times5y+(-4y)\times4\}x+(-4y)\times5y$
$=12x^2-xy-20y^2$

16 $(3x-2y)(4x-3y)$
$=(3\times4)x^2+\{3\times(-3y)+(-2y)\times4\}x+(-2y)\times(-3y)$
$=12x^2-17xy+6y^2$

05 곱셈 공식을 이용한 수의 계산

01 1, 100, 2601 **02** 2, 200, 4, 2304

03 10404 **04** 9604 **05** 3969 **06** 27.04

07 94.09 **08** 1, 1, 1, 899

09 1, 3, 4, 3, 1023 **10** 9996 **11** 10608

12 2491 **13** 3422 **14** 24.99

01 $51^2=(50+\boxed{1})^2=50^2+2\times50\times1+1^2$
$=2500+\boxed{100}+1=\boxed{2601}$

02 $48^2=(50-\boxed{2})^2=50^2-2\times50\times2+2^2$
$=2500-\boxed{200}+\boxed{4}=\boxed{2304}$

03 $102^2=(100+2)^2=100^2+2\times100\times2+2^2$
$=10000+400+4=10404$

04 $98^2=(100-2)^2=100^2-2\times100\times2+2^2$
$=10000-400+4=9604$

05 $63^2=(60+3)^2=60^2+2\times60\times3+3^2$
$=3600+360+9=3969$

06 $5.2^2=(5+0.2)^2=5^2+2\times5\times0.2+0.2^2$
$=25+2+0.04=27.04$

07 $9.7^2=(10-0.3)^2=10^2-2\times10\times0.3+0.3^2$
$\qquad=100-6+0.09=94.09$

08 $31\times29=(30+\boxed{1})(30-\boxed{1})$
$\qquad=30^2-1^2$
$\qquad=900-\boxed{1}$
$\qquad=\boxed{899}$

09 $31\times33=(30+\boxed{1})(30+\boxed{3})$
$\qquad=30^2+(1+3)\times30+1\times3$
$\qquad=900+\boxed{4}\times30+\boxed{3}$
$\qquad=900+120+3$
$\qquad=\boxed{1023}$

10 $102\times98=(100+2)(100-2)$
$\qquad=100^2-2^2$
$\qquad=10000-4$
$\qquad=9996$

11 $102\times104=(100+2)(100+4)$
$\qquad=100^2+(2+4)\times100+2\times4$
$\qquad=10000+600+8$
$\qquad=10608$

12 $53\times47=(50+3)(50-3)$
$\qquad=50^2-3^2$
$\qquad=2500-9$
$\qquad=2491$

13 $58\times59=(60-2)(60-1)$
$\qquad=60^2+(-2-1)\times60+(-2)\times(-1)$
$\qquad=3600-180+2$
$\qquad=3422$

14 $5.1\times4.9=(5+0.1)(5-0.1)$
$\qquad=5^2-0.1^2$
$\qquad=25-0.01$
$\qquad=24.99$

본문 43쪽

06 곱셈 공식의 변형

01 $2xy$, 4, 5 **02** $2xy$, 20, 29
03 $4xy$, -56, 81 **04** $4xy$, 32, 36
05 13 **06** 1 **07** 17 **08** 25
09 20 **10** 4

---

01 $x^2+y^2=(x+y)^2-\boxed{2xy}$
$\qquad=9-\boxed{4}$
$\qquad=\boxed{5}$

02 $x^2+y^2=(x-y)^2+\boxed{2xy}$
$\qquad=9+\boxed{20}$
$\qquad=\boxed{29}$

03 $(x-y)^2=(x+y)^2-\boxed{4xy}$
$\qquad=25-(\boxed{-56})$
$\qquad=\boxed{81}$

04 $(x+y)^2=(x-y)^2+\boxed{4xy}$
$\qquad=4+\boxed{32}$
$\qquad=\boxed{36}$

05 $x^2+y^2=(x+y)^2-2xy=25-12=13$

06 $(x-y)^2=(x+y)^2-4xy=25-24=1$

07 $x^2+y^2=(x+y)^2-2xy=9+8=17$

08 $(x-y)^2=(x+y)^2-4xy=9+16=25$

09 $x^2+y^2=(x-y)^2+2xy=36-16=20$

10 $(x+y)^2=(x-y)^2+4xy=36-32=4$

핵심 반복

본문 44쪽

1 ③ **2** ④ **3** ⑤ **4** ④
5 ① **6** ③ **7** ③ **8** ③

1 $(6a-b)(a+4b)$
$\quad=6a\times a+6a\times4b-b\times a-b\times4b$
$\quad=6a^2+24ab-ab-4b^2$
$\quad=6a^2+23ab-4b^2$

2 ① $(x+2)^2=x^2+2\times x\times2+2^2$
$\qquad\qquad=x^2+4x+4$
② $(3a-1)^2=(3a)^2-2\times3a\times1+1^2$
$\qquad\qquad=9a^2-6a+1$
③ $\left(x+\dfrac{1}{2}\right)^2=x^2+2\times x\times\dfrac{1}{2}+\left(\dfrac{1}{2}\right)^2$
$\qquad\qquad=x^2+x+\dfrac{1}{4}$
⑤ $(-2a-5b)^2=(-2a)^2-2\times(-2a)\times5b+(5b)^2$
$\qquad\qquad=4a^2+20ab+25b^2$

3 $(-a+2)(-a-2)=(-a)^2-2^2=a^2-4$

4 $\dfrac{2-\sqrt{3}}{2+\sqrt{3}}=\dfrac{(2-\sqrt{3})^2}{(2+\sqrt{3})(2-\sqrt{3})}$

$\qquad =\dfrac{4-4\sqrt{3}+3}{2^2-(\sqrt{3})^2}=7-4\sqrt{3}$

5 $(x+2)(x-5)=x^2+(2-5)x+2\times(-5)$

$\qquad\qquad\qquad =x^2-3x-10$

따라서 $a=-3,\ b=-10$이므로

$a+b=-3+(-10)=-13$

6 $(2x-1)(3x+4)$

$=(2\times3)x^2+\{2\times4+(-1)\times3\}x+(-1)\times4$

$=6x^2+5x-4$

7 $70.1\times69.9=(70+0.1)(70-0.1)$

$\qquad\qquad\quad =70^2-0.1^2$

$\qquad\qquad\quad =4900-0.01$

$\qquad\qquad\quad =4899.99$

따라서 ③ $(a+b)(a-b)=a^2-b^2$을 이용하는 것이 가장 편리하다.

8 $x^2+y^2=(x+y)^2-2xy$

$\qquad\quad =64-20=44$

🐙 **형성 평가**

1 ⑤	**2** ⑤	**3** ⑤	**4** ②
5 ①	**6** ③	**7** ③	**8** -1

1 $(3x-4y+2)(x+2y-4)$

$=3x^2+6xy-12x-4xy-8y^2+16y+2x+4y-8$

$=3x^2+2xy-8y^2-10x+20y-8$

따라서 xy의 계수는 2이다.

2 $(4a+b)^2-(4a-b)^2$

$=16a^2+8ab+b^2-(16a^2-8ab+b^2)$

$=16a^2+8ab+b^2-16a^2+8ab-b^2$

$=16ab$

3 ① $(a-b)(a+b)=a^2-b^2$

② $-(-a+b)(a+b)=(a-b)(a+b)$

$\qquad\qquad\qquad\qquad =a^2-b^2$

③ $(-a-b)(-a+b)=(-a)^2-b^2$

$\qquad\qquad\qquad\qquad =a^2-b^2$

④ $-(-a-b)(a-b)=(a+b)(a-b)$

$\qquad\qquad\qquad\qquad =a^2-b^2$

⑤ $(-a-b)(a+b)=-(a+b)(a+b)$

$\qquad\qquad\qquad\quad =-(a^2+2ab+b^2)$

$\qquad\qquad\qquad\quad =-a^2-2ab-b^2$

따라서 전개식이 나머지 넷과 다른 하나는 ⑤이다.

4 $\dfrac{4}{\sqrt{7}-\sqrt{3}}+\dfrac{4}{\sqrt{7}+\sqrt{3}}$

$=\dfrac{4(\sqrt{7}+\sqrt{3})}{(\sqrt{7}-\sqrt{3})(\sqrt{7}+\sqrt{3})}+\dfrac{4(\sqrt{7}-\sqrt{3})}{(\sqrt{7}+\sqrt{3})(\sqrt{7}-\sqrt{3})}$

$=\dfrac{4(\sqrt{7}+\sqrt{3})}{7-3}+\dfrac{4(\sqrt{7}-\sqrt{3})}{7-3}$

$=\sqrt{7}+\sqrt{3}+\sqrt{7}-\sqrt{3}=2\sqrt{7}$

5 $(x+3)(x+A)=x^2+(3+A)x+3A$이므로

$3+A=B,\ 3A=-18$

$\therefore A=-6,\ B=-3$

$\therefore A+B=-6+(-3)=-9$

6 ㄱ. $5.02\times4.98=(5+0.02)(5-0.02)$

ㄴ. $204\times203=(200+4)(200+3)$

ㄷ. $1998^2=(2000-2)^2$

ㄹ. $1996\times2004=(2000-4)(2000+4)$

따라서 곱셈 공식 $(a+b)(a-b)=a^2-b^2$을 이용하면 편리한 수의 계산은 ㄱ, ㄹ이다.

7 $(x+y)^2=x^2+y^2+2xy$에서

$36=40+2xy,\ 2xy=-4$

$\therefore xy=-2$

8 $2(3+1)(3^2+1)(3^4+1)-3^8$

$=(3-1)(3+1)(3^2+1)(3^4+1)-3^8$

$=(3^2-1)(3^2+1)(3^4+1)-3^8$

$=(3^4-1)(3^4+1)-3^8$

$=3^8-1-3^8=-1$

🐌 본문 46쪽

07 인수분해

01 a^2+2a	**02** $ab-a$	**03** $6a^2-10ab$
04 $-4x^2-5x$	**05** $a,\ 5b$	**06** $xy,\ 2$
07 $x(y+3)$	**08** $5(x-4)$	**09** $a(b-2c)$
10 $3ab(3a+2b)$	**11** $2xy(2x-5y)$	
12 $2a(a-4b+2)$	**13** $2b,\ y$	
14 $(x-1)(x+3)$	**15** $(a+2)(b-4)$	
16 $(a-b)(x-y)$		

22 EBS 한 장 수학 3 (상)

01 $a(a+2)=a^2+2a$
이므로 $a(a+2)$는 a^2+2a를 인수분해한 것이다.

02 $a(b-1)=ab-a$
이므로 $a(b-1)$은 $ab-a$를 인수분해한 것이다.

03 $2a(3a-5b)=6a^2-10ab$
이므로 $2a(3a-5b)$는 $6a^2-10ab$를 인수분해한 것이다.

04 $-x(4x+5)=-4x^2-5x$
이므로 $-x(4x+5)$는 $-4x^2-5x$를 인수분해한 것이다.

05 $3a+5ab=\boxed{a}(3+\boxed{5b})$

06 $x^2y-2xy=\boxed{xy}(x-\boxed{2})$

07 $xy+3x=x(y+3)$

08 $5x-20=5(x-4)$

09 $ab-2ac=a(b-2c)$

10 $9a^2b+6ab^2=3ab(3a+2b)$

11 $4x^2y-10xy^2=2xy(2x-5y)$

12 $2a^2-8ab+4a=2a(a-4b+2)$

13 $(a+2b)x+(a+2b)y=(a+\boxed{2b})(x+\boxed{y})$

14 $x(x-1)+3(x-1)=(x-1)(x+3)$

15 $b(a+2)-4(a+2)=(a+2)(b-4)$

16 $(a-b)x-(a-b)y=(a-b)(x-y)$

08 인수분해 공식(1)

01 3, 3, 3	**02** $4y$, $4y$, x, $4y$	**03** $(x+6)^2$
04 $(x-1)^2$	**05** $(x+8)^2$	**06** $(x-9)^2$
07 $(x+7y)^2$	**08** $(a+5b)^2$	**09** $(a-6b)^2$
10 $2x$, y, $2x$, y	**11** 2, 2, 4	**12** $(2x+3)^2$
13 $(5x+1)^2$	**14** $(3x-4)^2$	**15** $(7x-3y)^2$
16 $3(x+2)^2$	**17** $y(x+5)^2$	**18** $3y(2x-1)^2$

01 x^2+6x+9
$=x^2+2\times x\times\boxed{3}+\boxed{3}^2$
$=(x+\boxed{3})^2$

02 $x^2-8xy+16y^2$
$=x^2-2\times x\times\boxed{4y}+(\boxed{4y})^2$
$=(\boxed{x}-\boxed{4y})^2$

03 $x^2+12x+36=x^2+2\times x\times 6+6^2$
$=(x+6)^2$

04 $x^2-2x+1=x^2-2\times x\times 1+1^2$
$=(x-1)^2$

05 $x^2+16x+64=x^2+2\times x\times 8+8^2$
$=(x+8)^2$

06 $x^2-18x+81=x^2-2\times x\times 9+9^2$
$=(x-9)^2$

07 $x^2+14xy+49y^2=x^2+2\times x\times 7y+(7y)^2$
$=(x+7y)^2$

08 $a^2+10ab+25b^2=a^2+2\times a\times 5b+(5b)^2$
$=(a+5b)^2$

09 $a^2-12ab+36b^2=a^2-2\times a\times 6b+(6b)^2$
$=(a-6b)^2$

10 $4x^2-4xy+y^2=(2x)^2-2\times\boxed{2x}\times y+\boxed{y}^2$
$=(\boxed{2x}-\boxed{y})^2$

11 $2x^2-16x+32=\boxed{2}(x^2-8x+16)$
$=2(x^2-2\times x\times 4+4^2)$
$=\boxed{2}(x-\boxed{4})^2$

12 $4x^2+12x+9=(2x)^2+2\times 2x\times 3+3^2$
$=(2x+3)^2$

13 $25x^2+10x+1=(5x)^2+2\times 5x\times 1+1^2$
$=(5x+1)^2$

14 $9x^2-24x+16=(3x)^2-2\times 3x\times 4+4^2$
$=(3x-4)^2$

15 $49x^2-42xy+9y^2=(7x)^2-2\times 7x\times 3y+(3y)^2$
$=(7x-3y)^2$

16 $3x^2+12x+12=3(x^2+4x+4)$
$=3(x^2+2\times x\times 2+2^2)$
$=3(x+2)^2$

17 $x^2y+10xy+25y=y(x^2+10x+25)$
$=y(x^2+2\times x\times 5+5^2)$
$=y(x+5)^2$

18 $12x^2y-12xy+3y=3y(4x^2-4x+1)$
$=3y\{(2x)^2-2\times 2x\times 1+1^2\}$
$=3y(2x-1)^2$

본문 48쪽

09 완전제곱식이 될 조건

01 25	**02** 4	**03** 4	**04** 36
05 9	**06** 9	**07** $64b^2$	**08** $4y^2$
09 $6x$	**10** $2y$, $\pm 12xy$		**11** $\pm 8a$
12 $\pm 10x$	**13** $\pm 8ab$	**14** $\pm 20xy$	**15** $\pm 30ab$
16 $\pm 56xy$			

01 $x^2+10x+\boxed{}=x^2+2\times x\times 5+5^2$
$=(x+5)^2$
이므로 □ 안에 알맞은 수는 $5^2=25$

02 $9x^2-12x+\boxed{}=(3x)^2-2\times 3x\times 2+2^2$
$=(3x-2)^2$
이므로 □ 안에 알맞은 수는 $2^2=4$

03 $x^2+4x+\boxed{}=x^2+2\times x\times 2+2^2$
$=(x+2)^2$
이므로 □ 안에 알맞은 수는 $2^2=4$
다른 풀이
$\square=\left(\dfrac{4}{2}\right)^2=4$

04 $x^2-12x+\boxed{}=x^2-2\times x\times 6+6^2$
$=(x-6)^2$
이므로 □ 안에 알맞은 수는 $6^2=36$
다른 풀이
$\square=\left(\dfrac{-12}{2}\right)^2=36$

05 $4x^2+12x+\boxed{}=(2x)^2+2\times 2x\times 3+3^2$
$=(2x+3)^2$
이므로 □ 안에 알맞은 수는 $3^2=9$

06 $16x^2-24x+\boxed{}=(4x)^2-2\times 4x\times 3+3^2$
$=(4x-3)^2$
이므로 □ 안에 알맞은 수는 $3^2=9$

07 $a^2+16ab+\boxed{}=a^2+2\times a\times 8b+(8b)^2$
$=(a+8b)^2$
이므로 □ 안에 알맞은 것은 $(8b)^2=64b^2$
다른 풀이
$\square=\left(\dfrac{16b}{2}\right)^2=64b^2$

08 $25x^2-20xy+\boxed{}=(5x)^2-2\times 5x\times 2y+(2y)^2$
$=(5x-2y)^2$
이므로 □ 안에 알맞은 것은 $(2y)^2=4y^2$

09 $x^2+A+9=x^2+A+(\pm 3)^2=(x\pm 3)^2$
$\therefore A=\pm 2\times x\times 3=\pm\boxed{6x}$

10 $9x^2+A+4y^2=(3x)^2+A+(\pm 2y)^2=(3x\pm 2y)^2$
$\therefore A=\pm 2\times 3x\times\boxed{2y}=\boxed{\pm 12xy}$

11 $a^2+\boxed{}+16=a^2+\boxed{}+(\pm 4)^2$
$\therefore \boxed{}=2\times a\times(\pm 4)=\pm 8a$

12 $x^2+\boxed{}+25=x^2+\boxed{}+(\pm 5)^2$
$\therefore \boxed{}=2\times x\times(\pm 5)=\pm 10x$

13 $a^2+\boxed{}+16b^2=a^2+\boxed{}+(\pm 4b)^2$
$\therefore \boxed{}=2\times a\times(\pm 4b)=\pm 8ab$

14 $x^2+\boxed{}+100y^2=x^2+\boxed{}+(\pm 10y)^2$
$\therefore \boxed{}=2\times x\times(\pm 10y)=\pm 20xy$

15 $25a^2+\boxed{}+9b^2=(5a)^2+\boxed{}+(\pm 3b)^2$
$\therefore \boxed{}=2\times 5a\times(\pm 3b)=\pm 30ab$

16 $16x^2+\boxed{}+49y^2=(4x)^2+\boxed{}+(\pm 7y)^2$
$\therefore \boxed{}=2\times 4x\times(\pm 7y)=\pm 56xy$

10 인수분해 공식(2)

01 3, 3, 3   **02** $(x+4)(x-4)$
03 $(x+8)(x-8)$ **04** $(x+9)(x-9)$
05 $2x, 2x, 2x$ **06** $(3x+1)(3x-1)$
07 $(2x+7)(2x-7)$ **08** $(4x+3)(4x-3)$
09 $(5x+6)(5x-6)$ **10** $4y, 4y, 4y$
11 $(3x+2y)(3x-2y)$ **12** $(4x+5y)(4x-5y)$
13 $(8a+3b)(8a-3b)$ **14** $(7a+10b)(7a-10b)$
15 4, 2, 2, 2   **16** $3(a+2)(a-2)$
17 $x(x+3)(x-3)$ **18** $3(a+4b)(a-4b)$

01 $x^2-9=x^2-\boxed{3}^2=(x+\boxed{3})(x-\boxed{3})$

02 $x^2-16=x^2-4^2=(x+4)(x-4)$

03 $x^2-64=x^2-8^2=(x+8)(x-8)$

04 $x^2-81=x^2-9^2=(x+9)(x-9)$

05 $4x^2-1=(\boxed{2x})^2-1^2=(\boxed{2x}+1)(\boxed{2x}-1)$

06 $9x^2-1=(3x)^2-1^2=(3x+1)(3x-1)$

07 $4x^2-49=(2x)^2-7^2=(2x+7)(2x-7)$

08 $16x^2-9=(4x)^2-3^2=(4x+3)(4x-3)$

09 $25x^2-36=(5x)^2-6^2=(5x+6)(5x-6)$

10 $9x^2-16y^2=(3x)^2-(\boxed{4y})^2=(3x+\boxed{4y})(3x-\boxed{4y})$

11 $9x^2-4y^2=(3x)^2-(2y)^2$
$\qquad =(3x+2y)(3x-2y)$

12 $16x^2-25y^2=(4x)^2-(5y)^2$
$\qquad =(4x+5y)(4x-5y)$

13 $64a^2-9b^2=(8a)^2-(3b)^2$
$\qquad =(8a+3b)(8a-3b)$

14 $49a^2-100b^2=(7a)^2-(10b)^2$
$\qquad =(7a+10b)(7a-10b)$

15 $2a^2-8=2(a^2-\boxed{4})=2(a^2-\boxed{2}^2)$
$\qquad =2(a+\boxed{2})(a-\boxed{2})$

16 $3a^2-12=3(a^2-4)=3(a^2-2^2)$
$\qquad =3(a+2)(a-2)$

17 $x^3-9x=x(x^2-9)$
$\qquad =x(x^2-3^2)$
$\qquad =x(x+3)(x-3)$

18 $3a^2-48b^2=3(a^2-16b^2)$
$\qquad =3\{a^2-(4b)^2\}$
$\qquad =3(a+4b)(a-4b)$

11 인수분해 공식(3)−x^2의 계수가 1인 이차식의 인수분해

01 1, 2   **02** $-4, -2$ **03** $-5, 7$ **04** $-6, 1$
05 풀이 참조   **06** 풀이 참조
07 $(x+1)(x+2)$ **08** $(x-1)(x-4)$
09 $(x+3)(x+7)$ **10** $(x-2)(x+4)$
11 $(x-5)(x-7)$ **12** $(x+2)(x-9)$
13 $(x+4y)(x+6y)$ **14** $(x-5y)(x-7y)$
15 $(x+7y)(x-3y)$ **16** $(x+2y)(x-10y)$

01 곱이 2이고 합이 3인 두 정수는 1, 2이다.

02 곱이 8이고 합이 -6인 두 정수는 $-4, -2$이다.

03 곱이 -35이고 합이 2인 두 정수는 $-5, 7$이다.

04 곱이 -6이고 합이 -5인 두 정수는 $-6, 1$이다.

05 $x^2-6x+8=(x-2)(x-4)$

곱이 8인 두 정수	두 정수의 합
1, 8	9
2, 4	6
$-1, -8$	-9
$-2, -4$	-6

06 $x^2-x-6=(x+2)(x-3)$

곱이 -6인 두 정수	두 정수의 합
1, -6	-5
2, -3	-1
-1, 6	5
-2, 3	1

07 곱이 2이고 합이 3인 두 정수는 1과 2이므로
$$x^2+3x+2=(x+1)(x+2)$$

08 곱이 4이고 합이 -5인 두 정수는 -1과 -4이므로
$$x^2-5x+4=(x-1)(x-4)$$

09 곱이 21이고 합이 10인 두 정수는 3과 7이므로
$$x^2+10x+21=(x+3)(x+7)$$

10 곱이 -8이고 합이 2인 두 정수는 -2와 4이므로
$$x^2+2x-8=(x-2)(x+4)$$

11 곱이 35이고 합이 -12인 두 정수는 -5와 -7이므로
$$x^2-12x+35=(x-5)(x-7)$$

12 곱이 -18이고 합이 -7인 두 정수는 2와 -9이므로
$$x^2-7x-18=(x+2)(x-9)$$

13 곱이 $24y^2$이고 합이 $10y$인 두 단항식은 $4y$, $6y$이므로
$$x^2+10xy+24y^2=(x+4y)(x+6y)$$

14 곱이 $35y^2$이고 합이 $-12y$인 두 단항식은 $-5y$, $-7y$이므로
$$x^2-12xy+35y^2=(x-5y)(x-7y)$$

15 곱이 $-21y^2$이고 합이 $4y$인 두 단항식은 $7y$, $-3y$이므로
$$x^2+4xy-21y^2=(x+7y)(x-3y)$$

16 곱이 $-20y^2$이고 합이 $-8y$인 두 단항식은 $2y$, $-10y$이므로
$$x^2-8xy-20y^2=(x+2y)(x-10y)$$

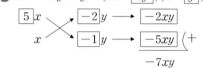

본문 51쪽

12 인수분해 공식(4)−x^2의 계수가 1이 아닌 이차식의 인수분해

01 풀이 참조 **02** 풀이 참조 **03** 풀이 참조
04 $(x+2)(2x+1)$ **05** $(x+1)(4x+3)$
06 $(2x-1)(3x-1)$ **07** $(x-5)(3x-1)$
08 $(x+3)(2x-1)$ **09** $(x-2)(2x+3)$
10 $(x+3)(3x-2)$ **11** $(2x+1)(2x-3)$
12 $(x-2)(5x+3)$ **13** $(x+2y)(2x+3y)$
14 $(2x-y)(2x-3y)$ **15** $(3x-y)(5x+2y)$
16 $(2x+y)(3x-2y)$

01 $2x^2+7x+6=(x+\boxed{2})(\boxed{2}x+\boxed{3})$

x ⟍ $\boxed{2}$ ⟶ $4x$
$\boxed{2}x$ ⟋ $\boxed{3}$ ⟶ $3x$ (+
$\boxed{7}x$

02 $6x^2+5x-4=(3x+\boxed{4})(\boxed{2}x-\boxed{1})$

$3x$ ⟍ $\boxed{4}$ ⟶ $\boxed{8x}$
$\boxed{2}x$ ⟋ $\boxed{-1}$ ⟶ $\boxed{-3x}$ (+
$5x$

03 $5x^2-7xy+2y^2=(5x-\boxed{2y})(x-\boxed{y})$

$\boxed{5}x$ ⟍ $\boxed{-2}y$ ⟶ $\boxed{-2xy}$
x ⟋ $\boxed{-1}y$ ⟶ $\boxed{-5xy}$ (+
$-7xy$

04 $2x^2+5x+2=(x+2)(2x+1)$

x ⟍ 2 ⟶ $4x$
$2x$ ⟋ 1 ⟶ x (+
$5x$

05 $4x^2+7x+3=(x+1)(4x+3)$

x ⟍ 1 ⟶ $4x$
$4x$ ⟋ 3 ⟶ $3x$ (+
$7x$

06 $6x^2-5x+1=(2x-1)(3x-1)$

$2x$ ⟍ -1 ⟶ $-3x$
$3x$ ⟋ -1 ⟶ $-2x$ (+
$-5x$

07 $3x^2-16x+5=(x-5)(3x-1)$

x ⟍ -5 ⟶ $-15x$
$3x$ ⟋ -1 ⟶ $-x$ (+
$-16x$

08 $2x^2+5x-3=(x+3)(2x-1)$

x ⟍ 3 ⟶ $6x$
$2x$ ⟋ -1 ⟶ $-x$ (+
$5x$

09 $2x^2-x-6=(x-2)(2x+3)$

x ⟍ -2 ⟶ $-4x$
$2x$ ⟋ 3 ⟶ $3x$ (+
$-x$

10 $3x^2+7x-6=(x+3)(3x-2)$

$$x \diagdown 3 \longrightarrow 9x$$
$$3x \diagup -2 \longrightarrow \underline{-2x}\ (+$$
$$\hphantom{3x}\qquad\qquad 7x$$

11 $4x^2-4x-3=(2x+1)(2x-3)$

$$2x \diagdown 1 \longrightarrow 2x$$
$$2x \diagup -3 \longrightarrow \underline{-6x}\ (+$$
$$\hphantom{2x}\qquad\qquad -4x$$

12 $5x^2-7x-6=(x-2)(5x+3)$

$$x \diagdown -2 \longrightarrow -10x$$
$$5x \diagup 3 \longrightarrow \underline{3x}\ (+$$
$$\hphantom{5x}\qquad\qquad -7x$$

13 $2x^2+7xy+6y^2=(x+2y)(2x+3y)$

$$x \diagdown 2y \longrightarrow 4xy$$
$$2x \diagup 3y \longrightarrow \underline{3xy}\ (+$$
$$\hphantom{2x}\qquad\qquad 7xy$$

14 $4x^2-8xy+3y^2=(2x-y)(2x-3y)$

$$2x \diagdown -y \longrightarrow -2xy$$
$$2x \diagup -3y \longrightarrow \underline{-6xy}\ (+$$
$$\hphantom{2x}\qquad\qquad -8xy$$

15 $15x^2+xy-2y^2=(3x-y)(5x+2y)$

$$3x \diagdown -y \longrightarrow -5xy$$
$$5x \diagup 2y \longrightarrow \underline{6xy}\ (+$$
$$\hphantom{5x}\qquad\qquad xy$$

16 $6x^2-xy-2y^2=(2x+y)(3x-2y)$

$$2x \diagdown y \longrightarrow 3xy$$
$$3x \diagup -2y \longrightarrow \underline{-4xy}\ (+$$
$$\hphantom{3x}\qquad\qquad -xy$$

본문 52쪽

13 인수분해를 이용한 수의 계산

01 73, 100, 1200	**02** 740	**03** 3600
04 25000	**05** 3, 3, 100, 10000	**06** 90000
07 10000	**08** 100	**09** 98, 98, 200, 800
10 160	**11** 1800	**12** 70	**13** $50\sqrt{2}$
14 40		

01 $27\times12+73\times12=12(27+\boxed{73})$
$$=12\times\boxed{100}$$
$$=\boxed{1200}$$

02 $74\times7+74\times3=74(7+3)$
$$=74\times10$$
$$=740$$

03 $36\times103-36\times3=36(103-3)$
$$=36\times100$$
$$=3600$$

04 $25\times198+25\times802=25(198+802)$
$$=25\times1000$$
$$=25000$$

05 $97^2+6\times97+3^2=97^2+2\times97\times\boxed{3}+3^2$
$$=(97+\boxed{3})^2=\boxed{100}^2$$
$$=\boxed{10000}$$

06 $298^2+4\times298+2^2=298^2+2\times298\times2+2^2$
$$=(298+2)^2=300^2$$
$$=90000$$

07 $104^2-8\times104+16=104^2-2\times104\times4+4^2$
$$=(104-4)^2=100^2$$
$$=10000$$

08 $9.7^2+0.6\times9.7+0.09=9.7^2+2\times9.7\times0.3+0.3^2$
$$=(9.7+0.3)^2=10^2$$
$$=100$$

09 $102^2-98^2=(102+\boxed{98})(102-\boxed{98})$
$$=\boxed{200}\times4=\boxed{800}$$

10 $22^2-18^2=(22+18)(22-18)$
$$=40\times4=160$$

11 $59^2-41^2=(59+41)(59-41)$
$$=100\times18=1800$$

12 $8.5^2-1.5^2=(8.5+1.5)(8.5-1.5)$
$$=10\times7=70$$

13 $\sqrt{75^2-25^2}=\sqrt{(75+25)(75-25)}$
$$=\sqrt{100\times50}=\sqrt{5000}=50\sqrt{2}$$

14 $\sqrt{104^2-96^2}=\sqrt{(104+96)(104-96)}$
$$=\sqrt{200\times8}=\sqrt{1600}=40$$

14 인수분해를 이용한 식의 값

본문 53쪽

01 4, 4, 10000   **02** 8100   **3** 1000000

04 100   **05** 2   **06** 5

07 b, b, 13, 13, 100, 7400   **08** 5200

09 26000   **10** $4\sqrt{2}$ **11** $-4\sqrt{6}$

01 $x=96$일 때,

$x^2+8x+16$

$=(x+\boxed{4})^2$ ← 인수분해하기

$=(96+\boxed{4})^2$ ← $x=96$을 대입하기

$=\boxed{10000}$ ← 식의 값 구하기

02 $n=92$일 때,

$n^2-4n+4=(n-2)^2$

$\qquad\qquad =(92-2)^2$

$\qquad\qquad =90^2=8100$

03 $n=997$일 때,

$n^2+6n+9=(n+3)^2$

$\qquad\qquad =(997+3)^2$

$\qquad\qquad =1000^2=1000000$

04 $x=7.3$, $y=2.7$일 때,

$x^2+2xy+y^2=(x+y)^2$

$\qquad\qquad\quad =(7.3+2.7)^2$

$\qquad\qquad\quad =10^2=100$

05 $x=\sqrt{2}-1$일 때,

$x^2+2x+1=(x+1)^2$

$\qquad\qquad =(\sqrt{2}-1+1)^2$

$\qquad\qquad =(\sqrt{2})^2=2$

다른 풀이

$x=\sqrt{2}-1$이므로

$x+1=\sqrt{2}$, $(x+1)^2=(\sqrt{2})^2$

$\therefore x^2+2x+1=2$

06 $x=\sqrt{5}+2$일 때,

$x^2-4x+4=(x-2)^2$

$\qquad\qquad =(\sqrt{5}+2-2)^2$

$\qquad\qquad =(\sqrt{5})^2=5$

다른 풀이

$x=\sqrt{5}+2$이므로

$x-2=\sqrt{5}$, $(x-2)^2=(\sqrt{5})^2$

$\therefore x^2-4x+4=5$

07 $a=87$, $b=13$일 때,

a^2-b^2

$=(a+\boxed{b})(a-\boxed{b})$ ← 인수분해하기

$=(87+\boxed{13})(87-\boxed{13})$ ← $a=87$, $b=13$을 대입하기

$=\boxed{100}\times 74=\boxed{7400}$ ← 식의 값 구하기

08 $x=76$, $y=24$일 때,

$x^2-y^2=(x+y)(x-y)$

$\qquad\quad =(76+24)(76-24)$

$\qquad\quad =100\times 52=5200$

09 $a=165$, $b=35$일 때,

$a^2-b^2=(a+b)(a-b)$

$\qquad\quad =(165+35)(165-35)$

$\qquad\quad =200\times 130=26000$

10 $a=\sqrt{2}+1$, $b=\sqrt{2}-1$일 때,

$a^2-b^2=(a+b)(a-b)$

$\qquad\quad =(\sqrt{2}+1+\sqrt{2}-1)(\sqrt{2}+1-\sqrt{2}+1)$

$\qquad\quad =2\sqrt{2}\times 2=4\sqrt{2}$

11 $x=\sqrt{3}-\sqrt{2}$, $y=\sqrt{3}+\sqrt{2}$일 때,

$x^2-y^2=(x+y)(x-y)$

$\qquad\quad =(\sqrt{3}-\sqrt{2}+\sqrt{3}+\sqrt{2})(\sqrt{3}-\sqrt{2}-\sqrt{3}-\sqrt{2})$

$\qquad\quad =2\sqrt{3}\times(-2\sqrt{2})=-4\sqrt{6}$

핵심 반복

본문 54쪽

1 ③   **2** ③   **3** ④   **4** ④

5 ⑤   **6** ②   **7** ④   **8** ③

1 $(2x-5)(4x+3)$을 전개하면

$8x^2+6x-20x-15=8x^2-14x-15$이므로

$8x^2-14x-15=8x^2+ax+b$

따라서 $a=-14$, $b=-15$이므로

$a-b=-14-(-15)=1$

2 $9x^2+12x+4=(3x)^2+2\times 3x\times 2+2^2=(3x+2)^2$

따라서 정사각형 모양의 액자의 한 변의 길이는 $3x+2$이다.

3 $x^2+ax+36=x^2+ax+(\pm 6)^2$이므로

$a=2\times(\pm 6)=\pm 12$

$x^2-10x+b=x^2-2\times x\times 5+b$이므로

$b=5^2=25$

4 $64x^2-9y^2=(8x)^2-(3y)^2=(8x+3y)(8x-3y)$

이므로 $a=8$, $b=3$

$\therefore a+b=8+3=11$

28 EBS 한 장 수학 3 (상)

5 합이 2이고 곱이 -8인 두 정수는 4와 -2이므로
$x^2+2x-8=(x+4)(x-2)$
합이 -1이고 곱이 -20인 두 정수는 4와 -5이므로
$x^2-x-20=(x+4)(x-5)$
따라서 두 다항식의 공통인수는 $x+4$이다.

6 $10x^2+7x-12=(2x+3)(5x-4)$

따라서 두 일차식은 $2x+3$과 $5x-4$이므로 그 합은
$(2x+3)+(5x-4)=7x-1$

7 $103^2-97^2=(103+97)(103-97)=200\times6$
$\therefore A=6$
$202^2-4\times202+4=202^2-2\times202\times2+2^2$
$\qquad\qquad\qquad\qquad=(202-2)^2=200^2$
$\therefore B=200$
$\therefore A+B=6+200=206$

8 $x=998$일 때,
$x^2+4x+4=x^2+2\times x\times2+2^2=(x+2)^2$
$\qquad\qquad\quad=(998+2)^2=1000^2=10^6$

형성 평가
본문 55쪽

1 ③	2 ④	3 ⑤	4 ②
5 ④	6 ①, ④	7 ①	8 ②

1 ① $x^2+10x+25=(x+5)^2$
② $x^2-8x+16=(x-4)^2$
④ $4x^2+20x+25=(2x+5)^2$
⑤ $a^2-4ab+4b^2=(a-2b)^2$
따라서 완전제곱식이 아닌 것은 ③이다.

2 $4a^2-9b^2=(2a)^2-(3b)^2=(2a+3b)(2a-3b)$이므로
$4a^2-9b^2=-45$, $2a+3b=15$를 대입하면
$15(2a-3b)=-45$, $2a-3b=-3$
$\therefore -2a+3b=3$

3 ① $x^2+8x+16=x^2+2\times x\times4+4^2=(x+4)^2$
$\qquad\therefore \square=4$
② $x^2-16=x^2-4^2=(x+4)(x-4)$ $\quad\therefore \square=4$
③ $(x+2)(x-6)=x^2-4x-12$ $\quad\therefore \square=4$
④ 합이 5이고 곱이 4인 두 정수는 1과 4이므로
$\quad x^2+5x+4=(x+1)(x+4)$ $\quad\therefore \square=4$

⑤ $3x^2-7x-20=(3x+5)(x-4)$

$\qquad\therefore \square=-4$
따라서 $\square$ 안의 수가 나머지 넷과 다른 하나는 ⑤이다.

4 ㄱ. $5x^2+13x+6=(x+2)(5x+3)$

ㄴ. 합이 2이고 곱이 -8인 두 정수는 4와 -2이므로
$\quad x^2+2x-8=(x+4)(x-2)$
ㄷ. 합이 -7이고 곱이 -18인 두 정수는 2와 -9이므로
$\quad x^2-7x-18=(x+2)(x-9)$
ㄹ. $10x^2+3x-4=(2x-1)(5x+4)$

따라서 $x+2$를 인수로 갖는 것은 ㄱ, ㄷ이다.

5 $1<a<3$일 때, $a-1>0$, $a-3<0$이므로
$\sqrt{a^2-6a+9}-\sqrt{a^2-2a+1}=\sqrt{(a-3)^2}-\sqrt{(a-1)^2}$
$\qquad\qquad\qquad\qquad\qquad\quad=-(a-3)-(a-1)$
$\qquad\qquad\qquad\qquad\qquad\quad=-a+3-a+1$
$\qquad\qquad\qquad\qquad\qquad\quad=-2a+4$

6 $100\times22.5^2-100\times7.5^2=100(22.5^2-7.5^2)$
$\qquad\qquad\qquad\qquad\qquad\quad=100(22.5+7.5)(22.5-7.5)$
$\qquad\qquad\qquad\qquad\qquad\quad=100\times30\times15=45000$
으로 계산할 수 있으므로 이용해야 할 공식은 ①, ④이다.

7 $x^2-2xy+y^2=(x-y)^2$
$\qquad\qquad\qquad=\left(\dfrac{2-\sqrt{3}}{2}-\dfrac{2+\sqrt{3}}{2}\right)^2$
$\qquad\qquad\qquad=(-\sqrt{3})^2=3$

8

곱이 -18인 두 정수 a, b	두 정수 a, b의 합 (m)
$1, -18$	-17
$2, -9$	-7
$3, -6$	-3
$6, -3$	3
$9, -2$	7
$18, -1$	17

따라서 가장 큰 값은 17이고 가장 작은 값은 -17이다.

 쉬운 서술형

본문 56쪽

1 (1) 5 (2) 25 (3) 30

2 (1) 10816 (2) 9991 (3) 825

3 (1) $x^2+4x-12+k$ (2) $-16+k=0$ (3) 16

4 (1) $(x+3)(x-9)$ (2) $(x+3)(5x-2)$ (3) $x+3$

1 (1) $(Ax-3)^2=A^2x^2-6Ax+9$이므로

$\qquad -6A=-30$

$\qquad \therefore A=5$ ⋯⋯ (가)

(2) $B=A^2$이므로

$\qquad B=25$ ⋯⋯ (나)

(3) 따라서 $A+B=5+25=30$ ⋯⋯ (다)

채점 기준표

단계	채점 기준	비율
(가)	A의 값을 구한 경우	40 %
(나)	B의 값을 구한 경우	40 %
(다)	$A+B$의 값을 구한 경우	20 %

2 (1) $104^2=(100+4)^2$

$\qquad\quad =100^2+2\times100\times4+4^2$

$\qquad\quad =10000+800+16$

$\qquad\quad =10816$ ⋯⋯ (가)

(2) $97\times103=(100-3)(100+3)$

$\qquad\qquad\quad =100^2-3^2$

$\qquad\qquad\quad =10000-9$

$\qquad\qquad\quad =9991$ ⋯⋯ (나)

(3) $104^2-97\times103=10816-9991$

$\qquad\qquad\qquad\quad =825$ ⋯⋯ (다)

채점 기준표

단계	채점 기준	비율
(가)	104^2을 곱셈 공식을 이용하여 계산한 경우	40 %
(나)	97×103을 곱셈 공식을 이용하여 계산한 경우	40 %
(다)	$104^2-97\times103$의 값을 구한 경우	20 %

3 (1) $(x-2)(x+6)+k$

$\qquad =x^2+6x-2x-12+k$

$\qquad =x^2+4x-12+k$ ⋯⋯ (가)

(2) 전개한 식이 완전제곱식이 되려면

$\quad x^2+4x-12+k=x^2+2\times x\times2-12+k$

$\qquad\qquad\qquad\quad =(x+2)^2-12+k-4$

$\qquad\qquad\qquad\quad =(x+2)^2-16+k$

에서 $-16+k=0$ ⋯⋯ (나)

(3) $-16+k=0$에서 $k=16$ ⋯⋯ (다)

채점 기준표

단계	채점 기준	비율
(가)	주어진 식을 전개한 경우	40 %
(나)	k에 대한 식으로 나타낸 경우	40 %
(다)	k의 값을 구한 경우	20 %

4 (1) $x^2-6x-27=(x+3)(x-9)$ ⋯⋯ (가)

(2) $5x^2+13x-6=(x+3)(5x-2)$ ⋯⋯ (나)

(3) 따라서 두 식에 공통으로 들어 있는 인수는 $x+3$이다.

⋯⋯ (다)

채점 기준표

단계	채점 기준	비율
(가)	$x^2-6x-27$을 인수분해한 경우	40 %
(나)	$5x^2+13x-6$을 인수분해한 경우	40 %
(다)	두 식의 공통인수를 구한 경우	20 %

Ⅲ 이차방정식

01 이차방정식의 뜻

01 4, -2, 1 02 5, -7, -6
03 1, -5, 0 04 1, 3, 0
05 3, 14, -9 06 ○   07 ○
08 ×   09 ○   10 ×   11 ×
12 ○   13 ○

01 $4x^2-2x+1=0$에서
$a=4$, $b=-2$, $c=1$

02 $3x^2-7x=6-2x^2$에서
$3x^2-7x-6+2x^2=0$, $5x^2-7x-6=0$이므로
$a=5$, $b=-7$, $c=-6$

03 $x(x-3)=2x$에서
$x^2-3x-2x=0$, $x^2-5x=0$이므로
$a=1$, $b=-5$, $c=0$

04 $(x+2)^2=x+4$에서
$x^2+4x+4=x+4$, $x^2+4x+4-x-4=0$
즉 $x^2+3x=0$이므로
$a=1$, $b=3$, $c=0$

05 $3x(4+x)=9-2x$에서
$12x+3x^2=9-2x$, $12x+3x^2-9+2x=0$
즉 $3x^2+14x-9=0$이므로
$a=3$, $b=14$, $c=-9$

07 $x^2+3x-1=0$이므로 이차방정식이다.

08 $2x^2-5$는 이차식이다.

09 $2x^2-6x-3=0$이므로 이차방정식이다.

10 $x^2+4-x^2+2x=0$, $2x+4=0$이므로 일차방정식이다.

11 $x^3+1-5x^2-1=0$, $x^3-5x^2=0$이므로 이차방정식이 아니다.

12 $x^2-7x=-x^2$, $x^2+x^2-7x=0$, $2x^2-7x=0$이므로 이차방정식이다.

13 $x^3+4x-5=x^3+2x^2$에서
$x^3+4x-5-x^3-2x^2=0$, $-2x^2+4x-5=0$
이므로 이차방정식이다.

02 이차방정식의 해

01 ○   02 ×   03 ○   04 ×
05 ×   06 ○   07 ○
08 $x=-1$ 또는 $x=1$ 09 $x=1$ 또는 $x=2$
10 $x=2$ 11 $x=-1$ 12 해가 없다.

01 $x=3$을 $x(x-3)=0$에 대입하면 $0=0$이므로 해이다.

02 $x=5$를 $(x+4)(x+5)=0$에 대입하면 $9\times10=90\neq0$이므로 해가 아니다.

03 $x=2$를 $x^2-2x=0$에 대입하면 $4-4=0$이므로 해이다.

04 $x=-2$를 $3x^2-2=0$에 대입하면 $12-2=10\neq0$이므로 해가 아니다.

05 $x=-6$을 $(x+4)^2=9$에 대입하면 $4\neq9$이므로 해가 아니다.

06 $x=-3$을 $x^2+4x+3=0$에 대입하면 $9-12+3=0$이므로 해이다.

07 $x=1$을 $3x^2-2x-1=0$에 대입하면 $3-2-1=0$이므로 해이다.

08 $x^2-1=0$에서
$x=-1$일 때, $1-1=0$
$x=0$일 때, $0-1=-1\neq0$
$x=1$일 때, $1-1=0$
$x=2$일 때, $4-1=3\neq0$
따라서 이차방정식의 해는 $x=-1$ 또는 $x=1$이다.

09 $x^2-3x+2=0$에서
$x=-1$일 때, $1+3+2=6\neq0$
$x=0$일 때, $0+0+2=2\neq0$
$x=1$일 때, $1-3+2=0$
$x=2$일 때, $4-6+2=0$
따라서 이차방정식의 해는 $x=1$ 또는 $x=2$이다.

10 $x^2+x-6=0$에서
$x=-1$일 때, $1-1-6=-6\neq0$
$x=0$일 때, $0+0-6=-6\neq0$
$x=1$일 때, $1+1-6=-4\neq0$
$x=2$일 때, $4+2-6=0$
따라서 이차방정식의 해는 $x=2$이다.

11 $3x^2+x-2=0$에서

$x=-1$일 때, $3-1-2=0$

$x=0$일 때, $0+0-2=-2\neq0$

$x=1$일 때, $3+1-2=2\neq0$

$x=2$일 때, $12+2-2=12\neq0$

따라서 이차방정식의 해는 $x=-1$이다.

12 $2x^2+3x-2=0$에서

$x=-1$일 때, $2-3-2=-3\neq0$

$x=0$일 때, $0+0-2=-2\neq0$

$x=1$일 때, $2+3-2=3\neq0$

$x=2$일 때, $8+6-2=12\neq0$

따라서 이차방정식의 해가 없다.

본문 60쪽

03 인수분해를 이용한 이차방정식의 풀이

01 $1, 5, -1, 5$ **02** $x=0$ 또는 $x=3$

03 $x=2$ 또는 $x=4$ **04** $x=-2$ 또는 $x=\dfrac{5}{2}$

05 $x=-3$ 또는 $x=\dfrac{1}{4}$ **06** $x=-\dfrac{4}{3}$ 또는 $x=\dfrac{1}{2}$

07 $x=-\dfrac{3}{2}$ 또는 $x=-\dfrac{2}{5}$ **08** $36, 6, 6, 6, 6, -6, 6$

09 $x=-7$ 또는 $x=7$ **10** $x=-\dfrac{1}{3}$ 또는 $x=\dfrac{1}{3}$

11 $x=-8$ 또는 $x=8$ **12** $x=-\dfrac{1}{4}$ 또는 $x=\dfrac{1}{4}$

13 $x=-\dfrac{5}{2}$ 또는 $x=\dfrac{5}{2}$ **14** $6, 6, 2, 6$

15 $x=-6$ 또는 $x=-3$ **16** $x=-5$ 또는 $x=4$

17 $x=-5$ 또는 $x=9$ **18** $x=-3$ 또는 $x=8$

19 $x=-5$ 또는 $x=-2$ **20** $x=2$ 또는 $x=4$

21 $x=-4$ 또는 $x=7$ **22** $4, 3, 4, 3, -4, \dfrac{3}{2}$

23 $x=\dfrac{1}{2}$ 또는 $x=\dfrac{2}{3}$ **24** $x=-2$ 또는 $x=-\dfrac{1}{4}$

25 $x=-\dfrac{2}{3}$ 또는 $x=1$ **26** $x=-\dfrac{1}{2}$ 또는 $x=\dfrac{1}{4}$

27 $x=-\dfrac{3}{2}$ 또는 $x=\dfrac{1}{2}$ **28** $x=-4$ 또는 $x=\dfrac{1}{3}$

29 $x=\dfrac{1}{3}$ 또는 $x=\dfrac{1}{2}$

01 $(x+1)(x-5)=0$에서

$x+\boxed{1}=0$ 또는 $x-\boxed{5}=0$

$\therefore x=\boxed{-1}$ 또는 $x=\boxed{5}$

02 $x(x-3)=0$에서

$x=0$ 또는 $x-3=0$

$\therefore x=0$ 또는 $x=3$

03 $(x-2)(x-4)=0$에서

$x-2=0$ 또는 $x-4=0$

$\therefore x=2$ 또는 $x=4$

04 $(x+2)(2x-5)=0$에서

$x+2=0$ 또는 $2x-5=0$

$\therefore x=-2$ 또는 $x=\dfrac{5}{2}$

05 $(x+3)(4x-1)=0$에서

$x+3=0$ 또는 $4x-1=0$

$\therefore x=-3$ 또는 $x=\dfrac{1}{4}$

06 $(3x+4)(2x-1)=0$에서

$3x+4=0$ 또는 $2x-1=0$

$\therefore x=-\dfrac{4}{3}$ 또는 $x=\dfrac{1}{2}$

07 $(2x+3)(5x+2)=0$에서

$2x+3=0$ 또는 $5x+2=0$

$\therefore x=-\dfrac{3}{2}$ 또는 $x=-\dfrac{2}{5}$

08 $x^2=36$에서

$x^2-\boxed{36}=0$

$(x+\boxed{6})(x-\boxed{6})=0$

$x+\boxed{6}=0$ 또는 $x-\boxed{6}=0$

$\therefore x=\boxed{-6}$ 또는 $x=\boxed{6}$

09 $x^2-49=0$에서

$(x+7)(x-7)=0$

$\therefore x=-7$ 또는 $x=7$

10 $9x^2-1=0$에서

$(3x+1)(3x-1)=0$

$\therefore x=-\dfrac{1}{3}$ 또는 $x=\dfrac{1}{3}$

11 $x^2=64$에서 $x^2-64=0$

$(x+8)(x-8)=0$

$\therefore x=-8$ 또는 $x=8$

12 $16x^2=1$에서

$16x^2-1=0$

$(4x+1)(4x-1)=0$

$\therefore x=-\dfrac{1}{4}$ 또는 $x=\dfrac{1}{4}$

13 $4x^2=25$에서

$4x^2-25=0$

$(2x+5)(2x-5)=0$

$\therefore x=-\dfrac{5}{2}$ 또는 $x=\dfrac{5}{2}$

14 $x^2-8x+12=0$에서

$(x-2)(x-\boxed{6})=0$

$x-2=0$ 또는 $x-\boxed{6}=0$

$\therefore x=\boxed{2}$ 또는 $x=\boxed{6}$

15 $x^2+9x+18=0$에서

$(x+6)(x+3)=0$

$\therefore x=-6$ 또는 $x=-3$

16 $x^2+x-20=0$에서

$(x+5)(x-4)=0$

$\therefore x=-5$ 또는 $x=4$

17 $x^2-4x-45=0$에서

$(x+5)(x-9)=0$

$\therefore x=-5$ 또는 $x=9$

18 $x^2-5x-24=0$에서

$(x+3)(x-8)=0$

$\therefore x=-3$ 또는 $x=8$

19 $x^2+7x=-10$에서

$x^2+7x+10=0$

$(x+5)(x+2)=0$

$\therefore x=-5$ 또는 $x=-2$

20 $x^2=6x-8$에서

$x^2-6x+8=0$

$(x-2)(x-4)=0$

$\therefore x=2$ 또는 $x=4$

21 $x^2-28=3x$에서

$x^2-3x-28=0$

$(x+4)(x-7)=0$

$\therefore x=-4$ 또는 $x=7$

22 $2x^2+5x-12=0$에서

$(x+\boxed{4})(2x-\boxed{3})=0$

$x+\boxed{4}=0$ 또는 $2x-\boxed{3}=0$

$\therefore x=\boxed{-4}$ 또는 $x=\boxed{\dfrac{3}{2}}$

23 $6x^2-7x+2=0$에서

$(2x-1)(3x-2)=0$

$\therefore x=\dfrac{1}{2}$ 또는 $x=\dfrac{2}{3}$

24 $4x^2+9x+2=0$에서

$(x+2)(4x+1)=0$

$\therefore x=-2$ 또는 $x=-\dfrac{1}{4}$

25 $3x^2-x-2=0$에서

$(3x+2)(x-1)=0$

$\therefore x=-\dfrac{2}{3}$ 또는 $x=1$

26 $8x^2+2x-1=0$에서

$(2x+1)(4x-1)=0$

$\therefore x=-\dfrac{1}{2}$ 또는 $x=\dfrac{1}{4}$

27 $4x^2+4x=3$에서

$4x^2+4x-3=0$

$(2x+3)(2x-1)=0$

$\therefore x=-\dfrac{3}{2}$ 또는 $x=\dfrac{1}{2}$

28 $3x^2-4=-11x$에서

$3x^2+11x-4=0$

$(x+4)(3x-1)=0$

$\therefore x=-4$ 또는 $x=\dfrac{1}{3}$

29 $6x^2=5x-1$에서

$6x^2-5x+1=0$

$(3x-1)(2x-1)=0$

$\therefore x=\dfrac{1}{3}$ 또는 $x=\dfrac{1}{2}$

04 이차방정식의 중근

01 $x=3$	02 $x=-2$
03 $x=-5$	04 $x=4$
05 $x=-\dfrac{5}{3}$	06 $x=\dfrac{7}{2}$
07 $x=6$	08 $x=\dfrac{1}{4}$

09 -3	10 2	11 16	12 9
13 3	14 ±6	15 ±4	

01 $(x-3)^2=0$에서
$x-3=0$ $\therefore x=3$

02 $4(x+2)^2=0$에서
$x+2=0$ $\therefore x=-2$

03 $x^2+10x+25=0$에서
$(x+5)^2=0$, $x+5=0$
$\therefore x=-5$

04 $x^2-8x+16=0$에서
$(x-4)^2=0$, $x-4=0$
$\therefore x=4$

05 $9x^2+30x+25=0$에서
$(3x+5)^2=0$, $3x+5=0$
$\therefore x=-\dfrac{5}{3}$

06 $4x^2-28x+49=0$에서
$(2x-7)^2=0$, $2x-7=0$
$\therefore x=\dfrac{7}{2}$

07 $x^2+36=12x$에서
$x^2-12x+36=0$
$(x-6)^2=0$, $x-6=0$
$\therefore x=6$

08 $16x^2-8x=-1$에서
$16x^2-8x+1=0$
$(4x-1)^2=0$, $4x-1=0$
$\therefore x=\dfrac{1}{4}$

09 $(x-2)^2=k+3$이 중근을 가지므로
$k+3=0$
$\therefore k=-3$

10 $(x+3)^2=k-2$가 중근을 가지므로
$k-2=0$
$\therefore k=2$

11 $x^2+8x+k=0$이 중근을 가지므로
$k=\left(\dfrac{8}{2}\right)^2=16$

12 $x^2-6x+k=0$이 중근을 가지므로
$k=\left(-\dfrac{6}{2}\right)^2=9$

13 $x^2+4x+k+1=0$이 중근을 가지므로
$k+1=\left(\dfrac{4}{2}\right)^2=4$
$\therefore k=3$

14 $x^2+kx+9=0$이 중근을 가지므로
$k=2\times1\times(\pm3)=\pm6$

15 $4x^2+kx+1=0$이 중근을 가지므로
$k=2\times2\times(\pm1)=\pm4$

05 한 근이 주어졌을 때 다른 한 근 구하기

01 -2, 12, -16, -16, 16, 8, 8, 8	
02 -8, -4	03 -10, 5
04 7, -8	05 -8, -5
06 3, $\dfrac{1}{2}$	07 10, $\dfrac{2}{3}$
08 -2, 4	

01 $x=\boxed{-2}$를 $x^2-6x+a=0$에 대입하면
$4+\boxed{12}+a=0$ $\therefore a=\boxed{-16}$
$a=\boxed{-16}$을 대입하면 $x^2-6x-\boxed{16}=0$이므로
$(x+2)(x-\boxed{8})=0$에서
$x=-2$ 또는 $x=\boxed{8}$
따라서 다른 한 근은 $x=\boxed{8}$이다.

02 $x=2$를 $x^2+2x+a=0$에 대입하면
$4+4+a=0$ $\therefore a=-8$
$a=-8$을 대입하면
$x^2+2x-8=0$이므로
$(x+4)(x-2)=0$에서
$x=-4$ 또는 $x=2$
따라서 다른 한 근은 $x=-4$이다.

03 $x=-2$를 $x^2-3x+a=0$에 대입하면
$4+6+a=0$ ∴ $a=-10$
$a=-10$을 대입하면
$x^2-3x-10=0$이므로
$(x+2)(x-5)=0$에서
$x=-2$ 또는 $x=5$
따라서 다른 한 근은 $x=5$이다.

04 $x=1$을 $x^2+ax-8=0$에 대입하면
$1+a-8=0$ ∴ $a=7$
$a=7$을 대입하면
$x^2+7x-8=0$이므로
$(x+8)(x-1)=0$에서
$x=-8$ 또는 $x=1$
따라서 다른 한 근은 $x=-8$이다.

05 $x=-3$을 $x^2-ax+15=0$에 대입하면
$9+3a+15=0$ ∴ $a=-8$
$a=-8$을 대입하면
$x^2+8x+15=0$이므로
$(x+3)(x+5)=0$에서
$x=-3$ 또는 $x=-5$
따라서 다른 한 근은 $x=-5$이다.

06 $x=3$을 $2x^2-7x+a=0$에 대입하면
$18-21+a=0$ ∴ $a=3$
$a=3$을 대입하면
$2x^2-7x+3=0$이므로
$(2x-1)(x-3)=0$에서
$x=\dfrac{1}{2}$ 또는 $x=3$
따라서 다른 한 근은 $x=\dfrac{1}{2}$이다.

07 $x=-4$를 $3x^2+ax-8=0$에 대입하면
$48-4a-8=0$ ∴ $a=10$
$a=10$을 대입하면
$3x^2+10x-8=0$이므로
$(3x-2)(x+4)=0$에서
$x=\dfrac{2}{3}$ 또는 $x=-4$
따라서 다른 한 근은 $x=\dfrac{2}{3}$이다.

08 $x=-2$를 $x^2+ax+4a=0$에 대입하면
$4-2a+4a=0$, $2a=-4$
∴ $a=-2$
$a=-2$를 대입하면
$x^2-2x-8=0$이므로
$(x+2)(x-4)=0$에서
$x=-2$ 또는 $x=4$
따라서 다른 한 근은 $x=4$이다.

1 ①, ⑤	**2** ④	**3** ②	**4** ②
5 ⑤	**6** ④	**7** ③	**8** ④

1 ① $3x^2-x-1=0$이므로 이차방정식이다.
② $x^2-1=x^2$, $-1=0$이므로 이차방정식이 아니다.
③ $x^3+2x-1=0$은 이차방정식이 아니다.
④ $x^2-x^2-2x-1=0$, $-2x-1=0$이므로 일차방정식이다.
⑤ $x^2-4=0$이므로 이차방정식이다.
따라서 이차방정식인 것은 ①, ⑤이다.

2 $x=3$을 각 식에 대입하면
① $9+6-3=12\neq0$
② $9+18-7=20\neq0$
③ $9-18+5=-4\neq0$
④ $9-3-6=0$
⑤ $27+6-1=32\neq0$
따라서 $x=3$을 해로 갖는 것은 ④이다.

3 $(x-2)(x+3)=0$에서 $x=2$ 또는 $x=-3$
따라서 두 근의 합은 $2+(-3)=-1$

4 $3x^2-x-10=0$에서
$(3x+5)(x-2)=0$
∴ $x=-\dfrac{5}{3}$ 또는 $x=2$
이때 $a>b$이므로 $a=2$, $b=-\dfrac{5}{3}$
∴ $a+3b=2+3\times\left(-\dfrac{5}{3}\right)=-3$

5 ⑤ $4x^2+12x+9=0$에서 $(2x+3)^2=0$
∴ $x=-\dfrac{3}{2}$

6 이차방정식 $x^2+8x+11-a=0$이 중근을 가지려면
$11-a=\left(\dfrac{8}{2}\right)^2=16$
∴ $a=-5$

7 $x=-2$를 $2x^2+ax-16=0$에 대입하면
$8-2a-16=0$, $2a=-8$ ∴ $a=-4$

8 $x=-2$를 $x^2+ax-6=0$에 대입하면
$4-2a-6=0$, $2a=-2$ ∴ $a=-1$
$a=-1$을 대입하면 $x^2-x-6=0$이므로
$(x+2)(x-3)=0$에서
$x=-2$ 또는 $x=3$
따라서 다른 한 근은 $x=3$이므로 $b=3$
∴ $a+b=-1+3=2$

형성 평가

1 ⑤	2 ③	3 $x=-3$	4 ④
5 ⑤	6 ②	7 ②	8 ③

1 $2x(ax-3)=x^2+7$에서
$2ax^2-6x-x^2-7=0$
$(2a-1)x^2-6x-7=0$이 x에 대한 이차방정식이 되려면
$2a-1\neq0$ ∴ $a\neq\dfrac{1}{2}$

2 ① $x(x-3)=0$에 $x=3$을 대입하면 $0=0$이므로 해이다.
② $x(x+2)=0$에 $x=0$을 대입하면 $0=0$이므로 해이다.
③ $x^2-2x+1=0$에 $x=-1$을 대입하면 $1+2+1=4\neq0$이 므로 해가 아니다.
④ $x^2-2x-3=0$에 $x=3$을 대입하면 $9-6-3=0$이므로 해 이다.
⑤ $x^2-3x-4=0$에 $x=-1$을 대입하면 $1+3-4=0$이므로 해이다.
따라서 [ ] 안의 수가 주어진 이차방정식의 해가 아닌 것은 ③이다.

3 $x^2=3x+18$에서
$x^2-3x-18=0$, $(x+3)(x-6)=0$
∴ $x=-3$ 또는 $x=6$
$2x^2+7x=-3$에서
$2x^2+7x+3=0$, $(x+3)(2x+1)=0$
∴ $x=-3$ 또는 $x=-\dfrac{1}{2}$
따라서 두 이차방정식의 공통인 해는 $x=-3$이다.

4 ㄱ. $x^2-16=0$에서
$(x+4)(x-4)=0$
∴ $x=-4$ 또는 $x=4$
ㄴ. $9x^2-12x+4=0$에서
$(3x-2)^2=0$
∴ $x=\dfrac{2}{3}$
ㄷ. $x^2+13x+36=0$에서
$(x+4)(x+9)=0$
∴ $x=-4$ 또는 $x=-9$
ㄹ. $x^2-1=4x-5$에서
$x^2-4x+4=0$, $(x-2)^2=0$
∴ $x=2$
따라서 중근을 갖는 것은 ㄴ, ㄹ이다.

5 $3x^2-12x+4m-8=0$의 양변을 3으로 나누면
$x^2-4x+\dfrac{4m-8}{3}=0$

이 이차방정식이 중근을 가지므로
$\dfrac{4m-8}{3}=\left(-\dfrac{4}{2}\right)^2=4$
$4m-8=12$, $4m=20$ ∴ $m=5$
$m=5$를 $x^2-4x+\dfrac{4m-8}{3}=0$에 대입하면
$x^2-4x+4=0$이므로 $(x-2)^2=0$
∴ $x=2$

6 $x=3$을 $2x^2+ax+3=0$에 대입하면
$18+3a+3=0$, $3a=-21$ ∴ $a=-7$
$x=3$을 $x^2+2x+b=0$에 대입하면
$9+6+b=0$ ∴ $b=-15$
∴ $a-b=-7-(-15)=8$

7 $x^2+ax+a-7=0$에 $x=2$를 대입하면
$4+2a+a-7=0$, $3a=3$
∴ $a=1$
이때 주어진 이차방정식은 $x^2+x-6=0$이므로
$(x+3)(x-2)=0$
∴ $x=-3$ 또는 $x=2$
따라서 다른 한 근은 $x=-3$이다.

8 $x^2-6x+1=0$에 $x=a$를 대입하면
$a^2-6a+1=0$
$a\neq0$이므로 양변을 a로 나누면
$a-6+\dfrac{1}{a}=0$
∴ $a+\dfrac{1}{a}=6$
∴ $a^2+\dfrac{1}{a^2}=\left(a+\dfrac{1}{a}\right)^2-2=36-2=34$
[참고] $x=0$을 $x^2-6x+1=0$에 대입하면
$0^2-6\times0+1=1\neq0$이므로 $a\neq0$이다.

06 제곱근을 이용한 이차방정식의 풀이

01 $x=\pm\sqrt{7}$	02 $x=\pm5$	03 $x=\pm3\sqrt{2}$
04 $x=\pm2\sqrt{6}$	05 8, $\pm2\sqrt{2}$	06 $x=\pm\sqrt{3}$
07 $x=\pm2$	08 $x=\pm\dfrac{8}{3}$	09 7, 2, 7
10 $x=-5\pm2\sqrt{2}$		11 $x=3\pm\sqrt{5}$
12 $x=-7$ 또는 $x=-1$		13 2, 2, -1, 2
14 $x=2\pm\sqrt{6}$		15 $x=-3\pm\sqrt{3}$

01 $x^2=7$에서 $x=\pm\sqrt{7}$

02 $x^2=25$에서 $x=\pm5$

03 $x^2-18=0$에서 $x^2=18$
$\therefore x=\pm\sqrt{18}=\pm3\sqrt{2}$

04 $x^2-24=0$에서 $x^2=24$
$\therefore x=\pm\sqrt{24}=\pm2\sqrt{6}$

05 $3x^2=24$에서
$x^2=\boxed{8}$이므로 $x=\pm\sqrt{8}=\boxed{\pm2\sqrt{2}}$

06 $4x^2=12$에서 $x^2=3$
$\therefore x=\pm\sqrt{3}$

07 $5x^2-20=0$에서 $x^2=4$
$\therefore x=\pm2$

08 $9x^2-64=0$에서 $x^2=\dfrac{64}{9}$
$\therefore x=\pm\sqrt{\dfrac{64}{9}}=\pm\dfrac{8}{3}$

09 $(x-2)^2=7$에서
$x-2=\pm\sqrt{\boxed{7}}$
$\therefore x=\boxed{2}\pm\sqrt{\boxed{7}}$

10 $(x+5)^2=8$에서 $x+5=\pm\sqrt{8}$
$\therefore x=-5\pm\sqrt{8}=-5\pm2\sqrt{2}$

11 $(x-3)^2-5=0$에서
$(x-3)^2=5$, $x-3=\pm\sqrt{5}$
$\therefore x=3\pm\sqrt{5}$

12 $(x+4)^2-9=0$에서
$(x+4)^2=9$, $x+4=\pm3$, $x=-4\pm3$
$\therefore x=-7$ 또는 $x=-1$

13 $4(x+1)^2=8$에서
$(x+1)^2=\boxed{2}$, $x+1=\pm\sqrt{\boxed{2}}$
$\therefore x=\boxed{-1}\pm\sqrt{\boxed{2}}$

14 $5(x-2)^2=30$에서
$(x-2)^2=6$, $x-2=\pm\sqrt{6}$
$\therefore x=2\pm\sqrt{6}$

15 $2(x+3)^2=6$에서
$(x+3)^2=3$, $x+3=\pm\sqrt{3}$
$\therefore x=-3\pm\sqrt{3}$

07 완전제곱식을 이용한 이차방정식의 풀이

01 -2, 4, -2, 4, 2, 2, 2, 2
02 $\dfrac{1}{2}$, $\dfrac{1}{2}$, $\dfrac{9}{4}$, $\dfrac{1}{2}$, $\dfrac{9}{4}$, $\dfrac{3}{2}$, $\dfrac{11}{4}$, $\dfrac{3}{2}$, 11, 2, -3, 11, 2
03 $x=1\pm\sqrt{7}$　　　**04** $x=-4\pm\sqrt{10}$
05 $x=\dfrac{-5\pm\sqrt{33}}{2}$　　　**06** $x=-1\pm\dfrac{\sqrt{7}}{2}$
07 $x=2\pm\dfrac{\sqrt{42}}{3}$

01 $x^2-4x+2=0$에서
$x^2-4x=\boxed{-2}$
$x^2-4x+\boxed{4}=\boxed{-2}+\boxed{4}$
$(x-\boxed{2})^2=\boxed{2}$
$x-2=\pm\sqrt{2}$
$\therefore x=\boxed{2}\pm\sqrt{\boxed{2}}$

02 $2x^2+6x-1=0$의 양변을 2로 나누면
$x^2+3x-\boxed{\dfrac{1}{2}}=0$
$x^2+3x=\boxed{\dfrac{1}{2}}$
$x^2+3x+\boxed{\dfrac{9}{4}}=\boxed{\dfrac{1}{2}}+\boxed{\dfrac{9}{4}}$
$\left(x+\boxed{\dfrac{3}{2}}\right)^2=\boxed{\dfrac{11}{4}}$
$x+\boxed{\dfrac{3}{2}}=\pm\dfrac{\sqrt{\boxed{11}}}{2}$
$\therefore x=\dfrac{\boxed{-3}\pm\sqrt{\boxed{11}}}{\boxed{2}}$

03 $x^2-2x-6=0$에서
$x^2-2x=6$
$x^2-2x+1=6+1$
$(x-1)^2=7$
$x-1=\pm\sqrt{7}$
$\therefore x=1\pm\sqrt{7}$

04 $x^2+8x+6=0$에서
$x^2+8x=-6$
$x^2+8x+16=-6+16$
$(x+4)^2=10$
$x+4=\pm\sqrt{10}$
$\therefore x=-4\pm\sqrt{10}$

05 $x^2+5x-2=0$에서

$x^2+5x=2$

$x^2+5x+\left(\dfrac{5}{2}\right)^2=2+\left(\dfrac{5}{2}\right)^2$

$\left(x+\dfrac{5}{2}\right)^2=\dfrac{33}{4}$

$x+\dfrac{5}{2}=\pm\dfrac{\sqrt{33}}{2}$

$\therefore\ x=\dfrac{-5\pm\sqrt{33}}{2}$

06 $4x^2+8x-3=0$의 양변을 4로 나누면

$x^2+2x-\dfrac{3}{4}=0$

$x^2+2x=\dfrac{3}{4}$

$x^2+2x+1=\dfrac{3}{4}+1$

$(x+1)^2=\dfrac{7}{4}$

$x+1=\pm\dfrac{\sqrt{7}}{2}$

$\therefore\ x=-1\pm\dfrac{\sqrt{7}}{2}$

07 $3x^2-12x-2=0$의 양변을 3으로 나누면

$x^2-4x-\dfrac{2}{3}=0$

$x^2-4x=\dfrac{2}{3}$

$x^2-4x+4=\dfrac{2}{3}+4$

$(x-2)^2=\dfrac{14}{3}$

$x-2=\pm\sqrt{\dfrac{14}{3}}$

$\therefore\ x=2\pm\dfrac{\sqrt{42}}{3}$

08 이차방정식의 근의 공식

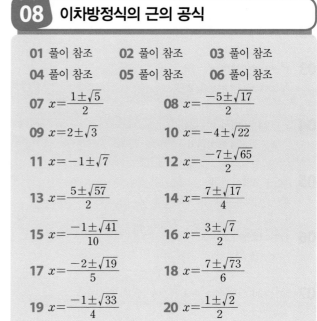

01 풀이 참조	**02** 풀이 참조	**03** 풀이 참조
04 풀이 참조	**05** 풀이 참조	**06** 풀이 참조

07 $x=\dfrac{1\pm\sqrt{5}}{2}$ **08** $x=\dfrac{-5\pm\sqrt{17}}{2}$

09 $x=2\pm\sqrt{3}$ **10** $x=-4\pm\sqrt{22}$

11 $x=-1\pm\sqrt{7}$ **12** $x=\dfrac{-7\pm\sqrt{65}}{2}$

13 $x=\dfrac{5\pm\sqrt{57}}{2}$ **14** $x=\dfrac{7\pm\sqrt{17}}{4}$

15 $x=\dfrac{-1\pm\sqrt{41}}{10}$ **16** $x=\dfrac{3\pm\sqrt{7}}{2}$

17 $x=\dfrac{-2\pm\sqrt{19}}{5}$ **18** $x=\dfrac{7\pm\sqrt{73}}{6}$

19 $x=\dfrac{-1\pm\sqrt{33}}{4}$ **20** $x=\dfrac{1\pm\sqrt{2}}{2}$

01 $x^2+3x+1=0$에서

$a=\boxed{1}$, $b=\boxed{3}$, $c=\boxed{1}$이므로

$x=\dfrac{-\boxed{3}\pm\sqrt{\boxed{3}^2-4\times1\times\boxed{1}}}{2\times\boxed{1}}$

$\therefore\ x=\dfrac{\boxed{-3}\pm\sqrt{\boxed{5}}}{2}$

02 $x^2-5x-3=0$에서

$a=\boxed{1}$, $b=\boxed{-5}$, $c=\boxed{-3}$이므로

$x=\dfrac{-(\boxed{-5})\pm\sqrt{(-5)^2-4\times\boxed{1}\times(-3)}}{2\times\boxed{1}}$

$\therefore\ x=\dfrac{\boxed{5}\pm\sqrt{\boxed{37}}}{2}$

03 $x^2+2x-1=0$에서

$a=\boxed{1}$, $b=\boxed{2}$, $c=\boxed{-1}$이므로

$x=\dfrac{-\boxed{2}\pm\sqrt{\boxed{2}^2-4\times\boxed{1}\times(\boxed{-1})}}{2\times\boxed{1}}$

$=\dfrac{\boxed{-2}\pm\sqrt{\boxed{8}}}{2}=\dfrac{\boxed{-2}\pm\boxed{2}\sqrt{\boxed{2}}}{2}$

$\therefore\ x=\boxed{-1}\pm\sqrt{\boxed{2}}$

04 $3x^2-5x+1=0$에서

$a=\boxed{3}$, $b=\boxed{-5}$, $c=\boxed{1}$이므로

$x=\dfrac{-(\boxed{-5})\pm\sqrt{(\boxed{-5})^2-4\times\boxed{3}\times1}}{2\times\boxed{3}}$

$$\therefore x=\frac{\boxed{5}\pm\sqrt{\boxed{13}}}{\boxed{6}}$$

05 $2x^2+3x-1=0$에서
$a=\boxed{2}$, $b=\boxed{3}$, $c=\boxed{-1}$이므로
$$x=\frac{-\boxed{3}\pm\sqrt{\boxed{3}^2-4\times2\times(\boxed{-1})}}{2\times\boxed{2}}$$
$$\therefore x=\frac{\boxed{-3}\pm\sqrt{\boxed{17}}}{\boxed{4}}$$

06 $3x^2-2x-2=0$에서
$a=\boxed{3}$, $b=\boxed{-2}$, $c=\boxed{-2}$이므로
$$x=\frac{-(\boxed{-2})\pm\sqrt{(-2)^2-4\times\boxed{3}\times(\boxed{-2})}}{2\times\boxed{3}}$$
$$=\frac{\boxed{2}\pm\sqrt{\boxed{28}}}{\boxed{6}}=\frac{\boxed{2}\pm\boxed{2}\sqrt{\boxed{7}}}{\boxed{6}}$$
$$\therefore x=\frac{\boxed{1}\pm\sqrt{\boxed{7}}}{\boxed{3}}$$

07 $x^2-x-1=0$에서
$a=1$, $b=-1$, $c=-1$이므로
$$x=\frac{-(-1)\pm\sqrt{(-1)^2-4\times1\times(-1)}}{2\times1}=\frac{1\pm\sqrt{1+4}}{2}$$
$$=\frac{1\pm\sqrt{5}}{2}$$

08 $x^2+5x+2=0$에서
$a=1$, $b=5$, $c=2$이므로
$$x=\frac{-5\pm\sqrt{5^2-4\times1\times2}}{2\times1}=\frac{-5\pm\sqrt{25-8}}{2}$$
$$=\frac{-5\pm\sqrt{17}}{2}$$

09 $x^2-4x+1=0$에서
$a=1$, $b=-4$, $c=1$이므로
$$x=\frac{-(-4)\pm\sqrt{(-4)^2-4\times1\times1}}{2\times1}=\frac{4\pm\sqrt{16-4}}{2}$$
$$=\frac{4\pm\sqrt{12}}{2}=\frac{4\pm2\sqrt{3}}{2}=2\pm\sqrt{3}$$

10 $x^2+8x-6=0$에서
$a=1$, $b=8$, $c=-6$이므로
$$x=\frac{-8\pm\sqrt{8^2-4\times1\times(-6)}}{2\times1}=\frac{-8\pm\sqrt{64+24}}{2}$$
$$=\frac{-8\pm\sqrt{88}}{2}=\frac{-8\pm2\sqrt{22}}{2}=-4\pm\sqrt{22}$$

11 $x^2+2x=6$, 즉 $x^2+2x-6=0$에서
$a=1$, $b=2$, $c=-6$이므로
$$x=\frac{-2\pm\sqrt{2^2-4\times1\times(-6)}}{2\times1}=\frac{-2\pm\sqrt{4+24}}{2}$$
$$=\frac{-2\pm\sqrt{28}}{2}=\frac{-2\pm2\sqrt{7}}{2}=-1\pm\sqrt{7}$$

12 $x^2+7x=4$, 즉 $x^2+7x-4=0$에서
$a=1$, $b=7$, $c=-4$이므로
$$x=\frac{-7\pm\sqrt{7^2-4\times1\times(-4)}}{2\times1}=\frac{-7\pm\sqrt{49+16}}{2}$$
$$=\frac{-7\pm\sqrt{65}}{2}$$

13 $x^2=5x+8$, 즉 $x^2-5x-8=0$에서
$a=1$, $b=-5$, $c=-8$이므로
$$x=\frac{-(-5)\pm\sqrt{(-5)^2-4\times1\times(-8)}}{2\times1}=\frac{5\pm\sqrt{25+32}}{2}$$
$$=\frac{5\pm\sqrt{57}}{2}$$

14 $2x^2-7x+4=0$에서
$a=2$, $b=-7$, $c=4$이므로
$$x=\frac{-(-7)\pm\sqrt{(-7)^2-4\times2\times4}}{2\times2}=\frac{7\pm\sqrt{49-32}}{4}$$
$$=\frac{7\pm\sqrt{17}}{4}$$

15 $5x^2+x-2=0$에서
$a=5$, $b=1$, $c=-2$이므로
$$x=\frac{-1\pm\sqrt{1^2-4\times5\times(-2)}}{2\times5}=\frac{-1\pm\sqrt{1+40}}{10}$$
$$=\frac{-1\pm\sqrt{41}}{10}$$

16 $2x^2-6x+1=0$에서
$a=2$, $b=-6$, $c=1$이므로
$$x=\frac{-(-6)\pm\sqrt{(-6)^2-4\times2\times1}}{2\times2}=\frac{6\pm\sqrt{36-8}}{4}$$
$$=\frac{6\pm\sqrt{28}}{4}=\frac{6\pm2\sqrt{7}}{4}=\frac{3\pm\sqrt{7}}{2}$$

17 $5x^2+4x-3=0$에서
$a=5$, $b=4$, $c=-3$이므로
$$x=\frac{-4\pm\sqrt{4^2-4\times5\times(-3)}}{2\times5}=\frac{-4\pm\sqrt{16+60}}{10}$$
$$=\frac{-4\pm\sqrt{76}}{10}=\frac{-4\pm2\sqrt{19}}{10}$$
$$=\frac{-2\pm\sqrt{19}}{5}$$

18 $3x^2-7x=2$, 즉 $3x^2-7x-2=0$에서
$a=3$, $b=-7$, $c=-2$이므로

$$x=\frac{-(-7)\pm\sqrt{(-7)^2-4\times3\times(-2)}}{2\times3}=\frac{7\pm\sqrt{49+24}}{6}$$

$$=\frac{7\pm\sqrt{73}}{6}$$

19 $2x^2+x=4$, 즉 $2x^2+x-4=0$에서
$a=2$, $b=1$, $c=-4$이므로
$$x=\frac{-1\pm\sqrt{1^2-4\times2\times(-4)}}{2\times2}=\frac{-1\pm\sqrt{1+32}}{4}$$

$$=\frac{-1\pm\sqrt{33}}{4}$$

20 $4x^2=4x+1$, 즉 $4x^2-4x-1=0$에서
$a=4$, $b=-4$, $c=-1$이므로
$$x=\frac{-(-4)\pm\sqrt{(-4)^2-4\times4\times(-1)}}{2\times4}=\frac{4\pm\sqrt{16+16}}{8}$$

$$=\frac{4\pm\sqrt{32}}{8}=\frac{4\pm4\sqrt{2}}{8}=\frac{1\pm\sqrt{2}}{2}$$

09 복잡한 이차방정식의 풀이

01 1, 4, -6, 1, 4, 5 **02** $x=1$ 또는 $x=2$

03 $x=\dfrac{-5\pm\sqrt{53}}{2}$ **04** $x=\dfrac{3\pm\sqrt{15}}{2}$

05 $x=\dfrac{1}{2}$ **06** $x=\dfrac{5\pm\sqrt{13}}{2}$

07 10, 1, 1, 1, $\dfrac{1}{5}$, 1 **08** $x=2\pm\sqrt{2}$

09 $x=-2$ 또는 $x=\dfrac{1}{3}$ **10** $x=-6$ 또는 $x=4$

11 $x=\dfrac{1}{5}$ 또는 $x=\dfrac{1}{2}$ **12** $x=\dfrac{-5\pm\sqrt{13}}{4}$

13 6, 1, -3, -1, 17 **14** $x=-\dfrac{1}{2}$ 또는 $x=\dfrac{2}{3}$

15 $x=\dfrac{2}{3}$ 또는 $x=1$ **16** $x=\dfrac{-3\pm\sqrt{3}}{3}$

17 $x=\dfrac{-4\pm2\sqrt{13}}{3}$

01 괄호를 풀면 $x^2-2x+\boxed{1}=4x-3$
우변의 항을 좌변으로 이항하면
$x^2-6x+\boxed{4}=0$
근의 공식을 이용하면
$$x=\frac{-(-6)\pm\sqrt{(\boxed{-6})^2-4\times\boxed{1}\times\boxed{4}}}{2\times1}=\frac{6\pm\sqrt{20}}{2}$$

$$=\frac{6\pm2\sqrt{5}}{2}=3\pm\sqrt{\boxed{5}}$$

02 $x(x-3)=-2$에서 $x^2-3x+2=0$
$(x-1)(x-2)=0$ $\therefore x=1$ 또는 $x=2$

03 $x(x+5)=7$에서 $x^2+5x-7=0$
$$\therefore x=\frac{-5\pm\sqrt{5^2-4\times1\times(-7)}}{2\times1}=\frac{-5\pm\sqrt{53}}{2}$$

04 $3(x-1)^2=x^2+6$에서 $3(x^2-2x+1)=x^2+6$
$3x^2-6x+3-x^2-6=0$
$2x^2-6x-3=0$
$$\therefore x=\frac{-(-6)\pm\sqrt{(-6)^2-4\times2\times(-3)}}{2\times2}=\frac{6\pm\sqrt{60}}{4}$$

$$=\frac{6\pm2\sqrt{15}}{4}=\frac{3\pm\sqrt{15}}{2}$$

05 $(2x+1)(2x-1)=4x-2$에서
$4x^2-1=4x-2$, $4x^2-4x+1=0$, $(2x-1)^2=0$
$$\therefore x=\frac{1}{2}$$

06 $3x^2=(2x-1)(x+3)$에서 $3x^2=2x^2+5x-3$
$x^2-5x+3=0$
$$\therefore x=\frac{-(-5)\pm\sqrt{(-5)^2-4\times1\times3}}{2\times1}=\frac{5\pm\sqrt{13}}{2}$$

07 양변에 $\boxed{10}$을 곱하면 $5x^2-6x+\boxed{1}=0$
좌변을 인수분해하면 $(5x-\boxed{1})(x-\boxed{1})=0$
$$\therefore x=\boxed{\dfrac{1}{5}}$$ 또는 $x=\boxed{1}$

08 $0.1x^2-0.4x+0.2=0$의 양변에 10을 곱하면
$x^2-4x+2=0$
$$\therefore x=\frac{-(-4)\pm\sqrt{(-4)^2-4\times1\times2}}{2\times1}=\frac{4\pm\sqrt{8}}{2}$$

$$=\frac{4\pm2\sqrt{2}}{2}=2\pm\sqrt{2}$$

09 $0.3x^2+0.5x-0.2=0$의 양변에 10을 곱하면
$3x^2+5x-2=0$
$(x+2)(3x-1)=0$
$$\therefore x=-2$$ 또는 $x=\dfrac{1}{3}$

10 $0.01x^2+0.02x-0.24=0$의 양변에 100을 곱하면
$x^2+2x-24=0$, $(x+6)(x-4)=0$
$$\therefore x=-6$$ 또는 $x=4$

11 $x^2-0.7x+0.1=0$의 양변에 10을 곱하면
$10x^2-7x+1=0$, $(5x-1)(2x-1)=0$
$$\therefore x=\dfrac{1}{5}$$ 또는 $x=\dfrac{1}{2}$

40 EBS 한 장 수학 3 (상)

12 $0.4x^2+x=-0.3$의 양변에 10을 곱하면
$4x^2+10x=-3$, $4x^2+10x+3=0$
$$\therefore x=\frac{-10\pm\sqrt{10^2-4\times4\times3}}{2\times4}=\frac{-10\pm\sqrt{52}}{8}$$
$$=\frac{-10\pm2\sqrt{13}}{8}=\frac{-5\pm\sqrt{13}}{4}$$

13 양변에 $\boxed{6}$을 곱하면 $2x^2-3x-\boxed{1}=0$
근의 공식을 이용하면
$$x=\frac{-(-3)\pm\sqrt{(\boxed{-3})^2-4\times2\times(\boxed{-1})}}{2\times2}$$
$$=\frac{3\pm\sqrt{\boxed{17}}}{4}$$

14 $\frac{3}{2}x^2-\frac{1}{4}x-\frac{1}{2}=0$의 양변에 4를 곱하면
$6x^2-x-2=0$, $(2x+1)(3x-2)=0$
$$\therefore x=-\frac{1}{2} \ \text{또는} \ x=\frac{2}{3}$$

15 $\frac{1}{5}x^2-\frac{1}{3}x+\frac{2}{15}=0$의 양변에 15를 곱하면
$3x^2-5x+2=0$
$(3x-2)(x-1)=0$
$$\therefore x=\frac{2}{3} \ \text{또는} \ x=1$$

16 $\frac{1}{2}x^2+x+\frac{1}{3}=0$의 양변에 6을 곱하면
$3x^2+6x+2=0$
$$\therefore x=\frac{-6\pm\sqrt{6^2-4\times3\times2}}{2\times3}=\frac{-6\pm\sqrt{12}}{6}$$
$$=\frac{-6\pm2\sqrt{3}}{6}=\frac{-3\pm\sqrt{3}}{3}$$

17 $\frac{1}{4}x^2+\frac{2}{3}x-1=0$의 양변에 12를 곱하면
$3x^2+8x-12=0$
$$\therefore x=\frac{-8\pm\sqrt{8^2-4\times3\times(-12)}}{2\times3}=\frac{-8\pm4\sqrt{13}}{6}$$
$$=\frac{-4\pm2\sqrt{13}}{3}$$

🐳 핵심 반복

본문 72쪽

1 ②	**2** ⑤	**3** ④	**4** ①
5 ⑤	**6** ④	**7** ③	**8** ①

1 $(x-2)^2=6$에서
$x-2=\pm\sqrt{6}$, $x=2\pm\sqrt{6}$

따라서 $a=2$, $b=6$이므로
$a-b=2-6=-4$

2 $2(x+1)^2=a$에서 $(x+1)^2=\frac{a}{2}$
$$x+1=\pm\sqrt{\frac{a}{2}}$$
$$\therefore x=-1\pm\sqrt{\frac{a}{2}}$$
이때 주어진 이차방정식의 해가 $x=-1\pm\sqrt{5}$이므로
$$\frac{a}{2}=5 \quad \therefore a=10$$

3 $x^2-8x-4=0$에서 $x^2-8x=4$
$x^2-8x+16=4+16$, $(x-4)^2=20$
$$\therefore p=4, q=20$$

4 $3x^2+5x-3=0$에서
$$x=\frac{-5\pm\sqrt{5^2-4\times3\times(-3)}}{2\times3}=\frac{-5\pm\sqrt{61}}{6}$$
따라서 $A=-5$, $B=61$이므로
$A-B=-5-61=-66$

5 $x^2+6x+2=0$에서
$$x=\frac{-6\pm\sqrt{6^2-4\times1\times2}}{2\times1}=\frac{-6\pm\sqrt{28}}{2}$$
$$=\frac{-6\pm2\sqrt{7}}{2}=-3\pm\sqrt{7}$$
따라서 $A=-3$, $B=7$이므로
$$\frac{A}{B}=-\frac{3}{7}$$

6 $4x(x-1)=7$에서 $4x^2-4x-7=0$
$$\therefore x=\frac{-(-4)\pm\sqrt{(-4)^2-4\times4\times(-7)}}{2\times4}=\frac{4\pm\sqrt{128}}{8}$$
$$=\frac{4\pm8\sqrt{2}}{8}=\frac{1\pm2\sqrt{2}}{2}$$

7 $0.2x^2-0.9x+0.9=0$의 양변에 10을 곱하면
$2x^2-9x+9=0$, $(2x-3)(x-3)=0$
$$\therefore x=\frac{3}{2} \ \text{또는} \ x=3$$
따라서 두 근의 차는 $3-\frac{3}{2}=\frac{3}{2}$

8 $\frac{1}{3}x^2+2x=\frac{3}{2}$의 양변에 6을 곱하면
$2x^2+12x=9$, $2x^2+12x-9=0$
$$\therefore x=\frac{-12\pm\sqrt{12^2-4\times2\times(-9)}}{2\times2}=\frac{-12\pm\sqrt{216}}{4}$$
$$=\frac{-12\pm6\sqrt{6}}{4}=\frac{-6\pm3\sqrt{6}}{2}$$

1　$(x+4)^2-b=0$에서 $(x+4)^2=b$
$x+4=\pm\sqrt{b}$　∴ $x=-4\pm\sqrt{b}=a\pm\sqrt{2}$
따라서 $a=-4$, $b=2$이므로
$a+b=-4+2=-2$

2　$3(x-4)^2=a$에서 $(x-4)^2=\dfrac{a}{3}$
$x-4=\pm\sqrt{\dfrac{a}{3}}$　∴ $x=4\pm\sqrt{\dfrac{a}{3}}$
이때 두 근의 차가 2이므로
$4+\sqrt{\dfrac{a}{3}}-\left(4-\sqrt{\dfrac{a}{3}}\right)=2\sqrt{\dfrac{a}{3}}=2$
$\sqrt{\dfrac{a}{3}}=1$, $\dfrac{a}{3}=1$　∴ $a=3$

3　$3(x-1)(x-5)=4$에서 $3(x^2-6x+5)=4$
양변을 3으로 나누면
$x^2-6x+5=\dfrac{4}{3}$, $x^2-6x+9=\dfrac{4}{3}+4$
$(x-3)^2=\dfrac{16}{3}$
따라서 $a=3$, $b=\dfrac{16}{3}$이므로
$ab=3\times\dfrac{16}{3}=16$

4　각 방정식의 해를 구하면
① $x^2-6x-4=0$에서 $(x-3)^2=4+9=13$
　　∴ $x=3\pm\sqrt{13}$
② $x^2-6x+2=0$에서 $(x-3)^2=-2+9=7$
　　∴ $x=3\pm\sqrt{7}$
③ $x^2+6x-4=0$에서 $(x+3)^2=4+9=13$
　　∴ $x=-3\pm\sqrt{13}$
④ $x^2+6x+2=0$에서 $(x+3)^2=-2+9=7$
　　∴ $x=-3\pm\sqrt{7}$
⑤ $x^2+6x-5=0$에서 $(x+3)^2=5+9=14$
　　∴ $x=-3\pm\sqrt{14}$
따라서 해가 $x=-3\pm\sqrt{7}$인 것은 ④이다.

5　$3x^2-4x+a=0$에서
$x=\dfrac{-(-4)\pm\sqrt{(-4)^2-4\times3\times a}}{2\times3}$
$=\dfrac{4\pm\sqrt{4(4-3a)}}{6}=\dfrac{4\pm2\sqrt{4-3a}}{6}$
$=\dfrac{2\pm\sqrt{4-3a}}{3}=\dfrac{b\pm\sqrt{13}}{3}$
이므로 $2=b$, $4-3a=13$　∴ $a=-3$, $b=2$
∴ $a-b=-3-2=-5$

6　$(x-2)(2x+1)=(x-2)^2$에서
$2x^2-3x-2=x^2-4x+4$
$x^2+x-6=0$, $(x+3)(x-2)=0$
∴ $x=-3$ 또는 $x=2$
따라서 $a=2$, $b=-3$이므로
$2a-b=2\times2-(-3)=7$

7　$0.2x^2+\dfrac{1}{2}x-\dfrac{3}{10}=0$의 양변에 10을 곱하면
$2x^2+5x-3=0$, $(x+3)(2x-1)=0$
∴ $x=-3$ 또는 $x=\dfrac{1}{2}$
따라서 $p=\dfrac{1}{2}$이므로
$5-2p=5-2\times\dfrac{1}{2}=4$

8　$x^2-4x+(k-2)=0$에서
$x=\dfrac{-(-4)\pm\sqrt{(-4)^2-4\times1\times(k-2)}}{2\times1}$
$=\dfrac{4\pm\sqrt{16-4k+8}}{2}=\dfrac{4\pm\sqrt{24-4k}}{2}$
$=\dfrac{4\pm2\sqrt{6-k}}{2}=2\pm\sqrt{6-k}$
의 해가 모두 정수가 되려면 $\sqrt{6-k}$가 정수가 되어야 한다.
따라서 $6-k$의 값이 0, 1, 4이므로 자연수 k의 값은 2, 5, 6이다.

10　이차방정식 만들기

01 -2, 3, -2, 4, 3, -2, 8, 6
02 $x^2-7x+12=0$　　**03** $-x^2+3x+10=0$
04 $3x^2+3x-18=0$　　**05** $-2x^2-14x-24=0$
06 2, 4, 2, 8, 16, 2, 16, 32
07 $x^2-4x+4=0$　　**08** $-x^2-10x-25=0$
09 $2x^2+12x+18=0$　　**10** $-3x^2+12x-12=0$

01 $\boxed{-2}(x-1)(x-\boxed{3})=0$
　　$\boxed{-2}(x^2-\boxed{4}x+\boxed{3})=0$
　　$\boxed{-2}x^2+\boxed{8}x-\boxed{6}=0$

02 $(x-3)(x-4)=0$　　∴ $x^2-7x+12=0$

03 $-(x+2)(x-5)=0$　　∴ $-x^2+3x+10=0$

04 $3(x-2)(x+3)=0,\ 3(x^2+x-6)=0$
$\therefore 3x^2+3x-18=0$

05 $-2(x+4)(x+3)=0,\ -2(x^2+7x+12)=0$
$\therefore -2x^2-14x-24=0$

06 $\boxed{2}(x+\boxed{4})^2=0$
$\boxed{2}(x^2+\boxed{8}x+\boxed{16})=0$
$\boxed{2}x^2+\boxed{16}x+\boxed{32}=0$

07 $(x-2)^2=0 \qquad \therefore x^2-4x+4=0$

08 $-(x+5)^2=0 \qquad \therefore -x^2-10x-25=0$

09 $2(x+3)^2=0,\ 2(x^2+6x+9)=0$
$\therefore 2x^2+12x+18=0$

10 $-3(x-2)^2=0,\ -3(x^2-4x+4)=0$
$\therefore -3x^2+12x-12=0$

본문 75쪽

11 이차방정식의 활용(1)

01 (1) $x+6$ (2) $x+6$ (3) $36,\ -4,\ 9$ (4) $9,\ 9$
02 (1) $x-3$ (2) $x-3$ (3) $-12,\ 15$ (4) $15,\ 15$
03 10살

01 (1) 동생의 나이를 x살이라고 하면 형의 나이는 ($\boxed{x+6}$)살
이다.
(2) 동생의 나이를 제곱하면 형의 나이를 5배한 것보다 6살이
더 많으므로
$x^2=5(\boxed{x+6})+6$
(3) 위의 이차방정식을 정리하여 풀면
$x^2-5x-\boxed{36}=0$
$(x+4)(x-9)=0$
$\therefore x=\boxed{-4}$ 또는 $x=\boxed{9}$
(4) 이때 x는 자연수이므로 $x=\boxed{9}$
따라서 동생의 나이는 $\boxed{9}$살이다.

02 (1) 언니의 나이를 x살이라고 하면 동생의 나이는 ($\boxed{x-3}$)살
이다.
(2) 두 사람의 나이의 곱이 180이므로
$x(\boxed{x-3})=180$

(3) 위의 이차방정식을 정리하여 풀면
$x^2-3x-180=0$
$(x+12)(x-15)=0$
$\therefore x=\boxed{-12}$ 또는 $x=\boxed{15}$
(4) 이때 $x-3>0$이므로 $x=\boxed{15}$
따라서 언니의 나이는 $\boxed{15}$살이다.

03 동생의 나이를 x살이라고 하면 오빠의 나이는 $(x+4)$살이다.
오빠와 동생의 나이의 제곱의 합이 296이므로
$x^2+(x+4)^2=296,\ 2x^2+8x-280=0$
$x^2+4x-140=0$
$(x+14)(x-10)=0$
$\therefore x=-14$ 또는 $x=10$
이때 $x>0$이므로 $x=10$
따라서 동생의 나이는 10살이다.

본문 76쪽

12 이차방정식의 활용(2)

01 (1) $x+1$ (2) $x+1$ (3) $x,\ 9,\ 8,\ -9,\ 8$ (4) $8,\ 8,\ 9$
02 (1) $x+1$ (2) $x^2+(x+1)^2=61$ (3) $-6,\ 5$ (4) $5,\ 5,\ 6$
03 4
04 (1) $-5x^2+30x$ (2) $-5x^2+30x=25$
(3) $1,\ 5$ (4) $1,\ 5,\ 1,\ 5$
05 12초 후
06 (1) $6+x$ (2) 90 (3) $60,\ 4,\ 4$ (4) $4,\ 4$
07 4 m

01 (1) 연속하는 두 자연수 중 작은 수를 x라고 하면 큰 수는
($\boxed{x+1}$)이다.
(2) 두 자연수의 곱이 72이므로 $x\times(\boxed{x+1})=72$
(3) 위의 이차방정식을 정리하여 풀면
$x^2+\boxed{x}-72=0,\ (x+\boxed{9})(x-\boxed{8})=0$
$\therefore x=\boxed{-9}$ 또는 $x=\boxed{8}$
(4) 이때 x는 자연수이므로 $x=\boxed{8}$
따라서 구하는 두 자연수는 $\boxed{8},\ \boxed{9}$이다.

02 (1) 연속하는 두 자연수 중 작은 수를 x라고 하면 큰 수는
($\boxed{x+1}$)이다.
(2) 두 자연수의 제곱의 합이 61이므로
$\boxed{x^2+(x+1)^2=61}$

(3) 위의 이차방정식을 정리하여 풀면

$x^2+x^2+2x+1=61$, $2x^2+2x-60=0$

$x^2+x-30=0$

$(x+6)(x-5)=0$

$\therefore x=\boxed{-6}$ 또는 $x=\boxed{5}$

(4) 이때 x는 자연수이므로 $x=\boxed{5}$

따라서 두 자연수는 $\boxed{5}$, $\boxed{6}$이다.

03 어떤 자연수를 x라고 하면

$2x=x^2-8$, $x^2-2x-8=0$

$(x+2)(x-4)=0$

$\therefore x=-2$ 또는 $x=4$

이때 x가 자연수이므로 $x=4$

따라서 구하는 자연수는 4이다.

04 (1) 물 로켓을 수직으로 발사하고 나서 x초 후의 물 로켓의

높이를 ($\boxed{-5x^2+30x}$) m라고 하자.

(2) 물 로켓이 25 m 높이의 지점을 지나므로

$\boxed{-5x^2+30x=25}$

(3) 위의 이차방정식을 정리하여 풀면

$-5x^2+30x-25=0$, $x^2-6x+5=0$

$(x-1)(x-5)=0$

$\therefore x=\boxed{1}$ 또는 $x=\boxed{5}$

(4) 이때 $x>0$이므로 $x=\boxed{1}$ 또는 $x=\boxed{5}$

따라서 물 로켓을 발사하고 나서 $\boxed{1}$초 후와 $\boxed{5}$초 후일 때,

물 로켓의 높이가 25 m이다.

05 물체가 지면으로 다시 떨어지는 것은 높이가 0일 때이므로

$-5x^2+60x=0$, $x^2-12x=0$, $x(x-12)=0$

$\therefore x=0$ 또는 $x=12$

이때 $x>0$이므로 12초 후이다.

06 (1) 늘인 길이를 x cm라고 하면 늘인 직사각형의 가로의 길이는

$(5+x)$ cm, 세로의 길이는 ($\boxed{6+x}$) cm이다.

(2) 늘인 직사각형의 넓이가 처음 넓이의 3배가 되므로

$(5+x)(6+x)=3\times30=\boxed{90}$

(3) 위의 이차방정식을 정리하여 풀면

$x^2+11x+30=90$, $x^2+11x-\boxed{60}=0$

$(x+15)(x-\boxed{4})=0$

$\therefore x=-15$ 또는 $x=\boxed{4}$

(4) 이때 $x>0$이므로 $x=\boxed{4}$

따라서 늘인 길이는 $\boxed{4}$ cm이다.

07 세로의 길이를 x m라고 하면 가로의 길이는 $(x+6)$ m이다.

화단의 넓이가 40 m^{2}이므로

$x(x+6)=40$, $x^2+6x-40=0$

$(x+10)(x-4)=0$

$\therefore x=-10$ 또는 $x=4$

이때 $x>0$이므로 $x=4$

따라서 이 화단의 세로의 길이는 4 m이다.

핵심 반복   본문 78쪽

| 1 ⑤ | 2 ② | 3 ③ | 4 ③ |
| 5 ② | 6 ③ | 7 ⑤ | 8 ① |

1 이차방정식 $3x^2+bx+c=0$의 두 근이 $x=-2$ 또는 $x=\dfrac{1}{3}$이

므로

$3(x+2)\left(x-\dfrac{1}{3}\right)=0$, $(x+2)(3x-1)=0$

$\therefore 3x^2+5x-2=0$

따라서 $b=5$, $c=-2$이므로

$b+c=5+(-2)=3$

2 이차방정식 $x^2+ax+b=0$이 중근 $x=3$을 가지므로

$(x-3)^2=0$ $\therefore x^2-6x+9=0$

따라서 $a=-6$, $b=9$이므로

$a+b=-6+9=3$

3 오빠의 나이를 x살이라고 하면 동생의 나이는 $(x-4)$살이다.

오빠의 나이의 제곱은 동생의 나이의 제곱의 2배보다 4살 적

으므로 $x^2=2(x-4)^2-4$

$x^2=2x^2-16x+32-4$, $x^2-16x+28=0$

$(x-2)(x-14)=0$

$\therefore x=2$ 또는 $x=14$

이때 $x-4>0$이므로 $x=14$

따라서 오빠의 나이는 14살이다.

4 연속하는 두 자연수 중 작은 수를 x라고 하면 큰 수는 $x+1$이다.

연속하는 두 자연수의 제곱의 합이 85이므로

$x^2+(x+1)^2=85$

$x^2+x^2+2x+1=85$, $2x^2+2x-84=0$

$x^2+x-42=0$

$(x+7)(x-6)=0$

$\therefore x=-7$ 또는 $x=6$

이때 x는 자연수이므로 $x=6$

따라서 구하는 자연수는 6이다.

5 어떤 자연수를 x라고 하면

$2x=x^2-15$, $x^2-2x-15=0$

$(x+3)(x-5)=0$

$\therefore x=-3$ 또는 $x=5$

이때 x는 자연수이므로 $x=5$
따라서 구하는 자연수는 5이다.

6 이 폭죽은 지면으로부터 80 m의 높이에서 터지므로
$40t-5t^2=80$, $t^2-8t+16=0$
$(t-4)^2=0$ $\therefore t=4$
따라서 4초 후에 폭죽이 터진다.

7 직사각형의 가로의 길이는 x cm이고, 둘레의 길이가 22 cm
이므로 세로의 길이는 $(11-x)$ cm이다.
이때 직사각형의 넓이가 24 cm^{2}이므로
$x(11-x)=24$

8 가로와 세로의 길이가 각각 12 cm, 8 cm인 직사각형에서 가
로, 세로의 길이를 모두 x cm씩 늘이면 가로의 길이는
$(12+x)$ cm, 세로의 길이는 $(8+x)$ cm이므로
$(12+x)(8+x)=2\times96=192$
$x^2+20x-96=0$, $(x+24)(x-4)=0$
$\therefore x=-24$ 또는 $x=4$
이때 $x>0$이므로 $x=4$

3 종민이의 생일을 7월 x일이라고 하면 수연이가 종민이보다 생
일이 2주일 빠르므로 수연이의 생일은 7월 $(x-14)$일이다.
두 사람이 태어난 날짜의 곱이 51이므로
$x(x-14)=51$, $x^2-14x-51=0$
$(x+3)(x-17)=0$
$\therefore x=-3$ 또는 $x=17$
이때 $x-14>0$이므로 $x=17$
따라서 종민이의 생일은 7월 17일이다.

4 연속하는 세 짝수를 $x-2$, x, $x+2$라고 하면
$(x+2)^2=x^2+(x-2)^2-48$
$x^2+4x+4=x^2+x^2-4x+4-48$
$x^2-8x-48=0$
$(x+4)(x-12)=0$
$\therefore x=-4$ 또는 $x=12$
이때 $x-2>0$이므로 $x=12$
따라서 세 짝수는 10, 12, 14이므로 그 합은
$10+12+14=36$

5 이 모임에 참가한 학생 수를 n명이라고 하면 악수를 한 총 횟수
는 $\dfrac{1}{2}n(n-1)$번이다.
악수한 총 횟수가 28번이므로
$\dfrac{1}{2}n(n-1)=28$, $n^2-n-56=0$
$(n+7)(n-8)=0$
$\therefore n=-7$ 또는 $n=8$
이때 n은 자연수이므로 $n=8$
따라서 이 모임에 참가한 학생 수는 8명이다.

형성 평가

본문 79쪽

1 ⑤	**2** ③	**3** ②	**4** ①
5 ③	**6** ④	**7** ②	**8** ②

1 이차방정식 $x^2+ax+b=0$의 두 근이 -2, 3이므로
$(x+2)(x-3)=0$, $x^2-x-6=0$
$\therefore a=-1$, $b=-6$
따라서 이차방정식 $x^2+6x-1=0$의 근은
$x=\dfrac{-6\pm\sqrt{6^2-4\times1\times(-1)}}{2\times1}=\dfrac{-6\pm\sqrt{40}}{2}$
$=\dfrac{-6\pm2\sqrt{10}}{2}=-3\pm\sqrt{10}$

2 이차방정식 $3x^2+px+q=0$의 두 근이 1, $\dfrac{1}{3}$이므로
$3(x-1)\left(x-\dfrac{1}{3}\right)=0$, $(x-1)(3x-1)=0$
즉 $3x^2-4x+1=0$에서 $p=-4$, $q=1$
이차항의 계수가 1이고 -4, 1을 두 근으로 하는 이차방정식은
$(x+4)(x-1)=0$, $x^2+3x-4=0$
따라서 $a=1$, $b=3$, $c=-4$이므로
$a+b+c=1+3+(-4)=0$

6 처음 정사각형의 한 변의 길이를 x cm라고 하면 늘인 직사각
형의 가로의 길이는 $(x+2)$ cm, 세로의 길이는 $(x+3)$ cm
이다.
넓이가 처음 정사각형의 넓이의 2배가 되었으므로
$(x+2)(x+3)=2x^2$, $x^2+5x+6=2x^2$
$x^2-5x-6=0$, $(x+1)(x-6)=0$
$\therefore x=-1$ 또는 $x=6$
이때 $x>0$이므로 $x=6$
따라서 처음 정사각형의 한 변의 길이는 6 cm이다.

7 상자의 밑면의 가로와 세로의 길이는 모두 $(x-4)$ cm이고
높이는 2 cm이므로
$(x-4)\times(x-4)\times2=128$
$(x-4)^2=64$, $x-4=\pm8$
$\therefore x=-4$ 또는 $x=12$
이때 $x-4>0$이므로 $x=12$

8 직사각형의 x초 후의 가로의 길이는 $(12-x)$ cm, 세로의 길이는 $(8+2x)$ cm이므로

$(12-x)(8+2x)=12\times 8=96$

$-2x^2+16x+96=96,\ -2x^2+16x=0$

$x^2-8x=0,\ x(x-8)=0$

$\therefore x=0$ 또는 $x=8$

이때 $x>0$이므로 $x=8$

따라서 8초 후에 넓이가 처음과 같아진다.

---

3 $x^2-8x+5=0$

$x^2-8x=-5$

$x^2-8x+16=-5+16$

$(x-4)^2=11$ ...... (가)

따라서 $x-4=\pm\sqrt{11}$

$\therefore x=4\pm\sqrt{11}$ ...... (나)

채점 기준표

단계	채점 기준	비율
(가)	주어진 식을 $(x+a)^2=b$의 꼴로 나타낸 경우	60 %
(나)	해를 구한 경우	40 %

쉬운 서술형

본문 80쪽

1 (1) 3 (2) 4 (3) 7 　　**2** (1) 5 (2) $x=\dfrac{1}{3}$

3 $x=4\pm\sqrt{11}$

4 (1) $50x-5x^2=120$ (2) $x=4$ 또는 $x=6$ (3) 4초 후

---

1 (1) $x^2-6x+3a=0$이 중근을 가지므로

$3a=\left(-\dfrac{6}{2}\right)^2=9$ $\quad \therefore a=3$ ...... (가)

(2) $a=3$을 $x^2+(a+1)x+b=0$에 대입하면

$x^2+4x+b=0$

이 이차방정식이 중근을 가지므로

$b=\left(\dfrac{4}{2}\right)^2=4$ ...... (나)

(3) 따라서 $a+b=3+4=7$ ...... (다)

채점 기준표

단계	채점 기준	비율
(가)	a의 값을 구한 경우	40 %
(나)	b의 값을 구한 경우	40 %
(다)	$a+b$의 값을 구한 경우	20 %

---

2 (1) 이차방정식 $3x^2+px-2=0$의 한 근이 $x=-2$이므로

$3\times(-2)^2-2p-2=0,\ 12-2p-2=0$

$2p=10$ $\quad \therefore p=5$ ...... (가)

(2) $3x^2+5x-2=0$에서

$(x+2)(3x-1)=0$

$\therefore x=-2$ 또는 $x=\dfrac{1}{3}$

따라서 다른 한 근은 $x=\dfrac{1}{3}$이다. ...... (나)

채점 기준표

단계	채점 기준	비율
(가)	p의 값을 구한 경우	50 %
(나)	다른 한 근을 구한 경우	50 %

---

4 (1) x초 후 처음으로 지면으로부터의 높이가 120 m가 된다고 하면

$50x-5x^2=120$ ...... (가)

(2) $-5x^2+50x-120=0,\ x^2-10x+24=0$

$(x-4)(x-6)=0$

$\therefore x=4$ 또는 $x=6$ ...... (나)

(3) 따라서 처음으로 지면으로부터의 높이가 120 m가 되는 때는 쏘아 올린 지 4초 후이다. ...... (다)

채점 기준표

단계	채점 기준	비율
(가)	이차방정식을 세운 경우	30 %
(나)	이차방정식을 푼 경우	50 %
(다)	몇 초 후인지 구한 경우	20 %

Ⅳ 이차함수

본문 82쪽

01 이차함수의 뜻

01 ×	02 ○	03 ○	04 ×
05 ×	06 ○	07 ○	08 ×
09 ×	10 x^2, ○	11 $200x$, ×	
12 $4x^2+8x$, ○		13 $10x$, ×	14 $4\pi x^2$, ○

01 $y=-2x+7$은 일차함수이다.

02 $y=x^2-5x+4$는 이차함수이다.

03 $y=\dfrac{x^2}{5}+1$은 이차함수이다.

04 $y=-\dfrac{3}{x}$은 이차함수가 아니다.

05 $y=\dfrac{4}{x^2}+5$는 이차함수가 아니다.

06 $y=2x(x+3)=2x^2+6x$는 이차함수이다.

07 $y=-(x-3)^2=-x^2+6x-9$는 이차함수이다.

08 $y=x(x+2)-x^2=x^2+2x-x^2=2x$는 일차함수이다.

09 $x^2-6x+8=0$은 이차방정식이다.

10 한 변의 길이가 x cm인 정사각형의 넓이가 y cm²이므로
$y=\boxed{x^2}$
따라서 이차함수이다.

11 한 개에 200원인 사탕 x개의 가격이 y원이므로
$y=\boxed{200x}$
따라서 이차함수가 아니다.

12 시속 $4x$ km로 $(x+2)$시간 동안 달린 거리가 y km이고
(거리)=(속력)×(시간)이므로
$y=4x(x+2)=\boxed{4x^2+8x}$
따라서 이차함수이다.

13 가로의 길이가 $3x$ cm, 세로의 길이가 $2x$ cm인 직사각형의
둘레의 길이가 y cm이고
(직사각형의 둘레의 길이)=2{(가로의 길이)+(세로의 길이)}
이므로 $y=2(3x+2x)=\boxed{10x}$
따라서 이차함수가 아니다.

14 반지름의 길이가 $2x$ cm인 원의 넓이가 y cm²이므로
$y=\pi\times(2x)^2=\boxed{4\pi x^2}$
따라서 이차함수이다.

본문 83쪽

02 이차함수의 함숫값

01 0, 2		02 3, 3, -6	
03 $-2, -2, 21$		04 8	05 3
06 -1	07 -4	08 2	09 5
10 4, -5	11 5, 2		

01 $x=0$일 때 이차함수 $y=x^2+2$의 함숫값은
$y=\boxed{0}^2+2=\boxed{2}$

02 $x=3$일 때 이차함수 $y=-x^2+x$의 함숫값은
$y=(-1)\times\boxed{3}^2+\boxed{3}=-9+3=\boxed{-6}$

03 $x=-2$일 때 이차함수 $y=3x^2-4x+1$의 함숫값은
$y=3\times(\boxed{-2})^2-4\times(\boxed{-2})+1=\boxed{21}$

04 $f(-1)=(-1)^2-4\times(-1)+3=1+4+3=8$

05 $f(0)=0^2-4\times0+3=0-0+3=3$

06 $f(2)=2^2-4\times2+3=4-8+3=-1$

07 $f(-2)=-(-2+4)^2=-4$

08 $f(1)=-2\times1^2+5\times1-1=-2+5-1=2$

09 $f(-1)=2\times(-1)^2+(-1)-3=2-1-3=-2$
$f(2)=2\times2^2+2-3=8+2-3=7$
이므로 $f(-1)+f(2)=-2+7=5$

10 이차함수 $f(x)=x^2+3x+a$에서 $f(1)=-1$이면
$f(1)=1^2+3\times1+a=\boxed{4}+a=-1$
이므로 $a=\boxed{-5}$

11 이차함수 $f(x)=ax^2-x+4$에서 $f(-1)=7$이면
$f(-1)=a\times(-1)^2-(-1)+4=a+\boxed{5}=7$
이므로 $a=\boxed{2}$

03 두 이차함수 $y=x^2$과 $y=-x^2$의 그래프

01 풀이 참조 02 풀이 참조 03 × 04 ×
05 ○ 06 ○ 07 ×

01

x	$\cdots$	-3	-2	-1	0	1	2	3	$\cdots$
$y=x^2$	$\cdots$	9	4	1	0	1	4	9	$\cdots$
$y=-x^2$	$\cdots$	-9	-4	-1	0	-1	-4	-9	$\cdots$

02

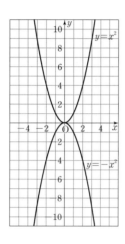

03 이차함수 $y=x^2$의 그래프는 아래로 볼록한 곡선이다.

04 이차함수 $y=-x^2$의 그래프는 제3, 4사분면을 지난다.

07 이차함수 $y=-x^2$의 그래프는 y축에 대하여 대칭이다.

04 이차함수 $y=ax^2$의 그래프

01 풀이 참조 02 풀이 참조 03 ㄱ, ㄴ, ㄷ
04 ㄹ 05 ㄷ과 ㅁ 06 ㅂ 07 ㄷ, ㄹ, ㅁ

01

x	$\cdots$	-2	-1	0	1	2	$\cdots$
$y=2x^2$	$\cdots$	8	2	0	2	8	$\cdots$
$y=\frac{1}{2}x^2$	$\cdots$	2	$\frac{1}{2}$	0	$\frac{1}{2}$	2	$\cdots$

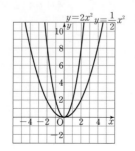

02

x	$\cdots$	-2	-1	0	1	2	$\cdots$
$y=-2x^2$	$\cdots$	-8	-2	0	-2	-8	$\cdots$
$y=-\frac{1}{2}x^2$	$\cdots$	-2	$-\frac{1}{2}$	0	$-\frac{1}{2}$	-2	$\cdots$

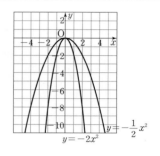

03 이차함수 $y=ax^2$에서 $a>0$일 때 그래프가 아래로 볼록한 포물선이므로 세 이차함수 $y=3x^2$, $y=2x^2$, $y=\frac{1}{2}x^2$의 그래프는 아래로 볼록한 포물선이다.

04 두 이차함수 $y=ax^2$과 $y=-ax^2$의 그래프는 x축에 대하여 서로 대칭이다.
따라서 이차함수 $y=\frac{1}{3}x^2$의 그래프와 x축에 대하여 서로 대칭인 것은 이차함수 $y=-\frac{1}{3}x^2$이다.

05 두 이차함수 $y=\frac{1}{2}x^2$과 $y=-\frac{1}{2}x^2$의 그래프는 x축에 대하여 서로 대칭이다.

06 이차함수 $y=ax^2$에서 a의 절댓값이 커질수록 그래프의 폭이 좁아지므로 그래프의 폭이 가장 좁은 것은 a의 절댓값이 가장 큰 것이다.
$|3|=3$, $|2|=2$, $\left|\frac{1}{2}\right|=\frac{1}{2}$, $\left|-\frac{1}{3}\right|=\frac{1}{3}$, $\left|-\frac{1}{2}\right|=\frac{1}{2}$, $|-5|=5$이므로 절댓값이 가장 큰 것은 이차함수 $y=-5x^2$이다.

07 이차함수 $y=2x^2$의 그래프보다 폭이 넓은 그래프의 식은 $y=ax^2$에서 a의 절댓값이 2보다 작은 것이다.
$\left|\frac{1}{2}\right|=\left|-\frac{1}{2}\right|=\frac{1}{2}<2$, $\left|-\frac{1}{3}\right|=\frac{1}{3}<2$이므로 세 이차함수 $y=\frac{1}{2}x^2$, $y=-\frac{1}{3}x^2$, $y=-\frac{1}{2}x^2$의 그래프는 이차함수 $y=2x^2$의 그래프보다 폭이 넓다.

핵심 반복

1 ② 2 ⑤ 3 ④ 4 ②
5 ④ 6 ① 7 ②

1
① $y=x-3$은 일차함수이다.
③ $y=-(x-1)^2+x^2=-x^2+2x-1+x^2=2x-1$은 일차
함수이다.
④ $-x^2+2x-1=0$은 이차방정식이다.
⑤ x^2+2x-1은 이차식이다.
따라서 이차함수인 것은 ②이다.

2
$f(2)=8-6+1=3$
$f(-1)=2+3+1=6$
∴ $f(2)+f(-1)=3+6=9$

3
$f(-1)=-3-2+a=4$이므로
$-5+a=4$ ∴ $a=9$

4
② y축에 대하여 대칭이다.

5
④ $x=\dfrac{1}{3}$일 때, $y=-\left(\dfrac{1}{3}\right)^2=-\dfrac{1}{9}$

6
이차함수 $y=-2x^2$의 그래프와 x축에 대하여 서로 대칭인 것은 이차함수 $y=2x^2$의 그래프이다.

7
$y=ax^2$에서 a의 절댓값이 커질수록 그래프의 폭이 좁아지므로 그래프의 폭이 좁은 것부터 차례대로 쓰면
$y=4x^2$, $y=-3x^2$, $y=2x^2$, $y=\dfrac{2}{3}x^2$, $y=-\dfrac{1}{2}x^2$이다.

🐙 **형성 평가** 　　　　　　　　　　　본문 87쪽

1 ①, ④	**2** ⑤	**3** ②	**4** ④, ⑤
5 ③	**6** ①	**7** ①	**8** $\dfrac{1}{5}$

1
① $y=x(x+2)=x^2+2x$이므로 이차함수이다.
② $y=60x$이므로 일차함수이다.
③ $y=4x$이므로 일차함수이다.
④ $y=\pi x^2$이므로 이차함수이다.
⑤ $y=\dfrac{1}{2}\times(2x+x)\times6=9x$이므로 일차함수이다.
따라서 이차함수인 것은 ①, ④이다.

2
$f(-1)=1-a-3=4$이므로
$-a-2=4$ ∴ $a=-6$
$f(2)=4+2a-3=b$이므로
$b=4-12-3=-11$
∴ $a-b=-6-(-11)=5$

3
$y=ax^2$의 그래프가 점 $(-2, 3)$을 지나므로
$3=4a$ ∴ $a=\dfrac{3}{4}$
즉 $y=\dfrac{3}{4}x^2$의 그래프가 점 $\left(k, \dfrac{1}{3}\right)$을 지나므로
$\dfrac{1}{3}=\dfrac{3}{4}k^2$, $k^2=\dfrac{4}{9}$
이때 $k>0$이므로 $k=\dfrac{2}{3}$

4
④ 이차함수 $y=\dfrac{1}{2}x^2$의 그래프와 x축에 대하여 대칭이다.
⑤ $x<0$일 때, x의 값이 증가하면 y의 값도 증가한다.
따라서 옳지 않은 것은 ④, ⑤이다.

5
이차함수 $y=ax^2$의 그래프는 이차함수 $y=-3x^2$의 그래프보다 폭이 넓으므로 a의 절댓값이 3보다 작고, 이차함수
$y=-\dfrac{1}{3}x^2$의 그래프보다 폭이 좁으므로 a의 절댓값이 $\dfrac{1}{3}$보다 크다.
따라서 a의 값이 될 수 없는 것은 ③ $-\dfrac{1}{4}$이다.

6
이차함수 $y=x^2$의 그래프와 x축에 대하여 대칭인 그래프의 식은 $y=-x^2$
$y=-x^2$의 그래프가 점 $(3, k)$를 지나므로
$k=-3^2=-9$

7
원점을 꼭짓점으로 하는 이차함수의 그래프의 식은 $y=ax^2$으로 놓을 수 있다.
이 그래프가 점 $(3, 6)$을 지나므로
$6=9a$ ∴ $a=\dfrac{2}{3}$
즉 주어진 이차함수의 그래프의 식은 $y=\dfrac{2}{3}x^2$이다.
이 그래프와 x축에 대하여 대칭인 이차함수의 그래프의 식은
$y=-\dfrac{2}{3}x^2$이고 $y=-\dfrac{2}{3}x^2$의 그래프가 점 $(-2, k)$를
지나므로
$k=-\dfrac{2}{3}\times(-2)^2=-\dfrac{8}{3}$

8
점 A의 좌표를 (t, at^2)이라고 하면 점 A는 제1사분면 위의 점이므로 $t>0$이다.
또, 점 C는 점 A와 y축에 대하여 대칭이므로
점 C의 좌표는 $(-t, at^2)$
□ABCO는 정사각형이므로 $\overline{BO}=\overline{AC}=2t$이고,
□ABCO의 넓이가 50이므로
$\dfrac{1}{2}\times2t\times2t=50$, $t^2=25$
이때 $t>0$이므로 $t=5$
즉 점 A의 좌표는 $(5, 25a)$, 점 C의 좌표는 $(-5, 25a)$이므로 $\triangle OAC=\dfrac{1}{2}\times\overline{AC}\times25a=\dfrac{1}{2}\times10\times25a=25$
$125a=25$ ∴ $a=\dfrac{1}{5}$

점 A의 좌표를 (t, at^2)이라고 하면 점 A는 제1사분면 위의 점이므로 $t>0$이다.

또, 점 C는 점 A와 y축에 대하여 대칭이므로

점 C의 좌표는 $(-t, at^2)$

□ABCO의 두 대각선 AC와 BO의 교점을 P라고 할 때,

□ABCO는 정사각형이므로 $\overline{BO}=\overline{AC}=2t$에서 점 B의 좌표는 $(0, 2t)$이다.

또, 정사각형의 두 대각선은 서로를 수직이등분하므로 점 P의 좌표는 $(0, t)$이다.

□ABCO의 넓이가 50이므로

$\frac{1}{2} \times 2t \times 2t = 50$, $t^2 = 25$

이때 $t>0$이므로 $t=5$

즉 점 P의 좌표는 $(0, 5)$이다.

한편, 점 P의 y좌표는 점 A의 y좌표와 같으므로

$25a=5$ ∴ $a=\frac{1}{5}$

본문 88쪽

05 이차함수 $y=ax^2+q$의 그래프

01 0, 0, 0, 3	**02** y축, 3	**03** y축, 아래	**04** -3
05 7	**06** y	**07** $y=-3x^2$	
08 $y=2x^2-1$	**09** 0, 7, $x=0$		
10 0, -2, $x=0$		**11** 0, -4, $x=0$	
12 0, 1, $x=0$		**13** 풀이 참조	
14 풀이 참조	**15** ×	**16** ○	**17** ×
18 7	**19** -7	**20** -4	**21** $\frac{1}{3}$

01 이차함수 $y=x^2$의 그래프의 꼭짓점은 ($\boxed{0}$, $\boxed{0}$)이고, 이차함수 $y=x^2+3$의 그래프의 꼭짓점은 ($\boxed{0}$, $\boxed{3}$)이다.

02 이차함수 $y=x^2+3$의 그래프는 이차함수 $y=x^2$의 그래프를 $\boxed{y축}$의 방향으로 $\boxed{3}$만큼 평행이동한 것이다.

03 이차함수 $y=x^2+3$의 그래프는 $\boxed{y축}$을 축으로 하는 $\boxed{아래}$로 볼록한 포물선이다.

04 이차함수 $y=x^2-3$의 그래프는 이차함수 $y=x^2$의 그래프를 y축의 방향으로 $\boxed{-3}$만큼 평행이동한 것이다.

05 이차함수 $y=-\frac{1}{2}x^2+7$의 그래프는 이차함수 $y=-\frac{1}{2}x^2$의 그래프를 y축의 방향으로 $\boxed{7}$만큼 평행이동한 것이다.

06 이차함수 $y=2x^2+4$의 그래프는 이차함수 $y=2x^2$의 그래프를 $\boxed{y}$축의 방향으로 4만큼 평행이동한 것이다.

07 이차함수 $y=-3x^2-5$의 그래프는 이차함수 $\boxed{y=-3x^2}$의 그래프를 y축의 방향으로 -5만큼 평행이동한 것이다.

08 이차함수 $y=2x^2$의 그래프를 y축의 방향으로 -1만큼 평행이동한 그래프의 식은 $\boxed{y=2x^2-1}$이다.

09 $y=-3x^2+7$
➡ 꼭짓점의 좌표: ($\boxed{0}$, $\boxed{7}$)
축의 방정식: $\boxed{x=0}$

10 $y=4x^2-2$
➡ 꼭짓점의 좌표: ($\boxed{0}$, $\boxed{-2}$)
축의 방정식: $\boxed{x=0}$

11 $y=\frac{2}{3}x^2-4$
➡ 꼭짓점의 좌표: ($\boxed{0}$, $\boxed{-4}$)
축의 방정식: $\boxed{x=0}$

12 $y=-\frac{1}{4}x^2+1$
➡ 꼭짓점의 좌표: ($\boxed{0}$, $\boxed{1}$)
축의 방정식: $\boxed{x=0}$

13 이차함수 $y=2x^2+1$의 그래프는 이차함수 $y=2x^2$의 그래프를 y축의 방향으로 1만큼 평행이동한 것이다.

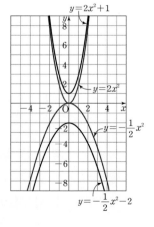

14 이차함수 $y=-\frac{1}{2}x^2-2$의 그래프는 이차함수 $y=-\frac{1}{2}x^2$의 그래프를 y축의 방향으로 -2만큼 평행이동한 것이다.

15 이차함수 $y=2x^2-3$의 그래프는 이차함수 $y=2x^2$의 그래프를 y축의 방향으로 -3만큼 평행이동한 것이다.

17 이차함수 $y=3x^2-2$의 그래프의 꼭짓점의 좌표는 $(0, -2)$이다.

18 이차함수 $y=x^2$의 그래프를 y축의 방향으로 3만큼 평행이동한 그래프의 식은 $y=x^2+3$
이 그래프가 점 $(-2, k)$를 지나므로
$k=(-2)^2+3=7$

19 이차함수 $y=-2x^2$의 그래프를 y축의 방향으로 -5만큼 평행이동한 그래프의 식은 $y=-2x^2-5$
이 그래프가 점 $(1, k)$를 지나므로
$k=-2-5=-7$

20 이차함수 $y=kx^2$의 그래프를 y축의 방향으로 4만큼 평행이동한 그래프의 식은 $y=kx^2+4$
이 그래프가 점 $(-2, -12)$를 지나므로
$-12=4k+4, 4k=-16$ $\therefore k=-4$

21 이차함수 $y=kx^2$의 그래프를 y축의 방향으로 -2만큼 평행이동한 그래프의 식은 $y=kx^2-2$
이 그래프가 점 $(3, 1)$을 지나므로
$1=9k-2, 9k=3$ $\therefore k=\dfrac{1}{3}$

본문 90쪽

06 이차함수 $y=a(x-p)^2$의 그래프

01 x축, 2   **02** 2, 0, $x=2$, 아래   **03** 1, 2
04 3   **05** -4 **06** x
07 $y=-\dfrac{1}{2}x^2$ **08** $y=3(x-3)^2$
09 2, 0, $x=2$ **10** $-1, 0, x=-1$
11 4, 0, $x=4$ **12** $-6, 0, x=-6$
13 풀이 참조 **14** 풀이 참조 **15** ✕   **16** ✕
17 ○   **18** 8   **19** -12 **20** 5
21 -1

01 이차함수 $y=(x-2)^2$의 그래프는 이차함수 $y=x^2$의 그래프를 $\boxed{x축}$의 방향으로 $\boxed{2}$만큼 평행이동한 것이다.

02 이차함수 $y=(x-2)^2$의 그래프는 점 $(\boxed{2}, \boxed{0})$을 꼭짓점으로 하고, 직선 $\boxed{x=2}$를 축으로 하는 $\boxed{아래}$로 볼록한 포물선이다.

03 이차함수 $y=(x-2)^2$의 그래프는 오른쪽 그림과 같이 제$\boxed{1}$, $\boxed{2}$사분면을 지난다.

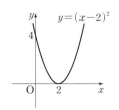

---

04 이차함수 $y=(x-3)^2$의 그래프는 이차함수 $y=x^2$의 그래프를 x축의 방향으로 $\boxed{3}$만큼 평행이동한 것이다.

05 이차함수 $y=-4(x+4)^2$의 그래프는 이차함수 $y=-4x^2$의 그래프를 x축의 방향으로 $\boxed{-4}$만큼 평행이동한 것이다.

06 이차함수 $y=-(x+5)^2$의 그래프는 이차함수 $y=-x^2$의 그래프를 $\boxed{x}$축의 방향으로 -5만큼 평행이동한 것이다.

07 이차함수 $y=-\dfrac{1}{2}(x-1)^2$의 그래프는 이차함수 $\boxed{y=-\dfrac{1}{2}x^2}$의 그래프를 x축의 방향으로 1만큼 평행이동한 것이다.

08 이차함수 $y=3x^2$의 그래프를 x축의 방향으로 3만큼 평행이동한 그래프의 식은 $\boxed{y=3(x-3)^2}$이다.

09 $y=3(x-2)^2$
➡ 꼭짓점의 좌표: $(\boxed{2}, \boxed{0})$
축의 방정식: $\boxed{x=2}$

10 $y=4(x+1)^2$
➡ 꼭짓점의 좌표: $(\boxed{-1}, \boxed{0})$
축의 방정식: $\boxed{x=-1}$

11 $y=-5(x-4)^2$
➡ 꼭짓점의 좌표: $(\boxed{4}, \boxed{0})$
축의 방정식: $\boxed{x=4}$

12 $y=\dfrac{2}{3}(x+6)^2$
➡ 꼭짓점의 좌표: $(\boxed{-6}, \boxed{0})$
축의 방정식: $\boxed{x=-6}$

13 이차함수 $y=2(x+3)^2$의 그래프는 이차함수 $y=2x^2$의 그래프를 x축의 방향으로 -3만큼 평행이동한 것이다.

14 이차함수 $y=-2(x-2)^2$의 그래프는 이차함수 $y=-2x^2$의 그래프를 x축의 방향으로 2만큼 평행이동한 것이다.

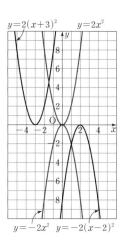

15 이차함수 $y=2(x-2)^2$의 그래프는 이차함수 $y=2x^2$의 그래프를 x축의 방향으로 2만큼 평행이동한 것이다.

16 이차함수 $y=-(x+3)^2$의 그래프는 직선 $x=-3$을 축으로 한다.

18 이차함수 $y=\frac{1}{2}x^2$의 그래프를 x축의 방향으로 1만큼 평행이동한 그래프의 식은 $y=\frac{1}{2}(x-1)^2$
이 그래프가 점 $(-3, k)$를 지나므로
$k=\frac{1}{2}(-3-1)^2=8$

19 이차함수 $y=-\frac{3}{4}x^2$의 그래프를 x축의 방향으로 -2만큼 평행이동한 그래프의 식은 $y=-\frac{3}{4}(x+2)^2$
이 그래프가 점 $(2, k)$를 지나므로
$k=-\frac{3}{4}(2+2)^2=-12$

20 이차함수 $y=kx^2$의 그래프를 x축의 방향으로 -3만큼 평행이동한 그래프의 식은 $y=k(x+3)^2$
이 그래프가 점 $(-2, 5)$를 지나므로
$5=k(-2+3)^2$ $\therefore k=5$

21 이차함수 $y=kx^2$의 그래프를 x축의 방향으로 2만큼 평행이동한 그래프의 식은 $y=k(x-2)^2$
이 그래프가 점 $(4, -4)$를 지나므로
$-4=k(4-2)^2, 4k=-4$ $\therefore k=-1$

본문 92쪽

07 이차함수 $y=a(x-p)^2+q$의 그래프

01 3, 2 **02** 3, 2, $x=3$, 아래 **03** 1, 2
04 1, 3 **05** x, y **06** $y=-\frac{1}{2}x^2$
07 $y=-\frac{2}{3}x^2$ **08** $y=-2(x-3)^2-4$
09 1, 1, $x=1$ **10** $-2, -3, x=-2$
11 $-5, 4, x=-5$ **12** 3, 4, $x=3$
13 풀이 참조 **14** 풀이 참조 **15** 6 **16** -13
17 -7 **18** $p=3, q=-5$
19 $p=-2, q=4$ **20** $p=1, q=19$

01 이차함수 $y=(x-3)^2+2$의 그래프는 이차함수 $y=x^2$의 그래프를 x축의 방향으로 3만큼, y의 방향으로 2만큼 평행

이동한 것이다.

02 이차함수 $y=(x-3)^2+2$의 그래프는 점 (3, 2)를 꼭짓점으로 하고, 직선 $x=3$을 축으로 하는 아래로 볼록한 포물선이다.

03 이차함수 $y=(x-3)^2+2$의 그래프는 오른쪽 그림과 같이 제 1, 2사분면을 지난다.

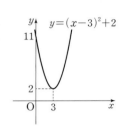

04 이차함수 $y=(x-1)^2+3$의 그래프는 이차함수 $y=x^2$의 그래프를 x축의 방향으로 1만큼, y축의 방향으로 3만큼 평행이동한 것이다.

05 이차함수 $y=2(x+5)^2-1$의 그래프는 이차함수 $y=2x^2$의 그래프를 x축의 방향으로 -5만큼, y축의 방향으로 -1만큼 평행이동한 것이다.

06 이차함수 $y=-\frac{1}{2}(x-5)^2+2$의 그래프는 이차함수 $y=-\frac{1}{2}x^2$의 그래프를 x축의 방향으로 5만큼, y축의 방향으로 2만큼 평행이동한 것이다.

07 이차함수 $y=-\frac{2}{3}(x+1)^2-3$의 그래프는 이차함수 $y=-\frac{2}{3}x^2$의 그래프를 x축의 방향으로-1만큼, y축의 방향으로 -3만큼 평행이동한 것이다.

08 이차함수 $y=-2x^2$의 그래프를 x축의 방향으로 3만큼, y축의 방향으로-4만큼 평행이동한 그래프의 식은 $y=-2(x-3)^2-4$ 이다.

09 $y=2(x-1)^2+1$
➡ 꼭짓점의 좌표: (1, 1)
축의 방정식: $x=1$

10 $y=-(x+2)^2-3$
➡ 꼭짓점의 좌표: (-2, -3)
축의 방정식: $x=-2$

11 $y=3(x+5)^2+4$
➡ 꼭짓점의 좌표: (-5, 4)
축의 방정식: $x=-5$

12 $y=-\frac{2}{5}(x-3)^2+4$

→ 꼭짓점의 좌표: ($\boxed{3}$, $\boxed{4}$)
　축의 방정식: $\boxed{x=3}$

13 이차함수 $y=2(x+1)^2+3$의 그래프는 이차함수 $y=2x^2$의 그래프를 x축의 방향으로 -1만큼, y축의 방향으로 3만큼 평행이동한 것이다.

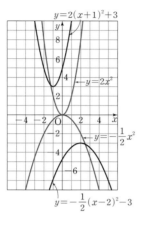

14 이차함수 $y=-\dfrac{1}{2}(x-2)^2-3$의 그래프는 이차함수 $y=-\dfrac{1}{2}x^2$의 그래프를 x축의 방향으로 2만큼, y축의 방향으로 -3만큼 평행이동한 것이다.

15 이차함수 $y=\dfrac{1}{2}x^2$의 그래프를 x축의 방향으로 3만큼, y축의 방향으로 4만큼 평행이동한 그래프의 식은

$y=\dfrac{1}{2}(x-3)^2+4$

이 그래프가 점 $(5, k)$를 지나므로

$k=\dfrac{1}{2}(5-3)^2+4=2+4=6$

16 이차함수 $y=-3x^2$의 그래프를 x축의 방향으로 -2만큼, y축의 방향으로 -1만큼 평행이동한 그래프의 식은

$y=-3(x+2)^2-1$

이 그래프가 점 $(-4, k)$를 지나므로

$k=-3(-4+2)^2-1=-12-1=-13$

17 이차함수 $y=\dfrac{2}{3}x^2$의 그래프를 x축의 방향으로 2만큼, y축의 방향으로 k만큼 평행이동한 그래프의 식은

$y=\dfrac{2}{3}(x-2)^2+k$

이 그래프가 점 $(-1, -1)$을 지나므로

$-1=\dfrac{2}{3}(-1-2)^2+k$, $-1=6+k$　∴ $k=-7$

18 이차함수 $y=2(x-p)^2+q$의 그래프의 축의 방정식은 $x=p$이므로 $p=3$

이 그래프가 점 $(4, -3)$을 지나므로

$-3=2(4-3)^2+q$, $-3=2+q$　∴ $q=-5$

19 이차함수 $y=-\dfrac{1}{3}(x-p)^2+q$의 그래프의 축의 방정식은 $x=p$이므로 $p=-2$

이 그래프가 점 $(1, 1)$을 지나므로

$1=-\dfrac{1}{3}\{1-(-2)\}^2+q$, $1=-3+q$　∴ $q=4$

20 이차함수 $y=-4(x-p)^2+q$의 그래프의 축의 방정식은

$x=p$이므로 $p=1$

이 그래프가 점 $(-1, 3)$을 지나므로

$3=-4(-1-1)^2+q$, $3=-16+q$　∴ $q=19$

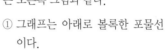

핵심 반복　　　　　　　　　　　　本문 94쪽

| **1** ④ | **2** ② | **3** ③ | **4** ③ |
| **5** ⑤ | **6** ① | **7** ③ | **8** ② |

1 이차함수 $y=-2x^2$의 그래프를 y축의 방향으로 3만큼 평행이동한 그래프의 식은 $y=-2x^2+3$

2 이차함수 $y=\dfrac{2}{3}x^2$의 그래프를 y축의 방향으로 k만큼 평행이동한 그래프의 식은 $y=\dfrac{2}{3}x^2+k$

이 그래프가 점 $(-3, 2)$를 지나므로

$2=\dfrac{2}{3}\times(-3)^2+k$, $2=6+k$　∴ $k=-4$

3 이차함수 $y=2(x-4)^2$의 그래프는 이차함수 $y=2x^2$의 그래프를 $\boxed{x}$축의 방향으로 $\boxed{4}$만큼 평행이동한 것이고, $\boxed{\text{아래}}$로 볼록한 포물선이다.

4 이차함수 $y=\dfrac{1}{2}(x-3)^2$의 그래프는 오른쪽 그림과 같다.

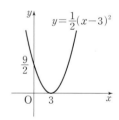

① 그래프는 아래로 볼록한 포물선이다.
② 제1, 2사분면을 지난다.
④ 직선 $x=3$을 축으로 하는 포물선이다.
⑤ 이차함수 $y=\dfrac{1}{2}x^2$의 그래프를 x축의 방향으로 3만큼 평행이동한 것이다.
따라서 옳은 것은 ③이다.

5 이차함수 $y=3x^2$의 그래프를 x축의 방향으로 -2만큼, y축의 방향으로 4만큼 평행이동한 그래프의 식은

$y=3(x+2)^2+4$

6 이차함수 $y=-4(x+1)^2+2$의 그래프의 축의 방정식은 $x=-1$이고, 꼭짓점의 좌표는 $(-1, 2)$이다.

7 이차함수 $y=\dfrac{1}{3}(x-3)^2-2$의 그래프는 꼭짓점의 좌표가 $(3, -2)$이고, 점 $(0, 1)$을 지나면서 아래로 볼록한 포물선이므로 오른쪽 그림과 같다.
따라서 제3사분면을 지나지 않는다.

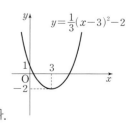

8 이차함수 $y=-\dfrac{3}{2}x^2$의 그래프를 x축의 방향으로 3만큼, y축의 방향으로 -1만큼 평행이동한 그래프의 식은
$$y=-\dfrac{3}{2}(x-3)^2-1$$
이 그래프가 점 $(-1, m)$을 지나므로
$$m=-\dfrac{3}{2}\times(-1-3)^2-1=-24-1=-25$$

🐙 형성 평가

본문 95쪽

1 ⑤	2 ②	3 ⑤	4 ⑤
5 ②	6 ①	7 ④	8 $q<-2$

1 이차함수 $y=-3x^2+q$의 그래프가 점 $(2, -7)$을 지나므로
$$-7=-3\times2^2+q, \ -7=-12+q \quad \therefore q=5$$
따라서 이차함수 $y=-3x^2+5$의 그래프의 꼭짓점의 좌표는 $(0, 5)$이다.

2 $x^2-4=0$에서 $x^2=4, \ x=\pm2$
$$\therefore \mathrm{B}(-2, 0), \ \mathrm{D}(2, 0)$$
또, 이차함수 $y=x^2-4$의 그래프의 꼭짓점의 좌표는 $\mathrm{C}(0, -4)$
이때 (가)는 $y=x^2-4$의 그래프와 x축에 대하여 대칭이므로 (가)의 꼭짓점 A도 점 C와 x축에 대하여 대칭이다.
즉 $\mathrm{A}(0, 4)$
$$\therefore \square\mathrm{ABCD}=2\times\triangle\mathrm{ABD}=2\times\left(\dfrac{1}{2}\times4\times4\right)=16$$

3 이차함수 $y=5x^2$의 그래프를 x축의 방향으로 -2만큼 평행이동한 그래프의 식은 $y=5(x+2)^2$이고, 오른쪽 그림과 같다.

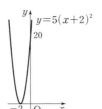

① 꼭짓점의 좌표는 $(-2, 0)$이므로 꼭짓점은 x축 위에 있다.
② 제1, 2사분면을 지난다.
③ $x=0$일 때 $y=20$이므로 y축과 만나는 점의 좌표는 $(0, 20)$이다.
④ $x>-2$일 때, x의 값이 증가하면 y의 값도 증가한다.
⑤ 이차함수 $y=5x^2+1$의 그래프를 x축의 방향으로 -2만큼, y축의 방향으로 -1만큼 평행이동하면 포갤 수 있다.
따라서 옳은 것은 ⑤이다.

4 이차함수 $y=-\dfrac{3}{4}(x-p)^2$의 그래프의 꼭짓점의 좌표는 $(p, 0)$
점 $(p, 0)$이 일차함수 $y=-\dfrac{1}{2}x+3$의 그래프 위의 점이므로

$$0=-\dfrac{1}{2}p+3, \ \dfrac{1}{2}p=3 \quad \therefore p=6$$

5 이차함수 $y=\dfrac{1}{2}(x+3)^2-4$의 그래프는 오른쪽 그림과 같다.

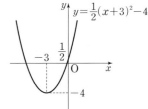

① 꼭짓점의 좌표는 $(-3, -4)$이다.
③ 이차함수 $y=2(x+3)^2-4$의 그래프보다 폭이 넓다.
④ $x=0$일 때 $y=\dfrac{1}{2}$이므로 y축과 만나는 점의 좌표는 $\left(0, \dfrac{1}{2}\right)$이다.
⑤ 이차함수 $y=\dfrac{1}{2}x^2$의 그래프를 x축의 방향으로 -3만큼, y축의 방향으로 -4만큼 평행이동한 것이다.
따라서 옳은 것은 ②이다.

6 이차함수 $y=-3(x+2)^2+1$의 그래프는 오른쪽 그림과 같으므로 x의 값이 증가하면 y의 값은 감소하는 x의 값의 범위는 $x>-2$이다.

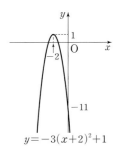

7 주어진 일차함수의 그래프는 오른쪽 위로 향하므로 $a>0$
y절편이 음수이므로 $b<0$
따라서 이차함수 $y=b(x+a)^2$의 그래프의 꼭짓점의 좌표는 $(-a, 0)$이고, 위로 볼록한 포물선이므로 그래프는 ④이다.

8 이차함수 $y=2(x+1)^2+q$의 그래프의 꼭짓점의 좌표는 $(-1, q)$이고, 아래로 볼록하므로 모든 사분면을 지나려면 오른쪽 그림과 같이 y축과의 교점이 음수가 되어야 한다.

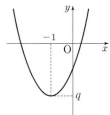

따라서 $x=0$일 때 $y=2+q$이므로
$$2+q<0 \quad \therefore q<-2$$

08 이차함수 $y=ax^2+bx+c$의 그래프

01 16, 16, 16, 16, 4, 2   **02** 1, 1, 1, 3, 1, 1

03 9, 9, 9, 18, 3, 39

04 2, 11, -2, -11, $x=-2$, 0, -7

05 1, 7, 1, 7, $x=1$, 0, 3   **06** 2, 3   **07** -2, -3

08 -2, -3, $x=-2$ **09** 0, 1   **10** 풀이 참조

11 4   **12** 3, -4 **13** 0, 5   **14** 풀이 참조

15 $(-2, 4)$, $x=-2$ **16** $(0, -4)$

17 풀이 참조

---

01 $y=x^2-8x+18$
$=(x^2-8x+\boxed{16}-\boxed{16})+18$
$=(x^2-8x+\boxed{16})+18-\boxed{16}$
$=(x-\boxed{4})^2+\boxed{2}$

02 $y=3x^2+6x+2$
$=3(x^2+2x+\boxed{1}-\boxed{1})+2$
$=3(x^2+2x+\boxed{1})+2-\boxed{3}$
$=3(x+\boxed{1})^2-\boxed{1}$

03 $y=-2x^2-12x+21$
$=-2(x^2+6x+\boxed{9}-\boxed{9})+21$
$=-2(x^2+6x+\boxed{9})+21+\boxed{18}$
$=-2(x+\boxed{3})^2+\boxed{39}$

04 $y=x^2+4x-7$
$=(x^2+4x+4-4)-7$
$=(x^2+4x+4)-7-4$
$=(x+\boxed{2})^2-\boxed{11}$
➡ 꼭짓점의 좌표: $(\boxed{-2}, \boxed{-11})$
축의 방정식: $\boxed{x=-2}$
y축과의 교점의 좌표: $(\boxed{0}, \boxed{-7})$

05 $y=-4x^2+8x+3$
$=-4(x^2-2x+1-1)+3$
$=-4(x^2-2x+1)+3+4$
$=-4(x-\boxed{1})^2+\boxed{7}$
➡ 꼭짓점의 좌표: $(\boxed{1}, \boxed{7})$
축의 방정식: $\boxed{x=1}$
y축과의 교점의 좌표: $(\boxed{0}, \boxed{3})$

06 이차함수 $y=x^2+4x+1$의 식을 $y=a(x-p)^2+q$의 꼴로 고치면

$y=x^2+4x+1$
$=(x^2+4x+4-4)+1$
$=(x^2+4x+4)+1-4$
$=(x+\boxed{2})^2-\boxed{3}$

07 이차함수 $y=x^2+4x+1=(x+2)^2-3$의 그래프는 이차함수 $y=x^2$의 그래프를 x축의 방향으로 $\boxed{-2}$만큼, y축의 방향으로 $\boxed{-3}$만큼 평행이동한 것이다.

08 이차함수 $y=(x+2)^2-3$의 그래프의 꼭짓점의 좌표는 $(\boxed{-2}, \boxed{-3})$이고, 축의 방정식은 $\boxed{x=-2}$이다.

09 $y=x^2+4x+1$에 대하여 $x=0$일 때 $y=0^2+4\times0+1=1$이므로 y축과의 교점의 좌표는 $(\boxed{0}, \boxed{1})$이다.

10 이차함수 $y=x^2+4x+1$의 그래프는 다음과 같다.

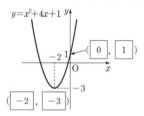

11 이차함수 $y=x^2+4x+1$의 그래프는 위의 그림과 같이 제$\boxed{4}$사분면을 지나지 않는다.

12 $y=x^2-6x+5$
$=(x^2-6x+9-9)+5$
$=(x^2-6x+9)+5-9$
$=(x-3)^2-4$
이므로 꼭짓점의 좌표는 $(\boxed{3}, \boxed{-4})$이다.

13 y축과의 교점의 좌표는 $(\boxed{0}, \boxed{5})$이다.

14 이차함수 $y=x^2-6x+5$의 그래프는 다음과 같다.

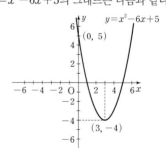

15 $y=-2x^2-8x-4$
$=-2(x^2+4x+4-4)-4$
$=-2(x^2+4x+4)-4+8$
$=-2(x+2)^2+4$
이므로 꼭짓점의 좌표는 $\boxed{(-2, 4)}$이고, 축의 방정식은 $\boxed{x=-2}$이다.

16 $y=-2x^2-8x-4$에 대하여 $x=0$일 때 $y=-4$

따라서 y축과의 교점의 좌표는 $\boxed{(0,\ -4)}$이다.

17 이차함수 $y=-2x^2-8x-4$의 그래프를 그리면 다음과 같다.

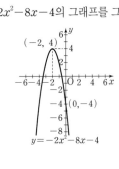

본문 98쪽

09 이차함수의 식 구하기(1) – 꼭짓점과 한 점의 좌표를 알 때

01 $0, 3, 1, 5, 2, y=2x^2+3$
02 $3, -1, -8, -2, -2, 3$
03 $y=2(x-4)^2-1$ **04** $y=4(x-2)^2$
05 $y=-x^2+6$ **06** $y=x^2-2x+3$
07 $y=\dfrac{1}{3}x^2-2x+3$ **08** $y=3x^2-2$
09 $y=2x^2+4x+5$ **10** $y=\dfrac{1}{2}x^2-4x+5$
11 $3, -5, 5, 0, \dfrac{5}{4}, 3$ **12** $-2, 5, 0, 3, -\dfrac{1}{2}, 5$
13 $-2, 0, -5, 9, 4, 4$

01 꼭짓점의 좌표가 $(0, 3)$이므로 이차함수의 식을
$y=a(x-\boxed{0})^2+\boxed{3}=ax^2+3$으로 놓을 수 있다.
또, 점 $(1, 5)$를 지나므로
$x=\boxed{1}$, $y=\boxed{5}$를 대입하면
$5=a+3$ $\therefore a=\boxed{2}$
따라서 구하는 이차함수의 식은 $\boxed{y=2x^2+3}$이다.

02 꼭짓점의 좌표가 $(-3, 0)$이므로 이차함수의 식을
$y=a(x+\boxed{3})^2$으로 놓을 수 있다.
또, 점 $(-1, -8)$을 지나므로
$x=\boxed{-1}$, $y=\boxed{-8}$을 대입하면
$-8=a(-1+3)^2$, $-8=4a$ $\therefore a=\boxed{-2}$
따라서 구하는 이차함수의 식은
$y=\boxed{-2}(x+\boxed{3})^2$이다.

03 꼭짓점의 좌표가 $(4, -1)$이므로 $y=a(x-4)^2-1$
또, 점 $(3, 1)$을 지나므로 $x=3, y=1$을 대입하면
$1=a(3-4)^2-1$, $1=a-1$ $\therefore a=2$
따라서 구하는 이차함수의 식은 $y=2(x-4)^2-1$

04 꼭짓점의 좌표가 $(2, 0)$이므로 $y=a(x-2)^2$
또, 점 $(3, 4)$를 지나므로 $x=3, y=4$를 대입하면
$4=a(3-2)^2$ $\therefore a=4$
따라서 구하는 이차함수의 식은 $y=4(x-2)^2$

05 꼭짓점의 좌표가 $(0, 6)$이므로
$y=a(x-0)^2+6=ax^2+6$
또, 점 $(1, 5)$를 지나므로 $x=1, y=5$를 대입하면
$5=a+6$ $\therefore a=-1$
따라서 구하는 이차함수의 식은 $y=-x^2+6$

06 꼭짓점의 좌표가 $(1, 2)$이므로 $y=a(x-1)^2+2$
또, 점 $(-1, 6)$을 지나므로 $x=-1, y=6$을 대입하면
$6=a(-1-1)^2+2$, $6=4a+2$ $\therefore a=1$
따라서 구하는 이차함수의 식은 $y=(x-1)^2+2$
우변을 전개하면 $y=x^2-2x+3$

07 꼭짓점의 좌표가 $(3, 0)$이므로 $y=a(x-3)^2$
또, 점 $(0, 3)$을 지나므로 $x=0, y=3$을 대입하면
$3=a(0-3)^2$, $9a=3$ $\therefore a=\dfrac{1}{3}$
따라서 구하는 이차함수의 식은 $y=\dfrac{1}{3}(x-3)^2$
우변을 전개하면 $y=\dfrac{1}{3}x^2-2x+3$

08 꼭짓점의 좌표가 $(0, -2)$이므로 $y=ax^2-2$
또, 점 $(-2, 10)$을 지나므로 $x=-2, y=10$을 대입하면
$10=4a-2$ $\therefore a=3$
따라서 구하는 이차함수의 식은 $y=3x^2-2$

09 꼭짓점의 좌표가 $(-1, 3)$이므로 $y=a(x+1)^2+3$
또, 점 $(1, 11)$을 지나므로 $x=1, y=11$을 대입하면
$11=a(1+1)^2+3$, $11=4a+3$ $\therefore a=2$
따라서 구하는 이차함수의 식은 $y=2(x+1)^2+3$
우변을 전개하면 $y=2x^2+4x+5$

10 꼭짓점의 좌표가 $(4, -3)$이므로 $y=a(x-4)^2-3$
또, 점 $\left(1, \dfrac{3}{2}\right)$을 지나므로 $x=1, y=\dfrac{3}{2}$을 대입하면
$\dfrac{3}{2}=a(1-4)^2-3$, $\dfrac{3}{2}=9a-3$ $\therefore a=\dfrac{1}{2}$
따라서 구하는 이차함수의 식은 $y=\dfrac{1}{2}(x-4)^2-3$
우변을 전개하면 $y=\dfrac{1}{2}x^2-4x+5$

11 꼭짓점의 좌표가 $(\boxed{3}, \boxed{-5})$이므로 $y=a(x-3)^2-5$
이 그래프가 다른 한 점 $(\boxed{5}, \boxed{0})$을 지나므로
$0=a(5-3)^2-5$, $0=4a-5$ $\therefore a=\dfrac{5}{4}$
따라서 주어진 그래프의 식은 $y=\boxed{\dfrac{5}{4}}(x-\boxed{3})^2-5$

12 꼭짓점의 좌표가 ($\boxed{-2}$, $\boxed{5}$)이므로 $y=a(x+2)^2+5$

이 그래프가 점 ($\boxed{0}$, $\boxed{3}$)을 지나므로

$3=a(0+2)^2+5$, $3=4a+5$　∴ $a=-\dfrac{1}{2}$

따라서 주어진 그래프의 식은 $y=\boxed{-\dfrac{1}{2}}(x+2)^2+\boxed{5}$

13 꼭짓점의 좌표가 ($\boxed{-2}$, $\boxed{0}$)이므로 $y=a(x+2)^2$

이 그래프가 점 ($\boxed{-5}$, $\boxed{9}$)를 지나므로

$9=a(-5+2)^2$, $9a=9$　∴ $a=1$

따라서 주어진 그래프의 식은 $y=(x+2)^2$

우변을 전개하면 $y=x^2+\boxed{4}x+\boxed{4}$

본문 100쪽

10 이차함수의 식 구하기(2) – 축과 두 점의 좌표를 알 때

01 2, −1, 14, 14, 1, 6, 6, 1, 5, $x-2$, 5
02 1, 0, 1, 1, −3, −8, −8, −3, 4, −3, 1, 4
03 $y=\dfrac{1}{2}(x-3)^2-4$　　**04** $y=2(x+2)^2-3$
05 $y=-(x-4)^2+5$　　**06** $y=x^2-2x+5$
07 $y=-2x^2+8x-8$　　**08** $y=4x^2-5$
09 5, −1, $\dfrac{1}{2}$, 3　　**10** 2, 2, 1, −2, 4, 1
11 −1, 1, 1, −5, −2, 4, 1

01 축의 방정식이 $x=2$이므로 이차함수의 식을

$y=a(x-\boxed{2})^2+q$로 놓을 수 있다.

점 $(-1, 14)$를 지나므로

$x=\boxed{-1}$, $y=\boxed{14}$를 대입하면

$\boxed{14}=9a+q$　　　‥‥‥ ㉠

또, 점 $(1, 6)$을 지나므로

$x=\boxed{1}$, $y=\boxed{6}$을 대입하면

$\boxed{6}=a+q$　　　‥‥‥ ㉡

㉠, ㉡을 연립하여 풀면

$a=\boxed{1}$, $q=\boxed{5}$

따라서 구하는 이차함수의 식은

$y=(\boxed{x-2})^2+\boxed{5}$이다.

02 축의 방정식이 $x=-1$이므로 이차함수의 식을

$y=a(x+\boxed{1})^2+q$로 놓을 수 있다.

점 $(0, 1)$을 지나므로

$x=\boxed{0}$, $y=\boxed{1}$을 대입하면

$\boxed{1}=a+q$　　　‥‥‥ ㉠

또, 점 $(-3, -8)$을 지나므로

$x=\boxed{-3}$, $y=\boxed{-8}$을 대입하면

$\boxed{-8}=4a+q$　　　‥‥‥ ㉡

㉠, ㉡을 연립하여 풀면

$a=\boxed{-3}$, $q=\boxed{4}$

따라서 구하는 이차함수의 식은

$y=\boxed{-3}(x+\boxed{1})^2+\boxed{4}$이다.

03 축의 방정식이 $x=3$이므로 $y=a(x-3)^2+q$

이 그래프가 두 점 $(-1, 4)$, $(1, -2)$를 지나므로

$4=a(-1-3)^2+q$　　∴ $4=16a+q$　‥‥‥ ㉠

$-2=a(1-3)^2+q$　　∴ $-2=4a+q$　‥‥‥ ㉡

㉠, ㉡을 연립하여 풀면 $a=\dfrac{1}{2}$, $q=-4$

따라서 구하는 이차함수의 식은 $y=\dfrac{1}{2}(x-3)^2-4$

04 축의 방정식이 $x=-2$이므로 $y=a(x+2)^2+q$

이 그래프가 두 점 $(-2, -3)$, $(1, 15)$를 지나므로

$-3=a(-2+2)^2+q$　　∴ $q=-3$

$15=a(1+2)^2+q$, $15=9a+q$　　∴ $a=2$

따라서 구하는 이차함수의 식은 $y=2(x+2)^2-3$

05 축의 방정식이 $x=4$이므로 $y=a(x-4)^2+q$

이 그래프가 두 점 $(2, 1)$, $(3, 4)$를 지나므로

$1=a(2-4)^2+q$　　∴ $1=4a+q$　‥‥‥ ㉠

$4=a(3-4)^2+q$　　∴ $4=a+q$　‥‥‥ ㉡

㉠, ㉡을 연립하여 풀면 $a=-1$, $q=5$

따라서 구하는 이차함수의 식은 $y=-(x-4)^2+5$

06 축의 방정식이 $x=1$이므로 $y=a(x-1)^2+q$

이 그래프가 두 점 $(0, 5)$, $(-1, 8)$을 지나므로

$5=a(0-1)^2+q$　　∴ $5=a+q$　‥‥‥ ㉠

$8=a(-1-1)^2+q$　　∴ $8=4a+q$　‥‥‥ ㉡

㉠, ㉡을 연립하여 풀면 $a=1$, $q=4$

따라서 구하는 이차함수의 식은 $y=(x-1)^2+4$

우변을 전개하면 $y=x^2-2x+5$

07 축의 방정식이 $x=2$이므로 $y=a(x-2)^2+q$

이 그래프가 두 점 $(-1, -18)$, $(1, -2)$를 지나므로

$-18=a(-1-2)^2+q$　　∴ $-18=9a+q$　‥‥‥ ㉠

$-2=a(1-2)^2+q$　　∴ $-2=a+q$　‥‥‥ ㉡

㉠, ㉡을 연립하여 풀면 $a=-2$, $q=0$

따라서 구하는 이차함수의 식은 $y=-2(x-2)^2$

우변을 전개하면 $y=-2x^2+8x-8$

08 축의 방정식이 $x=0$이므로

$y=a(x-0)^2+q=ax^2+q$

이 그래프가 두 점 $(-1, -1)$, $(2, 11)$을 지나므로

$-1=a\times(-1)^2+q$　　$\therefore$　$-1=a+q$　　……㉠

$11=a\times2^2+q$　　$\therefore$　$11=4a+q$　　……㉡

㉠, ㉡을 연립하여 풀면 $a=4$, $q=-5$

따라서 구하는 이차함수의 식은 $y=4x^2-5$

09 축의 방정식이 $x=0$이므로 $y=ax^2+q$

그래프 위의 두 점의 좌표는 $(-4, \boxed{5})$, $(2, \boxed{-1})$이므로

$5=a\times(-4)^2+q$　　$\therefore$　$5=16a+q$　　……㉠

$-1=a\times2^2+q$　　$\therefore$　$-1=4a+q$　　……㉡

㉠, ㉡을 연립하여 풀면 $a=\dfrac{1}{2}$, $q=-3$

따라서 주어진 그래프의 식은 $y=\boxed{\dfrac{1}{2}}x^2-\boxed{3}$

10 축의 방정식이 $x=\boxed{2}$이므로 $y=a(x-\boxed{2})^2+q$

그래프 위의 두 점의 좌표는 $(0, \boxed{1})$, $(3, \boxed{-2})$이므로

$1=a(0-2)^2+q$　　$\therefore$　$1=4a+q$　　……㉠

$-2=a(3-2)^2+q$　　$\therefore$　$-2=a+q$　　……㉡

㉠, ㉡을 연립하여 풀면 $a=1$, $q=-3$

따라서 주어진 그래프의 식은 $y=(x-2)^2-3$

우변을 전개하면 $y=x^2-\boxed{4}x+\boxed{1}$

11 축의 방정식이 $x=\boxed{-1}$이므로 $y=a(x+\boxed{1})^2+q$

그래프 위의 두 점의 좌표는 $(0, \boxed{1})$, $(1, \boxed{-5})$이므로

$1=a(0+1)^2+q$　　$\therefore$　$1=a+q$　　……㉠

$-5=a(1+1)^2+q$　　$\therefore$　$-5=4a+q$　　……㉡

㉠, ㉡을 연립하여 풀면 $a=-2$, $q=3$

따라서 주어진 그래프의 식은 $y=-2(x+1)^2+3$

우변을 전개하면 $y=\boxed{-2}x^2-\boxed{4}x+\boxed{1}$

본문 102쪽

11 이차함수의 식 구하기(3) - 세 점의 좌표를 알 때

01 1, 1, -4, -5, -1, -2, -2, 3, $-2x^2+3x+1$

02 0, 4, 4, 4, 1, 1, 1, -3, 2, 8, 8, 4, 5, -8,

　　$5x^2-8x+4$

03 $y=2x^2+x-2$　　　**04** $y=3x^2+2x-1$

05 $y=-x^2+3x+5$　　**06** $y=-2x^2+\dfrac{1}{2}x-3$

07 -2, 0, 4, $y=x^2+x-2$

08 3, 0, 0, $y=-x^2+2x+3$

09 8, 0, 5, $y=-x^2-2x+8$

01 구하는 이차함수의 식을 $y=ax^2+bx+c$로 놓자.

이때 점 $(0, 1)$을 지나므로

$x=0$, $y=1$을 대입하면 $c=\boxed{1}$

즉 $y=ax^2+bx+\boxed{1}$　　　　　　……㉠

또, 점 $(-1, -4)$를 지나므로 ㉠에 $x=-1$, $y=-4$를 대입

하면

$\boxed{-4}=a-b+1$, 즉 $a-b=\boxed{-5}$　　……㉡

또, 점 $(2, -1)$을 지나므로 ㉠에 $x=2$, $y=-1$을 대입하면

$\boxed{-1}=4a+2b+1$, 즉 $4a+2b=\boxed{-2}$　　……㉢

㉡, ㉢을 연립하여 풀면

$a=\boxed{-2}$, $b=\boxed{3}$

따라서 구하는 이차함수의 식은

$y=\boxed{-2x^2+3x+1}$이다.

02 구하는 이차함수의 식을 $y=ax^2+bx+c$로 놓자.

이때 점 $(0, 4)$를 지나므로

$x=\boxed{0}$, $y=\boxed{4}$를 대입하면 $c=\boxed{4}$

즉 $y=ax^2+bx+\boxed{4}$　　　　　　……㉠

또, 점 $(1, 1)$을 지나므로 ㉠에 $x=\boxed{1}$, $y=\boxed{1}$을 대입하면

$\boxed{1}=a+b+4$, 즉 $a+b=\boxed{-3}$　　……㉡

또, 점 $(2, 8)$을 지나므로 ㉠에 $x=\boxed{2}$, $y=\boxed{8}$을 대입하면

$\boxed{8}=4a+2b+4$, 즉 $4a+2b=\boxed{4}$　　……㉢

㉡, ㉢을 연립하여 풀면 $a=\boxed{5}$, $b=\boxed{-8}$

따라서 구하는 이차함수의 식은

$y=\boxed{5x^2-8x+4}$이다.

03 구하는 이차함수의 식을 $y=ax^2+bx+c$로 놓자.

이때 점 $(0, -2)$를 지나므로 $c=-2$

즉 $y=ax^2+bx-2$

또, 두 점 $(-1, -1)$, $(1, 1)$을 지나므로

$-1=a-b-2$　　$\therefore$　$a-b=1$　　……㉠

$1=a+b-2$　　$\therefore$　$a+b=3$　　……㉡

㉠, ㉡을 연립하여 풀면 $a=2$, $b=1$

따라서 구하는 이차함수의 식은 $y=2x^2+x-2$

04 구하는 이차함수의 식을 $y=ax^2+bx+c$로 놓자.

이때 점 $(0, -1)$을 지나므로 $c=-1$

즉 $y=ax^2+bx-1$

또, 두 점 $(-2, 7)$, $(1, 4)$를 지나므로

$7=4a-2b-1$, $4a-2b=8$　　$\therefore$　$2a-b=4$　　……㉠

$4=a+b-1$　　$\therefore$　$a+b=5$　　……㉡

㉠, ㉡을 연립하여 풀면 $a=3$, $b=2$

따라서 구하는 이차함수의 식은 $y=3x^2+2x-1$

05 구하는 이차함수의 식을 $y=ax^2+bx+c$로 놓자.

이때 점 $(0, 5)$를 지나므로 $c=5$

즉 $y=ax^2+bx+5$

또, 두 점 $(-1, 1)$, $(3, 5)$를 지나므로
$1=a-b+5$　∴ $a-b=-4$　$\cdots\cdots$ ㉠
$5=9a+3b+5$, $9a+3b=0$　∴ $3a+b=0$　$\cdots\cdots$ ㉡
㉠, ㉡을 연립하여 풀면 $a=-1$, $b=3$
따라서 구하는 이차함수의 식은 $y=-x^2+3x+5$

06 구하는 이차함수의 식을 $y=ax^2+bx+c$로 놓자.
이때 점 $(0, -3)$을 지나므로 $c=-3$
즉 $y=ax^2+bx-3$
또, 두 점 $(-2, -12)$, $(2, -10)$을 지나므로
$-12=4a-2b-3$　∴ $4a-2b=-9$　$\cdots\cdots$ ㉠
$-10=4a+2b-3$　∴ $4a+2b=-7$　$\cdots\cdots$ ㉡
㉠, ㉡을 연립하여 풀면 $a=-2$, $b=\dfrac{1}{2}$
따라서 구하는 이차함수의 식은 $y=-2x^2+\dfrac{1}{2}x-3$

07 그래프가 세 점 $(0, \boxed{-2})$, $(1, \boxed{0})$, $(-3, \boxed{4})$를 지나는 포물선이므로 구하는 이차함수의 식을 $y=ax^2+bx+c$로 놓자.
이때 점 $(0, -2)$를 지나므로 $c=-2$
즉 $y=ax^2+bx-2$
두 점 $(1, 0)$, $(-3, 4)$를 지나므로
$0=a+b-2$　∴ $a+b=2$　$\cdots\cdots$ ㉠
$4=9a-3b-2$, $9a-3b=6$　∴ $3a-b=2$　$\cdots\cdots$ ㉡
㉠, ㉡을 연립하여 풀면 $a=1$, $b=1$
따라서 구하는 이차함수의 식은 $\boxed{y=x^2+x-2}$이다.

08 그래프가 세 점 $(0, \boxed{3})$, $(-1, \boxed{0})$, $(3, \boxed{0})$을 지나는 포물선이므로 구하는 이차함수의 식을 $y=ax^2+bx+c$로 놓자.
이때 점 $(0, 3)$을 지나므로 $c=3$
즉 $y=ax^2+bx+3$
두 점 $(-1, 0)$, $(3, 0)$을 지나므로
$0=a-b+3$　∴ $a-b=-3$　$\cdots\cdots$ ㉠
$0=9a+3b+3$, $9a+3b=-3$　∴ $3a+b=-1$　$\cdots\cdots$ ㉡
㉠, ㉡을 연립하여 풀면 $a=-1$, $b=2$
따라서 구하는 이차함수의 식은 $\boxed{y=-x^2+2x+3}$이다.

09 그래프가 세 점 $(0, \boxed{8})$, $(2, \boxed{0})$, $(-3, \boxed{5})$를 지나는 포물선이므로 구하는 이차함수의 식을 $y=ax^2+bx+c$로 놓자.
이때 점 $(0, 8)$을 지나므로 $c=8$
즉 $y=ax^2+bx+8$
두 점 $(2, 0)$, $(-3, 5)$를 지나므로
$0=4a+2b+8$, $4a+2b=-8$　∴ $2a+b=-4$　$\cdots\cdots$ ㉠
$5=9a-3b+8$, $9a-3b=-3$　∴ $3a-b=-1$　$\cdots\cdots$ ㉡
㉠, ㉡을 연립하여 풀면 $a=-1$, $b=-2$
따라서 구하는 이차함수의 식은 $\boxed{y=-x^2-2x+8}$이다.

1 $y=3x^2-18x+26$
　　$=3(x^2-6x+9-9)+26$
　　$=3(x^2-6x+9)+26-27$
　　$=3(x-3)^2-1$
따라서 $p=3$, $q=-1$이므로
$p+q=3+(-1)=2$

2 $y=x^2+4x+5$
　　$=(x^2+4x+4-4)+5$
　　$=(x+2)^2+1$
의 그래프는 이차함수 $y=x^2$의 그래프를 x축의 방향으로 -2만큼, y축의 방향으로 1만큼 평행이동한 것이므로
$a=1$, $m=-2$, $n=1$
∴ $a+m+n=1-2+1=0$

3 $y=x^2-4x+b$
　　$=(x^2-4x+4-4)+b$
　　$=(x-2)^2-4+b$
의 그래프의 꼭짓점의 좌표는 $(2, -4+b)$이므로
$a=2$, $-4+b=2$
따라서 $a=2$, $b=6$이므로 $a+b=2+6=8$

4 $y=-x^2+2x$
　　$=-(x-1)^2+1$
이므로 그래프는 오른쪽 그림과 같다.
① 위로 볼록한 포물선이다.
③ 꼭짓점의 좌표는 $(1, 1)$이다.
④ 제1, 3, 4사분면을 지난다.
⑤ 이차함수 $y=-x^2$의 그래프를 x축의 방향으로 1만큼, y축의 방향으로 1만큼 평행이동한 것이다.
따라서 옳은 것은 ②이다.

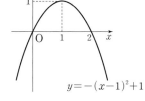

5 꼭짓점의 좌표가 $(3, 2)$이므로 $y=a(x-3)^2+2$
이 그래프가 점 $(0, -7)$을 지나므로
$-7=9a+2$, $9a=-9$　∴ $a=-1$
따라서 구하는 이차함수의 식은 $y=-(x-3)^2+2$

6 꼭짓점의 좌표가 $(2, -2)$이므로 $y=a(x-2)^2-2$
이 그래프가 점 $(3, 0)$을 지나므로
$0=a-2$　∴ $a=2$
따라서 구하는 이차함수의 식은 $y=2(x-2)^2-2$이므로
y축과 만나는 점의 좌표는 $(0, 6)$이다.

7 축의 방정식이 $x=3$이므로 $y=a(x-3)^2+q$

이 그래프가 두 점 $(0, 3)$, $(5, -2)$를 지나므로

$3=a(0-3)^2+q$ $\therefore 9a+q=3$ ...... ㉠

$-2=a(5-3)^2+q$ $\therefore 4a+q=-2$ ...... ㉡

㉠, ㉡을 연립하여 풀면 $a=1$, $q=-6$

따라서 구하는 이차함수의 식은

$y=(x-3)^2-6=x^2-6x+3$

즉 $a=1$, $b=-6$, $c=3$이므로

$a+b+c=1+(-6)+3=-2$

8 이차함수 $y=ax^2+bx+c$의 그래프가 점 $(0, 9)$를 지나므로

$x=0$, $y=9$를 대입하면 $c=9$

즉 $y=ax^2+bx+9$

또, 두 점 $(-1, 1)$, $(2, 13)$을 지나므로

$x=-1$, $y=1$을 대입하면

$1=a-b+9$ $\therefore a-b=-8$ ...... ㉠

$x=2$, $y=13$을 대입하면

$13=4a+2b+9$, $4a+2b=4$ $\therefore 2a+b=2$ ...... ㉡

㉠, ㉡을 연립하여 풀면 $a=-2$, $b=6$

따라서 상수 b의 값은 6이다.

형성 평가

본문 105쪽

1 ⑤	**2** ④	**3** ②	**4** ⑤
5 ②	**6** ③	**7** ③	**8** 16

1 $y=2x^2-8x+1$

$\quad =2(x^2-4x+4-4)+1$

$\quad =2(x^2-4x+4)+1-8$

$\quad =2(x-2)^2-7$

이므로 그래프는 오른쪽 그림과 같다.

① y축과 만나는 점의 좌표는 $(0, 1)$ 이다.

② 직선 $x=2$에 대하여 대칭이다.

③ 아래로 볼록한 포물선이다.

④ 제1, 2, 4사분면을 지난다.

따라서 옳은 것은 ⑤이다.

2 $y=3x^2-12x+5$

$\quad =3(x^2-4x+4-4)+5$

$\quad =3(x-2)^2-7$

의 그래프의 꼭짓점의 좌표는 $(2, -7)$이다.

이때 $y=-2x^2+ax+b$의 그래프의 꼭짓점도 $(2, -7)$이므로 $y=-2x^2+ax+b=-2(x-2)^2-7$

즉 $-2x^2+ax+b=-2x^2+8x-15$에서

$a=8$, $b=-15$

$\therefore a-b=8-(-15)=23$

3 $y=-2x^2+16x+k$

$\quad =-2(x^2-8x+16-16)+k$

$\quad =-2(x-4)^2+32+k$

이므로 그래프의 꼭짓점의 좌표는 $(4, 32+k)$이다.

이 꼭짓점이 x축 위에 있으므로 $32+k=0$

$\therefore k=-32$

4 이차함수 $y=ax^2+12x+c$의 그래프가 이차함수

$y=3(x+b)^2+1$의 그래프와 일치하므로

$ax^2+12x+c=3(x+b)^2+1$

$\qquad\qquad\qquad =3x^2+6bx+3b^2+1$

이때 $a=3$이고 $6b=12$이므로 $b=2$

또, $c=3b^2+1=3\times2^2+1=13$

$\therefore a+b+c=3+2+13=18$

5 $y=-2x^2+4x$

$\quad =-2(x^2-2x+1-1)$

$\quad =-2(x-1)^2+2$

이므로 이 그래프를 x축의 방향으로 2만큼, y축의 방향으로 -3만큼 평행이동한 그래프의 식은

$y=-2(x-1-2)^2+2-3=-2(x-3)^2-1$

이 그래프가 점 $(6, a)$를 지나므로

$a=-2(6-3)^2-1=-19$

6 ① 그래프가 위로 볼록한 포물선이므로 $a<0$

② $y=ax^2+bx+c=a\left(x+\dfrac{b}{2a}\right)^2-\dfrac{b^2-4ac}{4a}$이므로

축의 방정식은 $x=-\dfrac{b}{2a}$

주어진 그래프에서 축이 y축보다 오른쪽에 있으므로

$-\dfrac{b}{2a}>0$ $\therefore \dfrac{b}{2a}<0$

이때 $a<0$이므로 $b>0$이다.

③ 점 $(0, 1)$은 이차함수 $y=ax^2+bx+c$의 그래프 위의 점 이므로 $x=0$, $y=1$을 대입하면 $c=1$

따라서 $bc=b>0$

④ $f(x)=ax^2+bx+c$에 대하여

$x=1$일 때의 함숫값은 $f(1)=a+b+c$이다.

주어진 그래프에서 $f(1)>0$이므로 $a+b+c>0$

⑤ $f(x)=ax^2+bx+c$에 대하여

$x=-1$일 때의 함숫값은 $f(-1)=a-b+c$이다.

주어진 그래프에서 $f(-1)<0$이므로 $a-b+c<0$

따라서 옳은 것은 ③이다.

7 이차함수 $y=ax^2+bx+c$의 그래프가 점 $(0, 3)$을 지나므로
$x=0$, $y=3$을 대입하면 $c=3$
즉 $y=ax^2+bx+3$
점 $(-2, -1)$을 지나므로 $x=-2$, $y=-1$을 대입하면
$-1=4a-2b+3$, $4a-2b=-4$
$\therefore 2a-b=-2$ ...... ㉠
점 $(1, 4)$를 지나므로 $x=1$, $y=4$를 대입하면
$4=a+b+3$ $\therefore a+b=1$ ...... ㉡
㉠, ㉡을 연립하여 풀면 $a=-\frac{1}{3}$, $b=\frac{4}{3}$
따라서 구하는 이차함수의 식은
$y=-\frac{1}{3}x^2+\frac{4}{3}x+3$
$=-\frac{1}{3}(x^2-4x+4-4)+3$
$=-\frac{1}{3}(x-2)^2+\frac{13}{3}$
이므로 꼭짓점의 좌표는 $\left(2, \frac{13}{3}\right)$이다.

8 $y=-\frac{1}{2}x^2-4x-6$
$=-\frac{1}{2}(x^2+8x+16-16)-6$
$=-\frac{1}{2}(x+4)^2+2$
이므로 꼭짓점의 좌표는 $A(-4, 2)$이다.
$x=0$일 때 $y=-6$이므로 y축과의 교점은 $D(0, -6)$
$y=0$일 때 $0=-\frac{1}{2}(x+4)^2+2$, $(x+4)^2=4$
$x+4=\pm2$ $\therefore x=-6$ 또는 $x=-2$
$\therefore B(-6, 0)$, $C(-2, 0)$
$\therefore \square ABDC=\triangle ABC+\triangle BCD$
$=\frac{1}{2}\times4\times2+\frac{1}{2}\times4\times6=4+12=16$

쉬운 **서술형**
본문 106쪽

1 (1) 1 (2) 6 (3) 10 (4) 17
2 (1) $p=1$, $q=5$ (2) $(-1, 5)$ (3) $(0, 2)$ (4) 풀이 참조
3 (1) $(-2, 0)$ (2) $(6, 0)$ (3) $(2, 16)$ (4) 64
4 (1) 3 (2) $a=\frac{1}{4}$, $b=-2$ (3) $\frac{21}{4}$

1 (1) $f(x)=2x^2-3x+a$에 대하여
$f(2)=2\times2^2-3\times2+a=3$
$2+a=3$ $\therefore a=1$ ...... (가)
(2) $f(x)=2x^2-3x+1$이므로
$f(-1)=2\times(-1)^2-3\times(-1)+1$
$=2+3+1=6$ ...... (나)
(3) $f(3)=2\times3^2-3\times3+1$
$=18-9+1=10$ ...... (다)
(4) $a+f(-1)+f(3)=1+6+10=17$ ...... (라)

채점 기준표

단계	채점 기준	비율
(가)	a의 값을 구한 경우	30 %
(나)	$f(-1)$의 값을 구한 경우	30 %
(다)	$f(3)$의 값을 구한 경우	30 %
(라)	$a+f(-1)+f(3)$의 값을 구한 경우	10 %

2 (1) 이차함수 $y=-3x^2$의 그래프를 x축의 방향으로 -1만큼, y축의 방향으로 5만큼 평행이동한 그래프의 식은
$y=-3(x+1)^2+5$
$\therefore p=1$, $q=5$ ...... (가)
(2) 꼭짓점의 좌표는 $(-1, 5)$이다. ...... (나)
(3) $x=0$일 때 $y=-3(0+1)^2+5=2$이므로 y축과 만나는 점의 좌표는 $(0, 2)$이다. ...... (다)
(4)

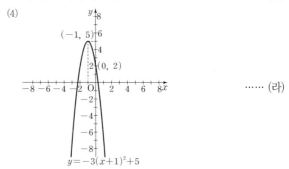

...... (라)

채점 기준표

단계	채점 기준	비율
(가)	p, q의 값을 구한 경우	30 %
(나)	꼭짓점의 좌표를 구한 경우	20 %
(다)	y축과 만나는 점의 좌표를 구한 경우	20 %
(라)	그래프를 그린 경우	30 %

3 (1) x축과 만나는 점은 $y=0$일 때의 x의 값을 구하여 얻을 수 있으므로
$0=-x^2+4x+12$, $x^2-4x-12=0$
$(x+2)(x-6)=0$ $\therefore x=-2$ 또는 $x=6$
따라서 점 A의 좌표는 $(-2, 0)$ ...... (가)
(2) 점 B의 좌표는 $(6, 0)$ ...... (나)
(3) $y=-x^2+4x+12$
$=-(x^2-4x+4-4)+12$
$=-(x-2)^2+16$
이므로 꼭짓점 C의 좌표는 $(2, 16)$ ...... (다)
(4) $\triangle ABC=\frac{1}{2}\times8\times16=64$ ...... (라)

채점 기준표

단계	채점 기준	비율
(가)	점 A의 좌표를 구한 경우	20 %
(나)	점 B의 좌표를 구한 경우	20 %
(다)	점 C의 좌표를 구한 경우	40 %
(라)	$\triangle ABC$의 넓이를 구한 경우	20 %

4 (1) 이차함수 $y=ax^2+bx+c$의 그래프가 점 $(0, 3)$을 지나므로 $x=0$, $y=3$을 대입하면 $c=3$ ..... (가)

(2) 이차함수 $y=ax^2+bx+3$의 그래프가 두 점 $(2, 0)$, $(6, 0)$을 지나므로

$0=4a+2b+3$ ∴ $4a+2b=-3$ ..... ㉠

$0=36a+6b+3$, $36a+6b=-3$

∴ $12a+2b=-1$ ..... ㉡

㉠, ㉡을 연립하여 풀면

$a=\dfrac{1}{4}$, $b=-2$ ..... (나)

(3) 따라서 $a-b+c=\dfrac{1}{4}-(-2)+3=\dfrac{21}{4}$ ..... (다)

채점 기준표

단계	채점 기준	비율
(가)	c의 값을 구한 경우	30 %
(나)	a, b의 값을 구한 경우	50 %
(다)	$a-b+c$의 값을 구한 경우	20 %

MEMO

MEMO